U0993673

CHINA'S ECONOMIC SECURITY OUTLOOK

中国经济安全展望报告 2020

供求双萎缩下的经济形势与政策

PROSPECTS OF AND POLICIES FOR AN ECONOMY WITH SIMULTANEOUS CONTRACTION OF DEMAND AND SUPPLY

刘伟 苏剑 / 主编

中国经济出版社
CHINA ECONOMIC PUBLISHING HOUSE
· 北 京 ·

图书在版编目（CIP）数据

中国经济安全展望报告. 2020 / 刘伟，苏剑主编.
—北京：中国经济出版社，2020. 2
ISBN 978 - 7 - 5136 - 6010 - 5

Ⅰ. ①中… Ⅱ. ①刘…②苏… Ⅲ. ①中国经济—经济安全—研究报告—2020 Ⅳ. ①F125. 7

中国版本图书馆 CIP 数据核字（2020）第 019666 号

责任编辑　严　莉
责任印制　巢新强
封面设计　任燕飞

出版发行　中国经济出版社
印 刷 者　北京九州迅驰传媒文化有限公司
经 销 者　各地新华书店
开　　本　710mm × 1000mm　1/16
印　　张　16. 25
字　　数　215 千字
版　　次　2020 年 2 月第 1 版
印　　次　2020 年 2 月第 1 次
定　　价　78. 00 元
广告经营许可证　京西工商广字第 8179 号

中国经济出版社 **网址** www. economyph. com **社址** 北京市东城区安定门外大街 58 号 **邮编** 100011
本版图书如存在印装质量问题，请与本社销售中心联系调换（联系电话：010 - 57512564）

版权所有　盗版必究（举报电话：010 - 57512600）
国家版权局反盗版举报中心（举报电话：12390）　　服务热线：010 - 57512564

编委会

主　编：

刘　伟　中国人民大学，校长、教授、博士生导师

苏　剑　北京大学经济学院，教授、博士生导师，北京大学国民经济研究中心主任

编　委：（姓氏拼音为序）

蔡含篇　北京大学国民经济研究中心，宏观经济分析师

单葆国　国网能源研究院有限公司，副总经济师兼经济与能源供需研究所所长

段金辉　国网能源研究院有限公司，经济与能源供需研究所供需研究室研究人员，博士

范若滢　中国银行研究院，研究员

高　飞　外交学院，教授

郭荆璞　国金证券资源与环境研究中心，负责人

黄海晶　清华大学五道口金融学院，博士研究生

汲国强　国网能源研究院有限公司，经济与能源供需研究所经济研究室研究人员，博士

纪　尧　北京大学经济学院，博士研究生

康　健　北京大学经济学院，博士后

刘　蒙　国金证券资源与环境研究中心，高级分析师

戚自科　北京大学经济学院，副教授

邵宇佳　北京大学经济学院，博士后

盛　军　招商银行总行风险主管，中国银行间市场交易商协会债券融资工具注册专家，厦门大学兼职教授

谭显东　国网能源研究院有限公司，经济与能源供需研究所副所长

田惠敏　国家开发银行研究院，学术委员会委员、副研究员

吴侨玲　北京大学经济学院，教授

吴姗姗　国网能源研究院有限公司，经济与能源供需研究所经济研究室主任

许隽逸　国金证券资源与环境研究中心，石油化工行业首席分析师

许云霄　北京大学经济学院，副教授

尹中立　中国社会科学院金融所研究员，荣盛发展首席经济学家

翟乃森　北京大学经济学院，博士后

张欣桐　中国矿业大学（北京），管理科学与工程专业博士生

周景彤　中国银行研究院，资深经济学家、研究员

邹士年　国家信息中心经济预测部新动能（双创）研究室副主任

目　录

上篇　2020 年中国经济安全展望

下篇　专题报告

绪　言

2020 年中国经济增长延续下行趋势，同时在肺炎疫情的不利冲击下，经济增速预计回落到 5.5% 至 6.0% 区间。未来中国经济仍将面临国内外诸多挑战，从内部因素来看：一方面存在房地产价格危机、地方政府债务、外资撤离和国际金融传导等方面的风险；另一方面同样存在人口峰值、肺炎疫情、外资结构变化、能源价格波动和环境保护等因素导致中国供求两端承压。从外部因素来看，全球经济增长边际走弱、中美贸易谈判的不确定性、地缘政治风险等问题日益成为掣肘中国经济的重要因素。在国内外不稳定因素的扰动下，中国经济未来该如何走？应采取什么经济政策？本报告将对此进行分析。本报告分为上下两篇，上篇为 2020 年中国经济安全展望，由北京大学国民经济研究中心宏观组撰写；下篇为专题报告，分别由外部专家撰写。

上篇包括第一章到第九章。

第一章分别从实体经济和货币金融两个方面回顾了 2019 年中国经济形势。实体经济方面，经济增长维持在官方目标区间，但是下行压力不减。官方数据显示，按可比价格计算，GDP 同比增长 6.1%，实现了 6.0% ~6.5% 的预期发展目标，但较上年同期回落 0.6 个百分点。价格方面，2019 年，居民消费价格增速上涨，工业品价格增速下滑，CPI 和 PPI 形成逆剪刀差。货币金融方面，中长期贷款增加，拉高信贷规模；实体信贷、地方政府专项债支撑社融增速；M2 同比增速趋稳。汇率方面，中美贸易摩擦预期反复，人民币汇率整体波动加剧。

第二章分别从国际经济形势、地缘政治风险、中美贸易摩擦、人口峰值、金融因素以及肺炎疫情六个方面对影响中国经济的主要因素进行总结。世界经济面临下行压力，英国脱欧和中东地缘政治充斥了不确定性，中美贸易摩擦持续反复，中国内部经济下行压力持续，且人口已经到达峰值，各种金融因素如房地产、地方债务、国际金融传导等不确定因素增多，肺炎疫情严重扰乱宏观经济的正常运行。

第三章从消费、投资以及进出口三个方面预判2020年中国总需求的自然走势。预计2020年消费和投资增速有可能回落，进出口波动幅度较大，增速回落。宏观经济下行预期、人口负增长、网络消费边际递减和肺炎疫情等因素抑制整体消费增速；房地产风险增加、去杠杆、国际经济形势趋弱、肺炎疫情以及不确定性增加等因素抑制增速；多国货币政策逐渐宽松、人民币汇率预计下行等因素对出口增速起到一定支撑作用；进一步对外开放等措施的实施支撑进口增速，但是疫情对外贸形势的负面冲击将起主要作用。

第四章分析了2020年中国总供给的自然走势。2020年，受美国限制中国企业对美高科技产品进口、中国劳动力供给下降、中国对美贸易反制措施以及肺炎疫情的影响，预计2020年总供给增速将呈现一定程度的收缩。能源价格保持低位将对2020年中国经济总供给起到支撑作用。外资企业在华投资结构变化将导致中国低端制造业供给下降，高端制造业和高技术产业供给上升。

第五章分析了中国经济存在的风险点。房价持续下跌和房地产企业债务增加导致中国房地产市场面临潜在风险；地方隐性债务压力较大、债务到期高峰来临以及资管新规落地导致地方政府债务风险扩大；中国经济下行、劳动力成本上涨以及中美贸易摩擦加剧外资企业的撤离进而引发供应链转移风险；世界经济乃至中国经济下行的悲观预期造成企业家信心衰落；2019年美国国债长短期利率出现倒挂叠加，近40年来美国首度出现债务违约风险对金融市场造成潜在冲击，进而可能引发危机转至中国。

第六章在前三章基础上对 2020 年中国宏观经济自然走势和政策目标进行了研判。自然走势下（即没有政策进一步干预下），2020 年的中国经济将出现供给和需求“双收缩”的局面。结合总供给和总需求的自然走势，我们判断，自然走势下的 2020 年 GDP 增速可能为 1% ~ 2.5%，经济下行压力较大。我们认为，受中美贸易摩擦、环保限产、非洲猪瘟等影响，供给收缩幅度小于需求收缩幅度，预计 2020 年自然走势下的 CPI 增速为 5.6%。

第七章对 2020 年中国宏观经济政策进行了展望。由于 2020 年中国经济将出现供给和需求“双收缩”的局面，我们认为中国应该采取扩张性政策组合，以扩张性市场环境管理为主、扩张性供给管理次之、扩张性需求管理为辅的政策组合。首先，营商环境和消费环境的改善，一方面突出市场的调节作用，并加强法制建设，减少人为干预，保持政策的稳定性和连贯性；另一方面健全和完善社会保障体系和消费基础设施，稳定消费者消费信息。其次，降低企业成本（包括制度性交易成本），提高企业生产经营效率，其政策主要是供给侧改革，目标是改善劳动力市场流动性，加快产业结构升级，扩大对外开放，加快高新技术自主开发和给予非国有企业与国有企业同等的待遇等。最后，加大对小微企业的金融支持，同时采取逆周期调节因子和发行离岸央票等方式维稳人民币汇率，为货币政策打开操作空间，主要包括政府支出、减税降费、转移支付以及扩大对外开放等措施。

第八章为 2020 年中国宏观经济具体预测值。综合 2020 年宏观经济的自然走势和政府政策的影响，我们预计 2020 年 GDP 同比增长 5.5% 左右，CPI 同比增长 4.9% 左右，PPI 同比增长 1.4% 左右。供给端，我们预计 2020 年工业增加值同比增长 4.8%。需求端，预计 2020 年消费累计同比增长 5.3%；2020 年固定资产投资累计同比增长 5.3%；预计 2020 年出口同比增长 -3.2%。货币金融方面，预计 2020 年货币政策仍有宽松空间，信贷将继续保持扩张态势。随着积极的财政政策更加积极，将进一步加大减税降费力度，地方政府债发行规模逐渐扩大，财政支出也将增加。预计2020年末，M2同比增速达到8.6%，新增人民币贷款17.5万亿元。

第九章我们从财政政策、货币政策和对外开放政策三个方面提出政策建议，应对2020年供给和需求“双收缩”的局面。首先，货币政策要施行结构性宽松政策，加大对民营企业和小微企业的信贷支持。其次，财政政策需进一步加大减税降费力度，并支持重点基础设施建设。最后，对外开放政策一方面应继续降低关税壁垒，扩大商品市场开放，进一步降低进口关税总水平，大幅削减进口环节制度性成本；另一方面应继续降低非关税壁垒，扩大农业、采矿业、制造业、服务业等行业开放，全面取消外资准入负面清单之外的限制。

下篇是本报告的专题部分，共包括第十章到第十九章。

第十章主要内容是国际安全环境展望与中国外交政策选择。当今世界处于“百年未有之大变局”，经济社会文化大发展、国际秩序大变革、国家间关系大调整以及肺炎疫情的全球扩散，世界面临的不稳定性、不确定性突出，多边主义面临危机，全球治理遭遇挑战。面对大变局，美国采取了逆全球化政策，欧盟、日本采取迂回多边主义政策，俄罗斯主张重构世界规则秩序。与之不同，中国坚持和平发展道路，践行合作共赢的开放战略，坚定维护多边主义。中国要继续加强研究世界正在发生的大变局，对外交往中保持务实、自信、低调，利用“大变局”全面深化国内改革，顺应“大变局”塑造和延长战略机遇期，适应“大变局”构建更加公正合理的国际秩序，最终使中国成为“大变局”“新变局”的受益者，与世界共同成长。

第十一章回顾2019年欧元区的经济增长情况，并对2020年欧元区经济进行了展望。研究认为欧元区2020年经济走势面临诸多不确定性，包括世界经济复苏进程、贸易环境是否改善、肺炎疫情扰动等，加上政策空间有限，宽松货币政策边际递减效应愈发明显，财政刺激政策短期内难以推出，欧元区经济下行压力仍然较大。根据欧央行 2019 年 11 月 20 日发布的金融稳定评估报告，至 2020 年年中，欧元区经济负增长的概率升至 20%，衰退风险上升。从中长期看，来自四方面的重大挑战将成为欧元区经济增长的长期掣肘：缺乏稳定的中长期经济增长动能、民粹主义兴起加大政治风险、核心国家增长趋势性放缓以及肺炎疫情扩散或延缓经济复苏。

第十二章是 2019 年房地产市场分析与 2020 年房地产市场展望。2019 年房地产市场在内外经济发展环境压力较大的背景下仍然坚持"房住不炒"的定位，中央明确提出不将房地产作为短期刺激经济的手段。房地产销售面积下滑，房价涨势也明显趋缓，房地产企业拿地增速显著下降，但投资仍保持较快增长。2020 年政策调控基调不会有较大改变，但市场受肺炎疫情影响预期发生改变，政策微调预期也会加强，促进改善性需求应有所放松。房地产投资增速将会放缓，房地产销售有望前低后高。建议关注市场风险，加强政策应对，加大供给侧改革，完善长效机制。

第十三章是 2019 年中国股市回顾与 2020 年股市展望。2019 年度股市运行总体趋势是上涨，出现三大特点：一是股价结构分化，大盘蓝筹股得到资金的持续关注，股价持续上涨，绩差股总体走弱；二是各类概念股炒作有升温之势，"妖股"重出江湖，此类现象与监管政策的变化有关；三是境外投资者对 A 股市场的影响日渐增加，陆港通资金已经成为观察市场走势的方向标。科创板推出是年度最重要的事件。展望 2020 年，人民币汇率趋稳，外资配置 A 股的需求持续增加，蓝筹股继续得到关注。市场无风险收益率持续走低，有利于股市活跃，但受注册制扩容的影响，绩差股的壳价值继续贬值，绩差股的股权质押风险上升。在国内产业政策的引导下，龙头科技股将成为市场关注的焦点。

第十四章是对 2020 年原油价格的展望。根据对 2020 年全球石油行业需求增长和供给增量的判断，我们预测虽然中长期 Brent 原油中枢油价在 55 ~ 75 美元/桶，基准情景假设下中枢油价为 60 美元/桶，受到疫情和 OPEC + 内部争夺市场份额的影响，2020 年上半年油价将很难超过 50 美元/桶。由于 2014—2019 年石油行业特别是常规石油资本开支相对于 2014 年之前有明显的下降，因此我们提示未来 3 ~ 4 年常规油田减少产出的风险、低迷的油价伤害了投资，将会为中长期油价带来很多的不确定性。我们建议密切跟踪全球石油行业资本开支转化为产量的进展，从而提早预测石油价格的大幅波动，为经济平稳运行和指导境内外投资提供良好的决策基础。

第十五章讨论 2020 年人民币汇率波动的特征、趋势与政策。回顾 2019 年，人民币汇率主要受外部环境恶化、经济下行压力以及中美贸易摩擦一波三折等因素的影响，整体上看，人民币兑美元汇率从 2019 年初至今大约贬值 2.4%。人民币汇率波动主要影响因素有：一是中国经济增速呈前高后低态势，下行压力增大；二是中美贸易摩擦升级引起市场情绪变化；三是跨境资本流动变化对人民币汇率波动产生一定影响；四是美元指数波动中走强给人民币带来一定贬值压力。展望 2020 年人民币汇率走势，短期来看，肺炎疫情将给中国经济运行和汇率市场带来负面冲击；中长期来看，人民币汇率的利好因素增多，包括中国经济发展的潜力和韧性仍然很强，资本跨境流动趋于理性，我国宏观政策工具丰富有利于稳定汇率，美元指数走弱概率上升，等等。整体来看，预计 2020 年人民币汇率仍将在宽幅区间内波动，大概率呈稳中有升态势。

第十六章是对中国地方政府债务情况的分析及预测。首先分别从 1994 年财政分权、2008 年“四万亿”以及 2014 年新预算法三个阶段回顾了地方政府债务发展历程和规模，然后针对三个阶段的地方政府债务增长提出当前债务发展面临的主要问题，最后针对可能存在的风险提出相应的政策建议，同时对当前疫情下关于地方政府债务问题提出了几点新思考。

第十七章展望2020年银行业的风险状况和发展趋势。中央提出的三大攻坚战中，“确保不出现系统性金融风险”是其中极其重要的工作，也是关乎金融安全以及经济安全的最紧迫任务之一。银行业作为金融业最重要的组成部分，对于防范和化解金融风险至关重要。截至2019年11月底当年全国银行业共处置不良资产1.4万亿元，银行高风险资产减少2.5万亿元，资管和同业整顿持续发力，化解金融风险取得了积极进展，银行系统性风险隐患进一步缓解。2020年是三大攻坚战收官之年，确保从基本完成金融风险治标逐步向治本过渡，是完成攻坚战的既定任务。作为金融风险的重要策源地，银行业在2020年风险状况和趋势如何，将对金融安全产生极其重要的影响，并进一步影响经济安全和国家宏观经济及社会的稳定。

第十八章是中国粮食安全分析与中长期发展建议。首先，回顾了新时期中国粮食安全取得的主要成就，在消除饥饿、实现粮食安全、改善营养和促进可持续农业等方面取得了举世瞩目的巨大成就。其次，分析了当前粮食的供需关系，表现出刚性需求持续增长、供给约束日益凸显、跨区域流通量持续增加的特点。再次，探讨了国际形势对中国粮食安全的影响。最后，对新时期中国粮食安全战略中长期发展提出了相关建议。

第十九章展望2020年中国电力的供需形势。2019年，我国电力需求受经济下行压力、气温波动等因素影响增速显著回落，发电装机容量保持稳定增长，电力供需总体平衡。2020年，全球经济增长仍面临不确定性，我国经济总体保持平稳但面临较大下行压力；新冠肺炎疫情对我国宏观经济产生了显著的短期影响，但不改变我国经济长期向好走势。预计2020年我国全社会用电量增速为2.8%~4.8%，全国发电装机容量增速为6.2%左右，全国电力供需形势总体平衡，河北、湖北、湖南、江西电网用电高峰时段可能存在电力供需紧张情况。

本报告是关于中国宏观经济运行和宏观经济安全问题的年度系列报

告的第四本。本系列报告的第一本是《中国经济金融形势展望报告（2016）：寻求突破的中国经济》，该报告由中国人民大学出版社出版，并已经出版了俄文、韩文、英文、蒙古文、乌兹别克文、日文、哈萨克文、西班牙文8个文版，还有希伯来文版、印地语、荷兰文、塞尔维亚语、阿拉伯文5个文版已签约，正在翻译出版过程中。本系列报告的第二本是《中国经济展望报告（2017）：供给侧改革与经济波动》，由社会科学文献出版社出版。本系列报告的第三本是《中国经济安全展望报告（2018—2019）：世界格局变动中的中国经济安全形势分析》，由中国经济出版社出版，自该报告起，本系列报告定名为《中国经济安全展望报告》，集中关注中国宏观经济安全问题。本报告是该系列报告的第四本。

本报告的主编为刘伟（中国人民大学校长、教授、博士生导师）、苏剑（北京大学国民经济研究中心主任、教授、博士生导师）。上篇作者：北京大学国民经济研究中心课题组所有成员（蔡含篇、纪尧、康健、邵宇佳、翟乃森）。下篇作者：第十章作者为高飞，第十一章作者为吴侨玲、黄海晶，第十二章作者为邹士年，第十三章作者为尹中立，第十四章作者为郭荆璞、许隽逸、刘蒙，第十五章作者为周景彤、范若滢，第十六章作者为许云霄，第十七章作者为盛军，第十八章作者为田惠敏、张欣桐，第十九章作者为单葆国、谭显东、汲国强、段金辉、吴姗姗。

本报告是教育部哲学社会科学研究重大课题攻关项目“建设现代化经济体系的路径与策略研究（课题号：18JZD029）”的阶段性成果。

上篇

2020年中国经济安全展望

第一章　2019 年中国经济形势回顾

一、实体经济

2019 年中国经济运行平稳，发展韧性进一步增强，但是下行压力逐步提高。初步核算，全年国内生产总值 990865 亿元，比上年增长 6.1%。其中，第一产业增加值 70467 亿元，增长 3.1%；第二产业增加值 386165 亿元，增长 5.7%；第三产业增加值 534233 亿元，增长 6.9%。第一产业增加值占国内生产总值比重为 7.1%，第二产业增加值比重为 39.0%，第三产业增加值比重为 53.9%。全年最终消费支出对国内生产总值增长的贡献率为 57.8%，资本形成总额的贡献率为 31.2%，货物和服务净出口的贡献率为 11.0%。人均国内生产总值 70892 元，比上年增长 5.7%。分季度看，四个季度 GDP 增速分别为 6.4%、6.2%、6.0% 和 6.0%，四个季度的 GDP 增速呈持续回落态势，表明经济下行压力持续。

产业结构调整稳步推进，第三产业对经济增长的贡献率不断提高。2019 年，三次产业增加值占 GDP 的比重分别为 7.1%、39.0% 和 53.9%，与上年相比，第一产业比重提高 0.1 个百分点，第二产业比重下降 0.7 个百分点，第三产业比重提高 0.6 个百分点，经济结构持续优化。从对经济增长的贡献率来看，2019 年三次产业的贡献率分别为 3.8%、36.8% 和 59.4%，三次产业分别拉动经济增长 0.2、2.2 和 3.6 个百分点。第三产业对经济增长的贡献率比第二产业高 22.6 个百分点，对经济社会发展的拉动作用日益突出。

（一）供给端

利润收缩，企业内生动力不足，制造业支撑作用降低，导致工业增加值同比增速回落。2019 年，中国全年规模以上工业增加值同比增长 5.7%，较上年同期回落 0.5 个百分点。2019 年，中国制造业 PMI 值整体呈现波动下滑的态势，尽管 11 月制造业 PMI 有所回升，但 2019 年以来长期连续多期处于荣枯线以下，表明工业生产活动扩张的内生动能整体较弱。第一，利润收缩影响企业生产活动再投资的预期。2019 年中国规模以上工业企业利润总额同比增长 -3.3%，比上年下降 13.6 个百分点，且 2019 年以来一直处于负增长态势。第二，按照工业部门三大门类，处于主导地位的制造业增加值同比增速回落，制约了整体工业生产活动。2019 年，中国制造业增加值累计同比增长 6.0%，较上年下降 0.5 个百分点，拉动工业增加值约 4.7 个百分点。电力、燃气及水的生产和供应业累计同比增长 7.0%，较上年同期减少 3 个百分点，拉动工业增加值约 0.7 个百分点。采矿业同比增长 5.0%，较上年同期增加 2.7 个百分点，拉动工业增加值约 0.3 个百分点。

产业结构调整，新兴产业增长较快。2019 年前三季度高技术制造业、战略性新兴产业增加值分别比上年增长 8.7%、8.4%，增速分别比规模以上工业快 3.1、2.8 个百分点。新兴工业产品产量快速增长，铁路客车、微波终端机、新能源汽车、生物基化学纤维、智能电视、锂离子电池和集成电路分别增长 183.0%、104.5%、40.1%、23.5%、18.7%、12.9% 和 9.7%。

（二）需求端

1. 投资方面，投资增速继续低位徘徊

2019 年，全国固定资产投资同比增长 5.4%，较 2018 年下滑 0.5 个百分点，其中，一、二、三产业分别同比上涨 0.6%、3.2%、6.5%。

从固定资产投资的真实增速来看，与 2018 年相比，真实的固定资产投资同比增速存在小幅上涨。2019 年，真实固定资产投资同比增长 2.7%，较 2018 年同期上涨 2.26 个百分点。虽然 2019 年全国固定资产投资同比增速与 2018 年同期走势相似，变化不大，但从具体的拉升、压低因素来看，2019 年的固定资产投资形势与 2018 年还是不同的。

首先，2019 年二产投资对全部投资形成拉低因素。与 2018 年不同的是，2019 年第二产业固定资产投资增速对全国固定资产投资增速形成了拉低因素。2018 年，二产固定资产投资同比增长 6.2%，较 2017 年上涨 3.0 个百分点。可见，2018 年二产投资对全部投资形成了拉高因素。而 2019 年二产投资同比增长 3.2%，较 2018 年下滑了 3.0 个百分点。可见，在 2019 年二产投资对全部投资形成的是拉低因素。

其次，房地产投资成为主要支撑。2019 年，全国房地产投资同比增长 9.9%，较 2018 年上涨 0.4 个百分点。房地产投资增速自 2016 年开始上涨，到了 2018 年已经较谷底 2015 年上涨了 8.5 个百分点，但到了 2019 年房地产投资增速进一步上涨。随着房地产投资增速的持续高涨，其对全部投资形成了主要支撑，截至 2019 年，房地产投资影响全国固定资产投资同比增长 2.4% 左右，贡献率达到 40% 以上。

最后，稳增长调结构并存，三产投资增速小幅上涨。与过去的逆周期调节不同，虽然 2019 年经济下行风险加大，但截至当前并未采取大规模的刺激政策，基建投资增速在 2019 年只是小幅上涨。2019 年，基础设施建设投资同比增长 3.8%，与 2018 年持平，与 2017 年的 19% 相比出现了明显的下滑。

2. 消费方面，消费增速继续小幅下滑

2019 年，社会消费品零售总额同比增长 8.0%，增速较 2018 年下滑 1.0 个百分点。其中，剔除价格后的真实消费同比增长 6.0%，较 2018 年下滑 0.9 个百分点。2019 年的消费数据表现出以下几方面特点：

其一，粮油、食品类，化妆品类，日用品类等日常生活用品的消费额增速较上年同期小幅上涨，成为抑制 2019 年社会消费品零售总额增速大幅下滑的主要因素。2019 年，化妆品类、日用品类消费额同比增长 12.6%、13.9%，分别较 2018 年上涨 2.9、0.2 个百分点。

其二，与房地产有关的消费品消费额增速，在 2019 年出现了显著的下滑。2019 年，家用电器和音像器材类、家具类、建筑及装潢材料类消费额同比增长 5.6%、5.1%、2.8%，分别较 2018 年下滑 3.3、5.0、5.3 个百分点。以上三类商品是与房地产相关性较大的三类商品，如果将其看作房地产市场的先行指标的话，那么需要关注一下未来房地产市场的潜在风险了。

其三，汽车消费继续下行，是拉低当前整体消费的主要因素。虽然 2019 年社会消费品零售总额同比增速出现了下滑，但我们发现在剔除汽车消费以后的消费额增速会出现明显的上涨，与 2018 年同期几乎相同。2019 年，社会消费品零售总额同比增长 8.0%，较 2018 年同期下滑 1.0 个百分点，但剔除汽车消费后的社会消费品零售总额同比增长 9.0%，较剔除前上涨了 1.0 个百分点，较 2018 年同期的全部消费额增速持平。可见，2019 年汽车消费额下滑对整体消费额增速的波动的影响还是很大的。

2019 年，中国货物贸易进出口总值 31.54 万亿元人民币，比 2018 年增长 3.4%。分季度看，2019 年一季度为 7.03 万亿元，二季度为 7.68 万亿元，三季度为 8.26 万亿元，四季度为 8.59 万亿元。

出口方面，按人民币计算，2019 年出口 17.23 万亿元，增长 5%，较上年下跌 2.1 个百分点。主要原因包括：第一，全球经济增长延续低迷状态，需求整体走弱，权威机构多次下调世界经济增速。第二，高基数效应。2018 年全年出口保持中高速增长，制约 2019 年出口增长幅度。第三，中美贸易谈判在农业、知识产权保护、汇率、金融服务、扩大贸易合作、技术转让、争端解决等领域取得实质性进展，但前期贸易摩擦对出口的抑制作用已经显现。

进口方面，按人民币计算，2019 年进口 14.31 万亿元，增长 1.6%，较上年下跌 11.3 个百分点。主要原因包括：第一，中美贸易摩擦持续发酵，谈判过程跌宕起伏，虽然在多方面取得实质性进展，但关税效应已经起作用。第二，国内经济下行压力较大，多项经济数据出现下滑，有效需求不足。全年 GDP 增速下行至 6.1%，经济增速进一步放缓，稳增长压力提高。

贸易顺差方面，按人民币计算，2019 年贸易顺差 2.92 万亿元，扩大 25.4%。贸易顺差扩张主要原因在于，国内经济下行压力提高导致进口同比增速下降较大，而出口增速下滑幅度较小。

从贸易伙伴来看，主要贸易伙伴位次发生变化，东盟成为我国第二大贸易伙伴。2019 年，第一大贸易伙伴仍然是欧盟，对欧盟进出口 4.86 万亿元，增长 8%；对东盟进出口 4.43 万亿元，增长 14.1%；对美国进出口 3.73 万亿元，下降 10.7%；第四大贸易伙伴是日本，对日本进出口 2.17 万亿元，增长 0.4%。此外，中国对“一带一路”沿线国家进出口 9.27 万亿元，增长 10.8%，高出整体增速 7.4 个百分点，2014 年到 2019 年贸易值累计超过 44 万亿元，年均增长达到 6.1%。

（三）价格

2019 年，居民消费价格增速上涨，工业品价格增速下滑，与 2018 年相比，CPI 和 PPI 形成逆剪刀差。2018 年，CPI 和 PPI 分别同比增长 2.1% 和 3.5%，PPI 增速显著高于 CPI 增速，而 2019 年正好相反。延续 2017 年以来的走势，一边 CPI 增速继续上涨，另一边 PPI 增速继续下滑，2019 年，CPI、PPI 分别同比增长 2.9%、-0.3%，CPI 增速显著高于 PPI 增速。

居民消费价格部分，2019 年 CPI 增速持续上涨。这主要是受食品价格增速上涨带动的，与之相对非食品价格增速则是持续下滑的。2019 年，食品、非食品价格同比增长 9.2%、1.4%，分别较 2018 年上涨 7.4、-0.8 个百分点。可见，当前 CPI 同比增速上涨的这 0.8 个百分点完全来自食品价格上涨的贡献。

2019 年，一季度食品价格的上涨主要是受水果、蛋类、猪肉价格的上涨带动的。后期随着水果的成熟上市，水果价格出现了明显的下降，但受非洲猪瘟后期的影响，猪肉的供给又出现了显著的下滑，导致下半年以来猪肉价格显著上涨，成为当前导致 CPI 增速上涨的主要因素。2019 年，猪肉价格同比增长 42.5%，较 2018 年上涨 50.6 个百分点。

对于 2019 年的 CPI 走势，可以说是表面通胀实则通缩。其一，从居民日常消费的构成来看，2019 年除了猪肉及个别食品的价格增速上涨外，其他大多数商品的价格增速都是下滑的。其二，2019 年，剔除食品及能源价格的核心 CPI 同比增速也是下滑的，较 2018 年下降了 0.3 个百分点。其三，服务价格增速也是下滑的，2019 年较 2018 年下滑了 0.8 个百分点。其四，我们通过测算发现，剔除服务价格后的非食品中消费品价格增速较 2018 年同期也是下滑的。因此，可以看出与 2018 年相比，2019 年居民消费价格增速中，除了食品价格增速是上涨的，其他所有的居民消费价格增速均是下滑的。而食品中，又主要是猪肉价格增速的上涨带动的，像蛋类、羊肉、水产品、鲜菜等价格增速都是较 2018 年同期下滑的。故，可以说 2019 年的居民价格增速表面通胀实际通缩。

工业品价格部分，2019 年，PPI 同比增长 -0.3%，较 2018 年下滑 3.8 个百分点。一方面，2018 年的高基数效应对当前的 PPI 增速上涨起到了抑制作用；另一方面，PPI 增速的持续下行，反映出相对需求的收缩，经济活跃度的下降。

二、货币金融

（一）中长期贷款增加，拉高信贷规模

2019 年全年人民币贷款增加 16.81 万亿元，同比多增 6439 亿元。分部门看，住户部门贷款增加 7.43 万亿元，其中，短期贷款增加 1.98

万亿元，中长期贷款增加 5.45 万亿元；非金融企业及机关团体贷款增加 9.45 万亿元，其中，短期贷款增加 1.52 万亿元，中长期贷款增加 5.88 万亿元，票据融资增加 1.84 万亿元；非银行业金融机构贷款减少 933 亿元。

2019 年新增人民币贷款中，企业贷款增长平稳，上半年企业贷款主要依靠短期贷款和票据融资冲量，下半年政策引导金融支持实体经济支撑企业贷款。居民贷款同比增幅微小，一方面由于监管部门严查消费贷，另一方面由于居民住房贷款意愿回落，整体上导致居民贷款平稳。

（二）实体信贷、非标融资支撑社融增速

2019 年社会融资规模增量累计为 25.58 万亿元，比上年多 3.08 万亿元。其中，对实体经济发放的人民币贷款增加 16.88 万亿元，同比多增 1.21 万亿元；对实体经济发放的外币贷款折合人民币减少 1275 亿元，同比少减 2926 亿元；委托贷款减少 9396 亿元，同比少减 6666 亿元；信托贷款减少 3467 亿元，同比少减 3508 亿元；未贴现的银行承兑汇票减少 4757 亿元，同比少减 1586 亿元；企业债券净融资 3.24 万亿元，同比多 6098 亿元；政府债券净融资 4.72 万亿元，同比少 1327 亿元；非金融企业境内股票融资 3479 亿元，同比少 127 亿元。

2019 年 9 月，央行再度调整社融口径，将“交易所企业资产支持证券”纳入“企业债券”统计。央行再次调整社融统计口径可以使社会融资的统计口径更加完整。从 2019 年全年来看，社会融资规模主要呈现以下特点：第一，由于政策引导金融支持实体经济力度增强，对实体经济发放的人民币贷款是社会融资规模的主要支撑。第二，非标融资大幅回升，委托贷款、信托贷款、未贴现的银行承兑汇票都有不同程度的回升。第三，直接融资规模回升。第四，企业债券融资略有回落。总的来看，对实体经济发放的信贷规模大幅上升以及非标融资大幅回升是拉高 2019 年社融数据的主要因素。

（三）M2 同比增速趋稳

2019 年 12 月末，广义货币（M2）余额 198.65 万亿元，同比增长 8.7%，11 月末 M2 同比增速 8.2%，上年 12 月 M2 同比增速为 8.1%。狭义货币（M1）余额 57.6 万亿元，同比增长 4.4%，增速比 11 月末高 0.9 个百分点，比上年 12 月高 2.9 个百分点；流通中货币（M0）余额 7.72 万亿元，同比增长 5.4%。

自 2016 年金融去杠杆以来，M2 增速明显下滑，但是 2019 年以来，随着政策调整，加之央行的降准以及一系列引导实体融资利率下降的举措开始在企业的融资端展现效果，M2 增速趋稳，对未来经济也具有一定的指引作用，逆周期调节政策正在逐步发挥作用，未来在财政政策和货币政策继续作用下，国内经济的下行压力有望逐步减轻。

（四）中美贸易摩擦预期反复，人民币汇率整体波动加剧

2019 年人民币汇率的整体走势主要受中美贸易摩擦预期的影响，相较于 2018 年的走势具有显著的周期性特征，而这正是中美贸易摩擦预期反复的主要体现。

自 2018 年 12 月中美两国元首在 G20 峰会上达成暂缓 90 天的短暂协议，2019 年 1 月至 2 月人民币汇率开始步入升值阶段，美元兑人民币在岸汇率和美元兑人民币离岸汇率分别从 2019 年 1 月 1 日的 6.8483、6.8758 升值至 2 月 27 日的年内最低点 6.6857、6.6864。虽然期间中美双方的贸易谈判出现反复，导致短期内波动进一步加剧，但新的关税没有进一步实施，所以人民币汇率整体呈现升值趋势。

随着 2 月底第七轮中美贸易谈判取得阶段性成果，美国总统特朗普宣布延迟对 2000 亿美元进口中国商品加征 25% 的关税，这进一步稳定了市场普遍对中美贸易谈判形成的积极预期，导致人民币汇率不稳定的重要因素基本削弱，震荡幅度大幅减小，从 3 月 1 日起人民币汇率开始进入长达两个月的企稳阶段，在 6.70 上下窄幅震荡。

然而，由于美国在 5 月 6 日突如其来宣布于该月 10 日起实施对 2000 亿美元进口中国商品加征 25% 的关税，打破了市场过去 4 个月对中美贸易谈判的积极预期，人民币汇率立即进入快速贬值阶段，仅一周时间，人民币离岸汇率跌去近 2000 点，人民币在岸汇率跌去 1500 点，破“7”再次成为市场的焦点。

伴随人民币汇率破“7”成为焦点，中国央行主动采取维稳措施，除了中间价的逆周期因子调节，也采取了诸如离岸央票的发行、高层的频繁发声等措施向市场传递维稳人民币汇率的决心和能力，稳定市场情绪。由此，从 5 月中下旬开始人民币汇率再次进入企稳阶段，维持在 6. 91 上下窄幅波动至 7 月底。

在中美贸易磋商完成第 12 轮谈判之后，由于谈判结果低于预期，美国于 8 月 1 日正式宣布从 9 月 1 日起对剩余 3000 亿美元进口中国商品加征 10% 的关税，中美贸易摩擦再次升级，市场紧张情绪急剧攀升，人民币汇率再次进入贬值阶段，并且在 8 月 5 日跌破“7”关键点位，从此人民币汇率进入“7”时期。随着 9 月 1 日关税正式生效，离岸汇率跌至历史低点 7. 1947，在岸汇率跌至历史低点 7. 1785。

正当人民币汇率跌至历史低点之际，中美双方于 9 月 5 日宣布同意 10 月初举行第十三轮中美经贸磋商，而且在正式磋商结束后释放了重要积极信号，双方达成了实质性第一阶段协议，并计划于 11 月签署正式文本协议，同时央行在 9 月和 10 月采用逆周期调节因子维稳人民币汇率，令人民币中间价相对于在岸和离岸汇率出现了较大幅度的偏离，维稳力度是 2019 年以来最大。

随着原定于 11 月签署贸易协议的推迟，人民币汇率再次承压走弱，但进入 12 月后，中美双方频传积极信号，并在 12 月底宣布于 2020 年 1 月中旬正式签署“第一阶段”贸易协议，人民币汇率随机得到提振。由此推动人民币汇率进入新一轮升值阶段。

第二章　影响中国经济的主要因素

一、国际经济形势

2019 年 10 月，IMF 年内第二次下调全球 2019 年和 2020 年经济增速预期 0.3 和 0.2 个百分点至 3% 和 3.4%，预示着世界整体经济面临下行压力。对于发达经济体，美国经济在减税和简政放权等积极财政政策边际效应递减的背景下，2019 年第三季度开始已经出现触顶回落趋势，2020 年的经济增速将进一步下探；欧盟由于政局不稳定因素增加、移民问题难以解决、民粹主义崛起加上英国脱欧未决、欧洲债务风险仍存等，均制约了欧盟经济增长；日本则主要受国内需求放缓、台风和地震等自然灾害严重影响生产运行，以及全球贸易环境趋紧导致外需减弱等因素，2019 年以来日本经济表现较为疲软，经济增长动能也已经出现放缓迹象。对于新兴市场经济体，随着 2019 年下半年以来美联储开启降息周期，新兴市场经济体的货币政策空间得以宽松，但是受制于全球总需求的下降，经济增长后劲不足。

然而，造成当前全球经济疲弱状况的主要原因则是当前许多发达国家经济呈现的“虚胖”症状，具体表现为：需求不振，导致产能过剩和低增长；低通胀与资产价格快速上涨并存，且资产价格的波动性加剧；政府债台高筑，财政危机风险上升；金融体系脆弱不堪；各国经济“虚胖”。而这种常态的根源在于科技进步率下滑，以及凯恩斯主义需求管理的长期化和常态化。

从二战开始一直到 1980 年代中期，世界都处于军备竞赛中，各国在武器方面的研发带来了新的消费品，这种消费需求拉动了世界经济，使得发达经济在二战后长达 50 多年的时间需求充足。1991 年苏联解体，美国成为世界唯一的超级大国，在尖端武器的研发方面开始减少投入，导致美国科技进步率开始下滑，直至 2000 年，冷战结束后 10 年左右，冷战期间积累起来的科技成果的潜力被挖掘殆尽，美国经济中没有出现新的消费热点，企业也就缺少较好的投资机会，于是美国经济开始陷入衰退。

美国经济陷入衰退之后，通常采用货币政策和财政政策来扩大需求，但这也同样埋下了金融危机的隐患。凯恩斯主义需求管理是扩大需求的第二个方法，也是现在世界各国都普遍采取的正统宏观经济学方法。但是用这种方式刺激产生的需求严重依赖政策，一旦政策退出，这种需求也即随之消失。如若以通过产品创新的方式引致的消费品往往会给人类带来新的生活方式，比如，汽车、电器、计算机、互联网等。随着这种生活方式的形成，这种消费品就凝结、沉淀在人们的生活中，成为人们的生活必需品，即使不再是消费热点，也依然是人们消费需求的一部分。所以，通过产品创新扩大需求来促经济发展才是根本之道，而不是凯恩斯主义需求管理政策。

因此，要把全球经济从低迷中挽救出来，就需要能够带来新的消费热点的科技革命。①

---

① 仅仅谈科技进步是不够的，还需要依靠科技进步的性质。大家一般会把工艺创新和产品创新混为一谈。从经济学意义上说，二者是截然不同的两种创新，产品创新扩大的是需求，工艺创新扩大的是供给。现在我们面临的问题是产能过剩，在需求未扩展的情况下，如果企业的生产效率提高了，这意味着产能过剩更加严重。而这时如果出现一个产品创新，给老百姓创造新的消费热点，就能够扩大消费。因此，从经济角度看，产品创新和工艺创新是完全不同的，我们需要产品创新型的科技革命。

二、地缘政治风险

（一）英国脱欧进展充满不确定性

2019 年英国脱欧经历了从特蕾莎·梅时期到鲍里斯·约翰逊时期的过渡，整体脱欧进程仍充满着不确定性。自 2018 年 11 月 14 日英国内阁和欧盟达成脱欧协议草案以来，由于爱尔兰边境问题始终未获得英国议会的通过，首相特蕾莎·梅在 2019 年上半年几经周旋并修改草案未果之后于 2019 年 5 月 24 日宣布在 6 月 6 日辞去保守党党魁的职位。随后，经保守党党员的全选，议会执政党表决，英国前外交大臣鲍里斯·约翰逊以过半的得票率当选新任保守党领袖，负责脱欧全部事务。之后，首相鲍里斯·约翰逊首先采取了激进的方式实现硬脱欧，但最终被英国议会制止。于是，鲍里斯·约翰逊再次修改脱欧提案，规定北爱尔兰属于欧盟关税区，北爱与爱尔兰不设硬边界，海关检查将设在爱尔兰海上，从英国大不列颠岛穿越爱尔兰海的货物将支付欧盟关税，但如果货物最终在北爱尔兰出售，卖方可以获得退税。10 月 22 日，英国议会下院以 329 票比 299 票原则上通过了“脱欧”协议法案，但议会随后投票否决了为使“脱欧”协议尽快在英国议会通过而制定的立法时间表。虽然欧盟同意英国“脱欧”弹性延期至最晚 2020 年 1 月 31 日，但英国首相约翰逊对于 10 月 31 日未能实现“脱欧”表示沮丧，由此促成了英国此次提前大选。可见，英国“脱欧”导致的不确定性仍将持续。

由于英国脱欧的不确定性，一方面导致英国的贸易订单下降，增加企业的管理负担，对企业利润造成一定损害，进而拖累英国经济；另一方面也增加了欧盟经济的不稳定，以德国为代表的、与英国经贸关系密切的国家面临进出口上的不确定性，相关行业有衰退风险，以及债务问题和脱欧僵局双双久拖未决，欧洲经济复苏仍遥遥无期，迫使欧洲央行甚至祭出新 QE 计划来挽救欧元区经济。随着英国和欧盟经济的持续趋弱，对中国的进口需求日益降低，进而对中国的经济发展产生影响。

（二）中东地缘政治的不确定性

2019 年 10 月 8 日，美国总统特朗普在对外政策上做出重大调整，即从叙利亚北部地区全面撤军。叙利亚北部地区的局势极其复杂，多方势力在此博弈。美国在叙利亚北部地区，主要依靠盟友库尔德人的武装打击伊斯兰国（ISIS）恐怖组织，并且同俄罗斯支持的叙利亚政府军也时有冲突。美国人的撤军，不仅仅使得库尔德人需要独自面对叙利亚政府军以及伊斯兰国的打击，更重要的是还要面对土耳其正规军的打击，使得库尔德武装面临被灭族的危险。随后，俄罗斯总统普京在时隔 12 年之后于 10 月 15 日再次访问沙特阿拉伯，并敲定了百亿美元的贸易大单。沙特阿拉伯一直以来是美国除以色列之外在中东地区的最铁杆盟友，而此次与俄罗斯外交突破性进展，很可能是受到沙特阿美的油田与炼油设施遭遇袭击的影响。此次沙特阿美的油田与炼油设施遭遇袭击更是瞬间加剧了中东的紧张局势，虽然胡塞武装表示对此次袭击事件负责，但外界猜测是伊朗指使，这也进一步加剧了美国和伊朗之间的紧张局势。此外，自 2019 年 11 月 18 日起，伊朗国内爆发了大规模抗议行为，超过 40 座城市陷入混战。中东地缘政治局势的不稳定直接影响国家油价，中国作为石油进口依赖国，国家油价的剧烈波动对国内经济的稳定发展提出了挑战。

三、中美贸易摩擦

（一）全球经济冲突的背景

贸易摩擦出现的原因之一就是全球缺少产品创新。传统产品的消费趋于饱和，所以全球市场规模很难增长。在这种情况下，各国就开始争夺既定规模的市场蛋糕，最终结果是全球经济冲突的出现。其实中美贸易摩擦就是全球经济冲突的一部分。各国在争抢市场蛋糕的过程中，采取的手段也只能是供给侧调整。当前世界各国都在供给侧发力，如德国工业 4.0，美国制造 2020，巴西、印度、日本等都有各自的工业发展计划。

因此，供给侧调整是一个全球性事件，而中国的供给侧结构性改革是这个全球性事件的一部分。发达国家受成熟完善制度的约束，不存在改革的空间，而中国可以通过改革来实现产业升级。因此，中国的供给侧结构性改革与其他国家的供给侧调整本质相同。

（二）由全球经济冲突到中美贸易摩擦

中美贸易摩擦发生的根本原因同样是当前缺乏产品创新。过去美国位于全球价值链的高端，中国处在中低端，中美之间形成了一种互补关系，合作共赢。但当前美国，一方面创新乏力导致其全球产业的高度被固定；另一方面由于其他发达国家在技术进步上的追赶导致美国高端产业市场被逐步蚕食，美国产能过剩问题加剧。在上述双重压力下，美国被迫反向生产其过去不愿生产的产品，以解决美国的失业问题。而这也正是当前美国再工业化背后的逻辑，其本质就是被动的结构降级过程。源于此，随着中国经济结构的不断升级，使得中美由过去的互补关系演变成了当前的竞争关系，从而促成了当前的中美贸易摩擦。

若美国仍能保持产品创新，全球产业链的高度仍能继续向上升，在中美两国各自升级本国的经济结构的情形下，两国仍能保持一定的合作共赢关系。但考虑到中国作为后来者存在追赶趋势，大概率导致中美经济形成直接竞争关系，中美贸易摩擦也就在所难免。

随着中国经济不断发展，产业结构不断升级，在全球产业链上的位置不断提升，与发达国家的关系势必会由互补转变为竞争，即便不和美国产生贸易摩擦，也会和欧洲、日本产生贸易摩擦。

（三）中美贸易摩擦现状

自 2018 年中美发生贸易摩擦以来，双方的经贸磋商已经持续了近两年时间，期间总共举行了 13 轮谈判，而且谈判结果时常反复变化。就 2019 年的情形而言，中美贸易磋商就出现了两次大的反转。自 2018 年 12 月中美两国元首在 G20 峰会上达成暂缓 90 天的短暂协议，中美贸易摩擦在 2019 年初整体走向积极，而且随着 2 月底第七轮中美贸易谈判取得阶段性成果，美国更是宣布延迟对 2000 亿美元进口中国商品加征 25% 的关税，这让市场一度以为中美将达成协议。然而，美国在 5 月 6 日突如其来宣布于该月 10 日起实施对 2000 亿美元进口中国商品加征 25% 的关税，打破了市场过去 4 个月对中美贸易谈判的积极预期，双方对抗性明显增强，中国也采取相应的反制措施，中美贸易摩擦走向出现了 2019 年的第一次大反转。自此，中美贸易摩擦步入悲观预期阶段，随着第 12 轮中美经贸磋商又以低于预期的结果结束后，美国于 8 月 1 日正式宣布从 9 月 1 日起对剩余 3000 亿美元进口中国商品加征 10% 的关税，中美贸易摩擦再次升级，双方对抗程度达到了有史以来的最高级别。正当 3000 亿美元加征 10% 于 9 月 1 日生效后的第四天，中美双方共同宣布同意 10 月初举行第十三轮中美经贸磋商，中美贸易摩擦开始出现缓和。伴随着第十三轮谈判结束后释放的重要积极信号，即双方达成了实质性第一阶段协议，并于 2020 年 1 月 15 日签署正式文本协议，中美贸易摩擦进入积极预期阶段。考虑到下一步的协议内容涉及关键领域，能否签署有待进一步观察，所以中美贸易摩擦的未来走向仍充满着不确定性，仍将是影响中国经济的关键因素。

四、人口峰值

易富贤、苏剑认为，中国的人口峰值可能出现在 2017 年，大概是 12. 813 亿人，峰值劳动力人口出现在 2013 年，大概是 8. 557 亿人，中国 2018 年可能已经开始出现了人口的负增长。人口因素是影响宏观经济的一个非常重要的因素，人口数量、劳动力人口数量以及人口年龄结构都将影响宏观经济运行，可以通过影响劳动力供给、影响技术进步、影响资本增长的途径进而影响中国中长期经济增长。

随着人口峰值的到来，新增劳动力将逐渐减少，劳动年龄人口持续加速减少，这对劳动力供求关系以及相关政策制定都提出了挑战。人口峰值的到来也将伴随着日益严重的人口老龄化，中国自 2000 年初步步入老龄化社会，近年来，人口老龄化程度日益加深，人口老龄化对技术进步以及国民储蓄率都提出了挑战，因此，人口峰值的到来势必会影响中国中长期经济增长。人口峰值的到来将导致劳动力供给减少与人口老龄化的程度加深并存，尽管学术界对于人口红利是否已经消失存在争议，但是中国的劳动力供给不足和养老负担日益加重已经是一个不争的事实。

五、金融因素：房地产、地方债务、国际金融传导

房地产市场一直是影响中国经济的重要因素。整个 2019 年，中国在政策层面、土地供给制度以及地方房地产市场调控方面进行改革。在政策层面，2019 年 7 月 30 日，中共中央政治局会议重申“坚持房子是用来住的、不是用来炒的定位”，首次提出“不将房地产作为短期刺激经济的手段”；房地产市场调控方面，“因城施策”不断强化，大连、洛阳等加码调控，上海临港、珠海香洲等放松限购。在信贷资金方面，中国人民银行完善贷款市场报价利率（LPR）形成机制，提高 LPR 的市场化程度，此外，受降准影响，整体资金环境趋向宽松，但是房地产信贷仍在收紧。在土地供应制度方面，2019 年 8 月 26 日，全国人大审议通过《土地管理法修正案》，最大亮点是将集体建设用地入市上升至法律层面，这将在一定程度上打破目前供地二元体制，缓解核心城市供地压力，将对房地产市场长期走势形成影响。

地方政府债务一直是防范化解重大风险攻坚战的重要方面。2019 年地方债务在稳增长与防风险两方面共同发力，专项债提速扩容，精准投向重点领域补短板；扩大专项债作资本金项目范围；专项债提速扩

容，提前下达第二年专项债部分新增额度。在扩容的背景下，财政部多次强调加强完善专项债管理，以防范地方债风险。截至 2019 年 9 月末，全国地方政府债务余额 214150 亿元，控制在全国人大批准的限额之内。其中，一般债务 118985 亿元，专项债务 95165 亿元；政府债券 211423 亿元，非政府债券形式存量政府债务 2727 亿元。地方政府债券剩余平均年限 5.1 年，其中一般债券 5.0 年，专项债券 5.2 年；平均利率 3.53%，其中一般债券 3.53%，专项债券 3.53%。此外，2019 年 1—9 月，全国发行地方政府债券 41822 亿元。其中，发行一般债券 16676 亿元，发行专项债券 25146 亿元；按用途划分，发行新增债券 30367 亿元（包括新增一般债券 9070 亿元、新增专项债券 21297 亿元），发行置换债券和再融资债券 11455 亿元。目前的地方债务呈现以下几个特点：第一，地方债务限额平均使用率接近 90%，中西部地区债务使用率超过平均水平。第二，截至 2019 年 6 月，13 个地区公开披露地方债务规模，均呈显著下降趋势，但是地方政府隐形债务规模仍在扩张。第三，地方政府债务管理中存在问题，地方政府隐形债务信息不透明，不利于评估债务风险，提高了债务风险防范与化解的难度。

受中美贸易摩擦长期性、英国脱欧、政策不确定性加剧以及新兴经济体金融市场波动等因素影响，2019 年全球经济增速逐步放缓，金融风险提高，IMF、世界银行等权威机构多次下调世界经济增长预期。从各国经济基本面来看，美国经济基本前景依然乐观，仍面临诸多风险。由于贸易和制造业疲软，欧洲的经济活动持续放缓，对于欧洲大多数地区来说，外部因素仍在拖累经济增长；需求疲软的迹象也已经开始显现，无疑对欧洲经济是雪上加霜。对于亚洲国家日本，因消费税税率提高，可预期消费下滑，进而导致国内生产总值收缩，同时高度依赖出口的日本经济因受贸易保护主义加剧和贸易摩擦升温的影响，日本经济增长面临压力。

经济活动减弱和下行风险加剧推动全球货币政策转向更加鸽派的立

场，世界经济转向政策性推动，美联储等多家央行大幅持续降息推动全球货币宽松政策升级，全球步入低利率时代。低利率将推动避险资金涌入债券市场，新兴经济体特别是经济环境相对稳定的亚洲债券市场更具吸引力，比如中国十年期国债收益率目前约为 3%，高于欧美等主要国家国债收益率，中短期将吸引海外资金流入中国市场；再者降息提高了风险资产的吸引力，持续宽松的政策有利于推动股市、房地产市场整体上涨，将推动全球杠杆率继续上升，为金融危机埋下隐患。

六、肺炎疫情

2020 年初，一场突如其来的肺炎疫情爆发了。疫情在 2019 年 12 月出现，随着疫情的扩散和感染人数的增加，中国政府随之采取了剧烈的防控手段，全国范围内的封城、封省甚至到封村、封社区。到 2020 年 2 月下旬，对中国经济已经产生了巨大的影响，随着全国范围内隔离措施的实施，每个行业都受到了巨大冲击，一些行业的生产甚至陷于停顿。疫情的传染性、持续性、烈度都远远超出了人们的预料。

对于疫情走势，通过现有公开信息来看，复旦大学附属华山医院感染科张文宏医生对此次疫情大致分为三类判断：（1）防控措施得当，两个月内将对疫情全面控制。（2）疫情严重性超预期，需要半年以上一年以内的时间才可以完全控制。（3）疫情完全失控，造成全球大流行。综合认为第三种情况出现的概率较小，主要从第 1、第 2 种情况入手进行分析。钟南山院士 2 月 11 日在接受路透社采访时表示，新型冠状病毒肺炎新增感染病例已经在一些地区出现下滑，疫情有望出现缓解，他预计峰值将会在 2 月中下旬出现，4 月前可能结束。总体来说，我们综合多位流行病学专家的说法，预计疫情将会在二季度开始之前结束，至少二季度不会出现新增病例，确诊病例大部分得到救治，各地防控措施解除，基本实现全国复工，下半年经济状况将会逐渐回归正常。

此外，肺炎疫情呈现向全球大规模扩散的趋势，据世界卫生组织报道，除南极洲外，6 大洲、37 个国家（除中国外）已经确诊了将近 3000 例肺炎病例，其中，韩国、意大利和伊朗已经出现大量聚集性感染。这将对 2020 年世界经济发展造成巨大的不利影响，并进一步拖累中国经济的发展。

第三章　总需求自然走势

一、消费

综合拉升和压低因素，预计2020年消费额同比增速将继续下滑。促进消费额同比增速上升的因素有两点：第一，价格因素。预计2020年上半年居民消费价格增速将维持在高位，这将对2020年上半年的社会消费品零售总额增长起到拉升作用。第二，政策推动因素。2019年前三季度，消费对GDP的贡献率达到60%，成为拉动经济的主要动力。7月30日，中共中央政治局会议提出，要深挖国内需求潜力，拓展扩大最终需求，有效启动农村市场，多用改革办法扩大消费。次日，李克强总理主持召开国务院常务会议，确定适应群众需要促进商品消费和文化旅游的措施，更大释放最终需求潜力。提出，要顺应商业变革和消费升级趋势，鼓励运用大数据等技术，促进定制消费、智能消费等商业新模式发展。鼓励传统商场、老旧厂区等改造为多功能、综合性新型消费载体。各地可结合实际改造提升商业步行街。

抑制消费增速上涨的因素有五个方面：

第一，宏观经济形势。2020年经济增速大概率继续下滑的预期抑制了消费增速的上涨。经济下行压力的加大，一方面，会导致失业率的上升，不稳定的就业预期随即带来不稳定的收入预期；另一方面，即便就业基本稳定，经济下行的风险也会导致居民真实收入的减少。无论是收入预期的不稳定还是真实收入的减少，都将对消费增速的上涨产生显著的抑制作用。

第二，人口因素。据我们测算，2018 年是中国人口的拐点，中国的总人口在 2018 年开始出现负增长，也就是说中国的总人口数开始减少。一个国家总的市场规模就决定于人口总量以及人均消费，人口就是市场，就是总需求。当总人口开始减少的时候，一定程度上反映出市场存在收缩的风险。同时，随着人口老龄化的加速，经济活力也将不断地减弱。这些都抑制了消费需求的增长。

第三，网络消费因素。近期数据显示，随着网络消费的发展，网络消费的常规化、规模化使得网络消费额的增速渐近峰值。尽管 2020 年网络消费快速增长，但网络消费增速对社会消费品零售总额增速的促进作用边际递减。

第四，对外贸易的不确定性。2019 年中美贸易摩擦对消费额增速的上涨产生了抑制作用，虽然经过多轮贸易协商贸易争端有望缓解，但在根本问题没有得到解决的条件下，对外贸易仍然存在很大的不确定性。我们认为，产生贸易摩擦的根本原因是全球产品创新的不足，导致全球各国哄抢既定全球份额。外贸争端，一方面会导致国内经济下行压力的加大，另一方面会阻断商品的自由流通，增加贸易成本。而这一切最终都将转嫁到消费者身上，导致消费成本的上升，抑制了消费增速的上涨。

第五，疫情的影响。2020 年春节前夕，新型冠状病毒肺炎在武汉爆发并很快蔓延至全国。为了防止疫情进一步的扩散，全国大部分地区采取了居家隔离、封城封村的隔离措施。这将使得 2020 年一季度的消费出现下滑。主要是因为：一方面，隔离措施使得消费品的供给不畅通，供给成本增加；另一方面，隔离使得消费受阻，消费不便利对消费需求产生了抑制作用。

二、投资

综合拉升和抑制因素，预计2020年的固定资产投资同比增速继续下滑。

固定资产投资同比增速的拉升因素有两方面：一方面，随着调结构的继续，高技术制造业投资增速会继续上涨。当前数据显示，虽然整体固定资产投资增速是在下滑的，制造业投资增速也是在下滑的，但计算机、通信和其他电子设备制造业和专用设备制造业投资增速是连续上涨的。另一方面，受“稳增长”的影响，预计2020年基建投资增速不会大幅下降，不会成为拉低固定资产投资增速的主要因素。

抑制固定资产投资同比增速上涨的主要因素有四方面。

其一，房地产投资增速存在下行的风险。从当前的经济形势来看，房地产投资增速不具备继续大幅上涨的基础，自然走势下，2020年房地产投资增速应该有所下行。一边是2019年经济下行风险进一步加大，另一边是2018年人口拐点的到来，二者均导致了对房子需求的收缩，对房价会造成冲击，抑制房地产投资增速的上涨。

其二，去杠杆。无论是去企业的杠杆还是去政府的杠杆，都将对固定资产投资产生抑制因素。去政府的杠杆，财政支出减少，逆周期调控减弱，主要体现在第三产业投资增速下滑方面。去企业杠杆，原本政策的目的是限制僵尸企业，但一方面，由于企业杠杆泡沫化难以定量，去杠杆程度难以把握，易导致过度去杠杆，影响扩大再生产的动力与源泉；另一方面，由于银行的成本与操作的可行性，在去产能的大背景下，很容易产生“一刀切”的机制，对民间投资产生抑制。

其三，环保趋严。对固定资产投资来说，环保趋严可以促进企业技术改造升级，促进制造业投资。但受政策初期的“一刀切”和不完善影响，更多的企业将被迫关停，或因担心政策的摇摆而观望，减少投资。

其四，疫情对一季度投资产生负面的冲击。新型冠状病毒肺炎在全国爆发后，采取的主要措施就是隔离。隔离政策的实施虽然有效地抑制了疫情进一步扩散，但对一季度的投资却产生了较大的负面效应。一方面，隔离使得企业停工、停产，部分投资项目被迫叫停；另一方面，由于办事人员隔离在家，使得项目审批速度明显放慢。

三、进出口

受年初疫情影响，预计 2020 年进出口将出现较大波动。

疫情成为影响 2020 年外贸形势的最大因素。对于进出口的影响将出现季度分化，短期影响明显，伴随疫情转好，外贸中长期恢复增长，对出口的影响将会超过进口。特别的对于一季度，疫情影响企业复工时间，全国大部分城市已经推迟上班时间，这将对外贸企业造成明显影响，进出口都将出现下降趋势，但是与医疗医药相关产品的进口将会出现明显增长，但由于进口额度有限，且存在大量海外捐赠，其对进口增长的促进作用有限。再者全球多国减少与中国贸易、留学、旅游等多方面经济活动，比如 2020 年 1 月 31 日，WHO 将本次新冠疫情列为国际关注的突发公共卫生事件（Public Health Emergency of International Concern, PHEIC），尽管 WHO 在声明中对我国的防疫措施予以了充分肯定，不主张各国限制国际旅行和贸易，但不排除部分地区出于疫情隔断考虑，减少或暂停从中国进口部分商品。

出口方面，从拉升因素看：第一，受贸易冲突不确定性和地缘政治因素影响，2019 年全球经济下行风险叠加，为应对美国经济增速放缓，2019 年全年美联储降息三次，多国跟进操作，货币政策已经进入宽松周期，将刺激全球经济复苏势头，对中国出口贸易形成有力支撑。第二，中美贸易摩擦有所缓和，中美在农业、知识产权保护、汇率、金融服务、扩大贸易合作、技术转让、争端解决等领域取得实质性进展。在关税方面，特朗普暂停原定于 2019 年 10 月 15 日对中国 2500 亿美元产品提高关税，维持 25% 关税，并且将自 10 月 31 日起对中国 3000 亿美元加征关税清单产品启动排除程序，将对中国出口形成促进效应。第三，基数效应。在中美贸易摩擦的背景下，加之 2018 年外需复苏以及部分企业的“抢出口”效应形成的高基数，对 2019 年的出口增速形成较大影响，较低的基数对 2020 年出口同比增速形成一定支撑。第四，人民币汇率的下行对我国出口具有拉动作用。

压低因素方面：第一，从中美贸易摩擦的整个历程来看，谈判过程跌宕起伏、形势总体升级、领域逐步扩大，从贸易摩擦持续升级至科技领域、金融领域、地缘政治领域、舆论领域等全方位博弈，虽然中美贸易摩擦达成初步协议，但是不能忽视贸易摩擦长期性的特点，如果不能达成进一步的协议，仍将影响 2020 年中国外贸出口增速。

第二，世界经济增速下降、不确定性提高。2019 年主要经济体工业生产、制造业采购经理人指数等重要指标纷纷出现减速趋势，发达经济体经济增长动力减弱，IMF、世界银行多次下调世界经济增速；此外英国脱欧、中东局势等地缘政治因素增加了世界经济环境的不确定性。综合上述分析，预计 2020 年全年出口同比增速出现下降趋势。

进口方面，从拉升因素看：首先，中美贸易谈判初步达成“第一阶段”贸易协议，双方在农业、知识产权保护、汇率、金融服务等领域取得实质性进展。一方面，中国同意从美国购买 400 亿至 500 亿美元的农产品；另一方面，贸易谈判顺利将有力地支撑高新技术产品与机电产品进口额。再者，中国扩大进口政策发力，一系列自主降低关税政策落地，营商环境持续优化，贸易便利化水平大幅提升，将对进口增速起到一定的促进作用。

从压低因素看：首先，国内经济下行压力较大，规模以上工业企业利润、工业增加值等关键指标的同比增速回落，制造业 PMI、非制造业 PMI 双双承压，内需不足将制约 2020 年进口同比增速。再者，政策因素将对进口增速形成扰动。综合来看，预计 2020 年全年进口增速较 2019 年将承压。

结合进出口两方面来看，2020 年贸易顺差将继续收窄。

第四章　总供给自然走势

受美国限制中国企业对美高科技产品进口、中国劳动力供给下降、新冠肺炎疫情以及中国对美贸易反制措施的影响，预计 2020 年总供给增速将呈现一定程度的收缩。能源价格保持低位将对 2020 年中国经济总供给起到支撑作用。外资企业在华投资结构变化将导致中国低端制造业供给下降，高端制造业和高技术产业供给上升。

一、外资企业在华投资结构变化

2019 年外资企业在华投资结构发生变化，但总体而言外资并没有大规模撤离中国。2019 年受中美贸易摩擦以及中国国内生产成本高企的因素影响，一些外资企业选择将其制造工厂撤离中国，与此同时，我们看到，2019 年 1—9 月中国实际使用外资同比增长 6.5%。尽管外资企业对中国加工制造业的投资降低，但高技术产业对外资的吸引力不断加强，并持续保持较高增幅，2019 年 1—9 月，同比增长 39.8%，占比达到 29.8%。其中，医药制造业、医疗仪器设备及仪器仪表制造业、电子及通信设备制造业实际使用外资同比分别增长 40.7%、33.1% 和 10.7%。高技术服务业实际使用外资 1292 亿元人民币，同比增长 61.3%。其中，信息服务、研发与设计服务、科技成果转化服务业实际使用外资同比分别增长 52.4%、57.9% 和 74.4%。

由于中国劳动力成本上升将在未来很长一段时间内持续，预计外资企业在华降低低端制造业投资，加码高技术产业和高端制造业的状态将在未来延续，从而导致中国低端制造业供给下降，高端制造业和高技术产业供给上升。

在中美贸易摩擦的大背景下，中国对欧美发达国家（地区）的外商投资吸引力降低。目前，对华投资前十位国家（地区）依次为：中国香港（500.9 亿美元）、韩国（36.4 亿美元）、新加坡（33.2 亿美元）、中国台湾（24 亿美元）、日本（19.8 亿美元）、美国（16.3 亿美元）、英国（13.6 亿美元）、德国（11.3 亿美元）、中国澳门（9.4 亿美元）、荷兰（7.2 亿美元）。

表 4－1　对华投资前十位国家（地区）

国家（地区）	对华投资规模/亿美元
中国香港	500.9
韩国	36.4
新加坡	33.2
中国台湾	24
日本	19.8
美国	16.3
英国	13.6
德国	11.3
中国澳门	9.4
荷兰	7.2

资料来源：北京大学国民经济研究中心。

二、美国加征关税，冲击生产企业供给

2019 年美国商务部把包括海康威视、大华科技、科大讯飞、旷视科技、商汤科技、美亚柏科、溢鑫科技和依图科技等在内的 28 家中国机构和公司列入美国出口管制“实体名单”（又称黑名单），限制这些机构从美国购买零部件并高度限制美企与这些企业的其他往来。

在中美贸易谈判没有达成完整协议的条件下，预计美国将保持对中

国高端工业产品的出口限制。美国信息技术业占据绝对领先地位，限制中国企业对美国高端工业品采购将严重影响中国企业的正常生产，导致中国信息技术产品总供给下滑甚至停产。

三、能源价格持续波动

预计 2020 年中国能源价格将保持低位。

2019 年受全球经济增长放缓，全球原油需求降低以及美国、沙特石油增产的影响，2019 年国际原油价格维持在 60 美元/桶的历年较低价格水平上下保持震荡。

由于美国经济逐渐出现衰退信号以及欧洲和亚洲经济增长放缓，预计 2020 年原油需求降低，2020 年原油价格将保持低位震荡。并且由于中国在中美贸易谈判中承诺进口美国能源产品，2020 年中国国内能源价格将进一步降低。

此外，受中国国内供给侧改革政策以及环保政策影响较大的煤炭在 2019 年前三季度产量稳步增长，同比增长 4.5%，比 2019 年上半年加快 1.9 个百分点。前三季度进口煤炭同比增长 9.5%，比 2019 年上半年加快 3.7 个百分点。预计 2020 年中国煤炭价格将保持平稳趋势。

四、劳动力供给下降，劳动力成本增加

人口老龄化是世界各国所面对的共同问题，中国自 2000 年初步入老龄化社会，至今已经有 19 年的历程，人口老龄化带来了人口结构不合理以及养老负担过重等问题，同时也直接造成了劳动力供给下降，加之近年来人口增长放缓甚至是负增长也是造成劳动力供给下降的重要原因。随着高等教育逐年扩招导致的高等教育入学率逐年上升，使得低龄劳动参与率逐渐下降，也在一定程度上制约了劳动力的供给。

2010 年劳动人口占总人口的比重为 74.5%，随后几年开始下降，

到 2018 年，下降至 71.2%。未来随着人口老龄化不断加剧，劳动人口占比将继续下降。与劳动人口占比的持续下降并存的就是老龄化程度的加剧。因此，未来中国的劳动力市场将面临劳动力供给规模减小、低龄劳动力参与率逐渐下降以及劳动力年龄人口内部结构老化等问题。劳动参与率下降、劳动力供给下降直接导致劳动力成本增加。但是，劳动力成本除了受到劳动力供给的影响，还会受失业率的影响。

理论上，当经济下行时，生产活动趋缓，就业岗位减少，会导致失业率增加，当前中国经济正面临着下行压力，如果失业率持续上升，此时，工资将下降，劳动力成本降低；但是在中国当前稳增长、稳就业的背景下，虽然经济面临下行压力，但是稳字当头，激发经济发展潜能，失业率将保持在合理区间内，此时，工资将保持不变，劳动力成本不变；如果失业率继续保持下降，工资上涨，此时，随着劳动力供给的减少，劳动力成本将增加。因此，劳动力供给持续减少已是不争的事实，但是劳动力成本的变化并不明确。

五、中国反制措施

2018 年 3 月 23 日，中国商务部关于就美国进口钢铁和铝产品 232 措施及中方应对措施公开征求意见的通知：拟中止对美国实施实质相等的减让和其他义务，即对自美进口部分产品加征关税，以平衡美方 232 措施对中国造成的利益损失。

2018 年 4 月 1 日，国务院关税税则委员会决定对原产于美国的部分进口商品中止关税减让义务。

2018 年 4 月 4 日，中国决定对原产于美国的大豆等农产品、汽车、化工品、飞机等进口商品对等采取加征关税措施，税率为 25%。涉及自美进口金额 500 亿美元。

2018 年 6 月 16 日，国务院关税税则委员会决定对原产于美国的 659 项约 500 亿美元进口商品加征 25% 的关税，其中 545 项约 340 亿美元商品自 2018 年 7 月 6 日起实施加征关税，对其余商品加征关税的实施时间另行公布。

2018 年 6 月 26 日，中国下调部分亚洲国家进口关税，大豆等关税降至零。

2018 年 7 月 1 日，中国开始降低部分进口日用消费品的最惠国税率，涉及 1449 个税目。此次降税数量多力度大，平均降税幅度达 56%。同时，中国开始降低汽车整车及零部件进口关税，涉及 218 个税目的汽车及零部件。

2018 年 7 月 3 日，中国法院采取“诉中禁令”方式，裁定美国美光在华禁售芯片。

2018 年 7 月 6 日，中国在世贸组织起诉美国 301 调查下对中国 2000 亿美元产品征税建议措施。同日，中国对美国 340 亿美元商品开始加征 25% 关税。

2018 年 8 月 8 日，中国宣布对 160 亿美元美国商品加征 25% 关税，8 月 23 日 12 时 1 分起实施加征关税。

2018 年 8 月 23 日，中国在世贸组织起诉美国 301 调查下对华 160 亿美元输美产品实施的征税措施。

2018 年 9 月 18 日，中国国务院关税税则委员会宣布对 8 月 3 日发布的清单中涉及 600 亿美元商品自 2018 年 9 月 24 日加征 10% 和 5% 的关税。同日，中国在世贸组织追加起诉美国 301 调查项下对华 2000 亿美元输美产品实施的征税措施。

2019 年 5 月 13 日，国务院关税税则委员会宣布自 2019 年 6 月 1 日起，对已实施加征关税的 600 亿美元部分美国商品提高加征关税税率，分别实施 25% ~10% 关税。对之前加征 5% 关税的税目商品，仍继续加征 5% 关税。同时，公告试行开展对美加征关税排除工作，排除清单内的商品不再加征我国为反制美 301 措施所加征的关税。

2019 年 7 月 12 日，中国外交部发言人耿爽表示，中方将对参与日前美国宣布的对中国台湾约 22.2 亿美元售台武器的美国企业实施制裁。

2019 年 7 月 26 日，中国海关总署发布公告，允许俄罗斯全境大豆进口，并且增加俄罗斯库尔干州的小麦输华。

2019 年 8 月 2 日，商务部发言人表示如果美方对 3000 亿美元中国输美商品加征 10% 关税付诸实施，中方将不得不采取必要的反制措施。

2019 年 8 月 6 日，国务院关税税则委员会对 8 月 3 日后新成交的美国农产品采购暂不排除进口加征关税，中国相关企业已暂停采购美国农产品。

2019 年 8 月 15 日，针对美国贸易代表办公室宣布对约 3000 亿美元自华进口商品加征 10% 关税，国务院关税税则委员会有关负责人表示中方将不得不采取必要的反制措施。

2019 年 8 月 23 日，国务院关税税则委员会发布公告决定自 2019 年 9 月 1 日 12 时 1 分和 2019 年 12 月 15 日 12 时 1 分起，分两批对原产于美国的汽车及零部件等商品加征 25%、5% 的不等关税。

2019 年 9 月 1 日，中国对美国约 760 亿美元输中商品加征 5% ~10% 关税开始生效。

2019 年 9 月 2 日，中国商务部宣布，针对 9 月 1 日起正式实施的美国对华 3000 亿美元输美产品中第一批加征 15% 关税的措施，中方已在世贸组织争端解决机制下提起诉讼。

2019 年 11 月 1 日，世贸组织就“中国诉美国特定反倾销措施案（DS471）”做出报复水平仲裁裁决。仲裁员裁定，美国未纠正违反世贸规则的对华反倾销措施，对中国造成利益丧失和减损水平为每年 35.79 亿美元。据此，中国可向争端解决机构申请贸易报复授权，报复水平为每年不超过 35.79 亿美元。

2019 年 12 月 2 日，中国外交部发言人华春莹在记者会上宣布，中国政府决定自即日起暂停审批美军舰机赴港休整的申请，同时对“美国国家民主基金会”“美国国际事务民主协会”“美国国际共和研究所”“人权观察”“自由之家”等在（中国）香港修例风波中表现恶劣的非政府组织实施制裁。

2019 年 12 月 4 日，针对美国国务院 10 月对中国驻美外交领事人员设限的做法，中方已照会美国驻华使馆，将从即日起实施对等反制措施，要求美驻华使馆外交人员和美驻上海、广州、成都、沈阳、武汉总领馆人员正式会见中方地方政府代表、正式访问中国教育或研究机构，须提前 5 个工作日书面通知中国外交部。中方现行其他相关规定对美方依然有效。

自 2018 年 3 月中美贸易摩擦开始到持续升级再到缓和与升级之间反复，从关税之争到美国对中国科技、金融、人才交流等领域的施压，中美双方都在这场长期而严峻的持久战中受到了不同程度的损失。农产品贸易在中美双边贸易合作领域里占有重要的地位，中国是美国农产品的重要出口国，中国主要从美国进口大豆、谷物等土地密集型的农产品，虽然中国是农业大国，但是中国是全球第一大农产品进口国，因为中国的农业虽大不强，因此对于像大豆和谷物等农产品的进口依赖程度比较高，而美国恰好是全球第一大大豆生产国，美国有相当大一部分大豆出口到中国，中国在中美贸易摩擦中的反制措施最早是对美农产品加征关税，短期势必影响中国农产品进口总量以及国内农产品的价格，长期来看，中国将会积极寻求其他国家的进口以及加紧国内相关产品的生产，这种内外竞争加剧的局面很有可能导致未来的供给过剩。

六、新冠肺炎疫情因素

2020 年初具有高传染性的新冠肺炎疫情在中国爆发，中国政府随之采取了剧烈的防控手段，城市封闭政策和推迟复工政策势必将从供给端对各行各业带来影响。总体来看，由于一季度受肺炎疫情影响最为严重，国内企业开工推迟，同时初期开工率较低，肺炎疫情将导致 2020 年一季度供给下滑。二季度则将是疫情结束的过渡期，随着企业开工率上升以及企业可以采取加班加点措施，所以整体增速将逐步上升。三、四季度则将是企业全面恢复生产并采取加班加点措施弥补一季度产出损失的关键季度。

北京大学国民经济研究中心测算了肺炎疫情以及推迟复工、城市封闭措施对三个产业供给端的影响。对于第二产业来说，预计2020年四个季度的当季同比增速分别是－27.02%、6.82%、35.72%、5.03%，而累计同比增速分别为－27.02%、－8.63%、7.03%、6.46%，全年增速为6.46%。

而对于第三产业来说，预计2020年四个季度的当季同比增速分别是－30.9%、12.5%、5.7%、4.2%，而累计同比增速分别为－30.9%、－5.1%、－2.2%、－4.0%，全年增速为－4.0%。总体来看，本次疫情传染性强、治疗难度高，各地采取了居家隔离、延长春节假期、延迟企业开工等措施，尤其处于春节假期，对第三产业影响尤为明显，全年增速承压。第一产业占GDP比重不大，受疫情影响后对中国GDP增速影响应该更小，本书未予考虑。

第五章　中国宏观经济风险点

一、房地产危机的风险

当前，中国房地产市场处于房价持续下跌风险和房地产企业债务风险并存的时刻。房价持续下跌恐将进一步恶化房地产企业财务状况，但若政策转向房地产市场，又会进一步助推高涨的 CPI，同时定向降准扶持实体经济的货币政策也将大打折扣。

从 2019 年房价数据来看，一方面国家统计局公布的 10 月 70 城房价数据显示，北京二手房均价环比下降 0.6%，跌幅居 4 个一线城市首位，在 70 城中仅次于济南、西安等跌幅 0.7% 的城市；另一方面中原市场研究部的统计显示，2019 年 10 月，北京二手住宅网签 8844 套，成交面积 80 万平方米，套数环比下降 28%，同比持平。2019 年 1—10 月，北京二手住宅网签 11.86 万套，同比下降 9%，二手住宅成交量创 2015 年以来同期最低值，二手房成交占比全市房屋总成交量下降至 71%，为近 5 年最低值。

从房地产企业经营状况来看，2019 年上半年，174 家房企的加权平均净负债为 91.37%，较年初增加了 4.29 个百分点，达到历史最高值，总有息负债 66283 亿元，较年初增长 11.3%，近六成房企的净负债率有所上升。从长短债来看，2019 年上半年短期有息负债 23668 亿元，较年初增长 4.8%，长期有息负债 52953 亿元，同比增长 13.6%。从增幅的情况来看，长债的增幅远高于短债的增幅，2019 年上半年总有息负债的增长主要来源于长债的增长。净负债率方面，2019 年上半年 174 家房企的加权净负债率约为 91.37%，达到 2015 年以来的最高值，较年初上涨了 4.39 个百分点，其中 59.9% 的房企净负债率呈上涨形势。其中，TOP10 的房企净负债率为 85.48%，较 2018 年末上涨幅度最为明显，增幅达到 7.67 个百分点。但除了央企保利发展的净负债率有下降之外，其他房企的净负债率均有小幅上涨。

因此，房价下跌叠加房企经营困难对中国房地产行业造成了潜在的风险。

二、地方政府债务风险

防范化解重大风险仍是 2019 年三大攻坚战之首，而当前地方政府债务风险已成为金融体系稳定性的一大隐患。当前地方政府债务主要面临以下风险：第一，地方显性债务压力处于可控范围，但地方隐性债务压力较大。根据 Wind 数据，2018 年地方债务到期规模为 8389 亿元，2019 年将达到 1.31 万亿元。2020—2022 年到期年均超过 2 万亿元。第二，2019 年开始步入债务到期高峰，城投企业还本付息压力增加。数据显示，2018 年地方政府显性债务 26.2 万亿元，年应付利息超过 1 万亿元（其中包括债券融资 18.46 万亿元，以 3.5% 利率计，年应付利息约 6400 亿元；城投债 7.78 万亿元，以市场平均利率 5.5% 计，年应付利息约 4000 亿元），若算上隐性债务，每年应付利息近 4 万亿元。第三，资管新规落地，理财产品转向净值型，金融机构加强对产品流动性管理，导致城投企业低评级外部融资压力增加。

此外，实地调研显示，中国部分地方政府的债务问题已经很严重。以吉林省为例，2017 年，吉林省的财政自给率在 32% 左右，也就是说，吉林省的支出中 68% 左右需要靠中央输血以及发债，一旦全国宏观经济走弱，中央财政收入增速下滑，吉林省财政就可能会出问题。而在吉林省的 9 个市中，有两个城市的财政自给率不到 15%，另有两个城市的财政自给率在 15% 到 20% 之间，财政自给率最高的城市是长春市，财政自给率也才 51%。可见一旦中国宏观经济走弱，中央政府财力下降，部分地方政府就会出现债务问题。

三、外资撤离风险

近年来，随着中国经济下行压力加大，以及中国劳动力成本逐渐上升，一些外资企业开始将生产转移到其他低成本国家。而中美贸易摩擦令中国的对外贸易和投资环境都发生了很大变化，为了规避关税和逃避制裁，进一步推动更多外资企业选择撤离中国。

资料显示，当前撤离的外资主要以制造业为主，如以标致为代表的汽车产业和以三星为代表的手机产业。此外，自 2018 年以来，包括尼康、日东电工、奥林巴斯、爱普生精工等多家世界级企业宣布关闭中国工厂。除了制造业之外，一些零售业外资也相继撤离，如进入中国市场 24 年之久的欧洲最大的零售商家乐福也于 2019 年 6 月 23 日迈出了撤出中国的决定性一步。这家法国集团表示，已同意将家乐福中国 80% 的股份出售给苏宁。此前有消息称沃尔玛也在快速减少中国门店数量，有分析称是由于土地租金上升以及互联网电商的竞争。而全球电商巨头亚马逊也宣布，从 2019 年 7 月 18 日起退出中国市场，不再运营中国市场，停止为亚马逊的第三方买卖家提供服务。

外资企业的撤出会冲击整个产业生态。很多撤出的外资已进入中国很多年，与中国市场的合作关系也已很多年，如标致已合作 27 年，家乐福进入中国市场也有 24 年。它们在中国市场的发展已形成了产业生态和体系，是中国产业生态和消费生态中很重要的一环。因此，这些外资企业的撤出会打乱这种生态体系，与它们在同一体系的上下游产业都将受到影响。特别是与这些外资配套的一些供应链企业，可能会跟随外资撤出中国市场。这样一来，单个外资的撤出，就会起到连根拔起的效果。

四、企业家信心

《中国企业家发展信心指数（2018 下半年）》数据显示，2018 年下半年中国企业家发展信心指数 52. 69 分，同比环比均下降。2018 年上半年中国企业家发展信心指数 56. 21 分，下半年下降接近 4%。而造成企业家信心下降的主要原因则是大家对未来的宏观经济走势比较悲观一些，不管是对中国的还是对世界的，都相对比较悲观。其中，对中国经济走势的信心乐观程度从 75% 下降到 57%，下降 18%；对世界经济走势的乐观程度从 2018 年上半年的 53% 下降到 39%，下降 14%。如此低迷的信心，造成大部分企业对投资生产持谨慎态度，不愿意进行更多的投资。

五、国际金融风险的传导

2019 年以来，美国衰退风险指标首度突破 32%（近半个世纪里，倘若上述指标超过 28%，专家便会认定经济衰退的发生殊无悬念），是自 2009 年以来的首次。而且，2019 年也同样出现了美国国债长短期利率的倒挂，倒挂的出现被普遍认为唯有经济衰退进入倒计时才会出现，这也一定程度加深了对美国经济衰退的担忧。此外，更令市场担忧的是，近 40 年来美国首度出现债务违约的风险。据美国两党政策研究中心的研究显示，创下历史新高的 22. 4 万亿美元国债跟萎靡不振的预算收入增长，加重美国财政收支的压力，随时可能出现无法按时足额支付债务的情形。同时考虑到中美之间的经贸摩擦，一旦贸易摩擦愈加尖锐化，国家和大型企业在偿还高额债务时将更为艰难，加之肺炎疫情存在全球全面扩散的风险，可能加速引发一连串债务违约，并对全球金融市场造成冲击，进而传导至中国，引发危机。

第六章　宏观经济自然走势及政策目标

一、宏观经济的自然走势

（一）GDP

自然走势下（即没有政策干预下），2020年的中国经济将延续供需双缩的局面。受疫情的影响，供需双缩的局面将会加重。供给方面，人口老龄化、劳动力供给下降、制造业生产活动持续低迷、规模以上工业企业利润下降、中美贸易摩擦不确定性，综合来看供给将呈现收缩趋势。需求方面，消费、投资、出口将继续回落，综合来看需求也是收缩的。结合总体形势，我们判断，自然走势下的2020年GDP增速可能为1%～2.5%，经济下行压力较大。

（二）价格

2020年自然走势下，预计CPI同比增长5.6%。我们认为对2020年CPI走势影响较大的就是2020年春节前夕爆发的新型冠状病毒肺炎疫情。对此，根据“非典”时期的经验，疫情对需求端的冲击不可忽略。假设在此次疫情期间，非食品价格随着需求收缩，而在疫情解除之后，餐饮、零售信心恢复，需求扩张预计二季度后非食品价格会反弹。考虑疫情后，中国经济2020年CPI的自然上涨率为5.6%左右。

（三）就业

按照官方数据，2019年就业主要指标超预期完成。2019年全年城镇新增就业1352万人，连续7年保持在1300万人以上，明显高于1100万人以上的预期目标，完成全年目标的122.9%。2019年各月全国城镇调查失业率保持在5.0%~5.3%，实现了低于5.5%左右的预期。劳动力市场实现供求平衡。

财政减税降费以及中国劳动力下降将对2020年中国经济就业面形成支撑。2020年初肺炎疫情将对劳动力市场造成短期冲击。预计按照官方口径的2020年失业率较2019年略有上升，全国城镇调查失业率达5.2%左右。再考虑到近年来中国劳动力成本上升以及制造业从劳动密集型的低端制造业向高端制造业转型的现实，预计全国城镇新增就业将低于2019年完成水平，达到1100万人。

二、宏观经济政策的目标

（一）GDP

2020年中国经济下行压力增加，加之疫情的影响，供给和需求增速“双收缩”的局面将会加重，经济的自然增速大概率低于2019年。为实现十八大提出的全面建成小康社会的目标，即“国内生产总值和城乡居民人均收入比2010年翻一番”，预计2020年GDP增速目标为5.5%~6.0%。自然走势下的经济增速低于经济增长目标，稳增长压力较大。

（二）价格

预计2020年官方给出的CPI政策目标是5.0%左右。鉴于2020年初以来的经济形势，继续维持3.0%以下的CPI上涨率已经不太现实，预计CPI上涨率目标为5.0%左右。

2020年对CPI走势影响较大的因素就是2020年初爆发的疫情。我们认为疫情会从两方面影响2020年全国CPI的自然走势：（1）疫情导致食品供给扰动，特别是打断猪肉扩产周期，CPI将显著上升；（2）疫情结束后，由于消费餐饮需求后置，CPI 将继续上扬。我们通过定量测算，预计自然走势下，2020 年 CPI 同比增长 5.6%。在政策调控后，预计 2020 年 CPI 同比增速应该可以控制在 5.0% 左右。

（三）就业

根据 2016 年到 2019 年的城镇新增就业量，到 2019 年末新增就业 5000 万人的目标已经完成，显示中国就业市场实现供求平衡。考虑到稳就业是中央提出的“六稳”要求之首，并且城镇就业是城镇化战略的重要支撑，2020 年的城镇新增就业目标不应显著低于 2019 年目标水平，应以 1100 万人左右为宜。

第七章　宏观经济政策展望

一、需求管理政策

（一）货币政策

一方面，货币政策仍有宽松空间。全球经济预期增速下滑，外需对国内经济的拉动作用减弱，需扩大内需稳定经济增长。经济下行压力仍存，全球降息潮或将持续，实体经济整体偏弱，因此在这样的背景下，货币政策有进一步宽松的空间，同时，要施行结构性宽松政策，将货币政策有效传导至实体经济，另外，要继续根据宏观经济运行情况适时采用逆周期调节机制。

另一方面，加大对民营企业和小微企业的信贷支持。保持定向宽松的货币政策，改善需求，鼓励银行发放贷款向中小企业倾斜，加大对小微企业的信贷支持，提高民营企业和小微企业的信贷比重，确保货币政策能有效传导到实体经济。

（二）财政政策

一方面，进一步加大减税降费力度。当前经济增速放缓，外需不足，因此，要施行宽松的财政政策拉动内需。2019 年减税降费效果明显，下阶段进一步加大减税降费力度，提升企业利润，激发企业投资活力，促进消费增长，提升居民和企业的获得感。

另一方面，继续支持重点基础设施建设。2019 年 10 月 29 日，工信部发布《关于加快培育共享制造新模式新业态，促进制造业高质量发展的指导意见》，其中指出，推动新型基础设施建设。加强 5G、人工智能、工业互联网、物联网等新型基础设施建设，扩大高速率、大容量、低延时网络覆盖范围，鼓励制造企业通过内网改造升级实现人、机、物互联，为共享制造提供信息网络支撑。

（三）对外开放

从外部环境来看，中美第十三轮高级别经贸磋商初步达成“第一阶段”贸易协议，在金融服务、扩大贸易合作方面取得实质性进展，将有力地推动中国对外开放的进程；在制度层面，2019 年 10 月结束的十九届四中全会报告决定实施更大范围、更宽领域、更深层次的全面开放，推动制造业、服务业、农业扩大开放，保护外资合法权益，促进内外资企业公平竞争，拓展对外贸易多元化，稳步推进人民币国际化。健全外商投资准入前国民待遇加负面清单管理制度，推动规则、规制、管理、标准等制度型开放，健全促进对外投资政策和服务体系。加快自由贸易试验区、自由贸易港等对外开放高地建设。

在中美贸易摩擦以及全球需求低迷的大背景下，预计 2020 年中国贸易顺差将有所收窄，中国需要继续扩大对外开放来应对缓解。就目前中国对外开放的现状来看，一方面应继续降低关税壁垒，扩大商品市场开放，进一步降低进口关税总水平，大幅削减进口环节制度性成本。在国内经济下行压力提高的情况下，要落实好减税降费等各项政策，减轻出口企业负担，激发企业生产潜力。

另一方面应继续降低非关税壁垒，扩大农业、采矿业、制造业、服务业等行业开放，全面取消外资准入负面清单之外的限制。进一步促进贸易投资自由化便利化，稳妥有序推进资本项目开放，落实直接投资领域准入前国民待遇加负面清单管理，完善合格境外机构投资者制度，深化跨国公司资金集中运营管理；持续改善营商环境，实施新的外商投资法律制度，引入侵权惩罚性赔偿制度，增强民事司法保护和刑事保护力度，提高知识产权保护水平，同时继续完善开放新格局需加快建设自由贸易试验区和自由贸易港，充分发挥自由贸易试验区改革开放试验田作用。从金融市场来看，在2019年扩大金融业对外开放的11条举措的基础上，将进一步扩大金融业对外开放程度，同时健全跨境资本流动“宏观审慎+微观监管”两位一体的管理框架，严防金融风险。

二、供给管理政策

供给管理政策应旨在提高国内生产部门的生产能力，增加供给，以满足一定生产力水平下社会对商品和劳务的需求。2020年中国的供给管理政策应侧重于降低企业生产经营成本、制度性交易成本，鼓励高新技术的自主研发，改善劳动力市场流动性，扩大对外开放，改善营商环境。

（一）降低企业生产经营成本

2019年，为降低企业生产经营成本，政府减税降费力度较大。2019年的减税降费政策主要包括两个方面：降低社会保险费率和增值税降税。据人社部养老保险司的测算，2019年全年社保费降费将超过3800亿元。增值税降税包括降低增值税税率水平、扩大进项税抵扣范围、试行期末留抵退税、加计抵减。国务院常务会议指出：2019年前8个月全国减税降费1.5万多亿元，促进了企业减负、居民增收和就业增加，有效激发了市场活力，对对冲经济下行压力、做好“六稳”、保持经济运行在政策目标区间发挥了重要支撑作用。由国家税务总局测算，全年减税降费总额将超过2万亿元。

2019年出台了一系列着重针对小微企业、小规模纳税人、初创科技企业等的减税降费政策，在2019年下半年中国多省财政出现赤字的情况下，减税降费力度不减。在“六稳”的大背景下，我们预计：2020年一是应该继续落实2019年已有的减税降费政策，确保制造业、建筑业和交通运输业等主要行业税负明显降低；二是要对受贸易摩擦影响最严重的外贸出口企业施行财政税收优惠等一系列政策；三是对受肺炎疫情影响较大的小微企业以及服务业企业，金融部门给予相应融资支持，保证企业现金流充裕。

（二）鼓励高新技术的自主研发

随着中美贸易摩擦升级，2019 年美国商务部把包括海康威视、大华科技、科大讯飞、旷视科技、商汤科技、美亚柏科、溢鑫科技和依图科技等在内的 28 家中国机构和公司列入美国出口管制“实体名单”（又称黑名单），限制这些机构从美国购买零部件。为了避免关键技术的卡脖子问题，中国政府已开始鼓励企业对高新技术的自主研发，打破海外对高科技的垄断，降低中国企业对国外高新技术的依赖度。工艺创新、资源创新和部分类型的制度创新能够提高企业的生产率，扩大供给。根据 2019 年国家杰出青年科学基金工作座谈会以及全国政协专题协商会上的发言内容，预计 2020 年，政府将继续从以下几个方面促进技术升级：（1）建立起促进创新的科技金融体系。从金融层面鼓励企业直接投入前沿基础研究和关键技术研发，利用企业较灵活的资助方式，激发创新活力。（2）为了保证企业的积极性，制定相关各方在成果转让、股权分配等多种形式下的利益共享和分配机制，充分利用技术市场和资本市场，加快科技成果转化。（3）培育人力资本。加大对技术创新型人才的培育力度，鼓励创新，增加对技术创新人员的制度和财政上的激励。（4）李克强在国家杰出青年科学基金工作座谈会上提到：鼓励高新技术自主研发的同时必须重视基础研究投入。必须在科学方面有一大批国际领先的突出成果，在实施创新驱动发展战略时，千万不要忽视基础研究。

（三）扩大对外开放，改善营商环境

2019 年在中美贸易摩擦的大背景下，出现了部分外商从中国撤资

的现象。习近平总书记在达沃斯论坛、博鳌亚洲论坛、进博会、“一带一路”国际合作高峰论坛等多个场合，宣布了中国扩大开放、放宽市场准入的重大举措。商务部部长钟山在《求是》署名文章“奋力推进新时代更高水平对外开放”中提到：更高水平对外开放，体现在更加注重开放市场，继续放宽外资准入，进一步放开一般制造业，重点扩大金融、电信、医疗、教育、养老等领域对外开放，在更多领域允许外资控股或独资经营；完善市场化、法治化、国际化营商环境，强化公平竞争，激发市场活力；让内陆和沿边从开放“末梢”转向开放“前沿”，推动形成全面开放新格局。我们预计 2020 年中国将在以下几个方面扩大对外开放：一是放宽外商市场准入，继续缩减全国版和自贸试验区“负面清单”，允许外商在更多领域实行独资经营。二是优化外资结构，鼓励外资投向高端制造业、高新技术产业。三是改善营商环境，完善外资投诉处理机制，努力营造亲商、安商、富商的一流环境。

三、市场环境管理

面对国内外错综复杂的形势，当前国内经济下行风险在加大。结合当前所处的阶段特征，预计 2020 年的宏观经济政策很可能是积极的财政政策搭配稳健的货币政策。“稳增长”需要刺激内需，刺激投资，但近些年来释放出的流动性难以进入实体经济，总是滞留在资本市场，造成股市、房市的大幅波动。要想根本地解决这些问题，还是需要培育优良的营商环境。

当前，中国“营商环境”的弊端主要体现在两个方面：计划过多和法制不健全。其一，计划过多。虽然当前市场经济在国家的发展进程中发挥了很大的作用，但在有些时候还是因为计划的干预扰乱市场，带来不必要的损失。例如，2016 年、2017 年煤炭、钢铁价格的大幅波动就能侧面地反映出浓厚的计划气息。粗暴执法去产能、关停企业导致供需不匹配价格大幅波动，给经济带来了不必要的损失。其二，法制不健全，没有充分地利用法律来保护国家和私人的利益。还是以 2016 年、2017 年煤炭、钢铁价格的大幅波动为例，如果依靠法律设置监督处罚机制，就不会出现人为干预产生价格大幅波动的现象了。依法办事，设置好监督处罚机制，企业就会自动调节退出产业或改良环保设施，市场也是自动调节的，就不会短时间内出现大量产出缺口。

对此，我们认为可以从以下几个方面加以改进：第一，以市场为导向，减少行政干预，尤其在价格制定方面。第二，加强依法治国，制定好相关的法律法规等监督机制，减少人为干预。当前的债务、环境、价格等问题的根本解决，是需要以法律为保障、以市场为导向的营商环境的。一方面，法律可以保障投资者的利益，刺激投资者的创新意识；另一方面，规范的市场环境，也规范了企业的行为。在处罚成本高于利润所得时企业会自动地退出市场，直到以价格为导向达到新的平衡。第三，保持政策稳定性，防止短期内在多个目标间摇摆，如不要一会调结构，一会又要稳增长，一段时间后又要控风险。尤其是财政、货币政策要稳定，不能频繁地变化，否则企业会因看不清方向而惜金观望。2016 年初，民间固定资产投资增速出现了断崖式下滑，当时去低端产能、降低企业杠杆的风气正盛。到了 2017 年下半年，又出现了环保趋严的系列监管，同时企业杠杆率问题再次被列为防风险之重，民间投资增速再次出现小幅下滑。第四，注意引导市场预期，防控因扩内需引致的风险。对于此部分主要指防控资金流向房地产市场和资本市场，加剧泡沫的形成。

第八章　宏观经济展望

综合2020年宏观经济的自然走势和政府政策的影响，我们预计2020年GDP同比增长5.5%左右，CPI同比增长4.9%左右，PPI同比增长1.4%左右。

供给端，我们预计2020年工业增加值同比增长4.8%。需求端，预计2020年消费累计同比增长5.3%；2020年固定资产投资累计同比增长5.3%；2020年出口同比增长－3.2%。

货币金融方面，预计2020年货币政策仍有宽松空间，信贷将继续保持扩张态势。随着积极的财政政策更加积极，将进一步加大减税降费力度，地方政府债发行规模逐渐扩大，财政支出也将增加。预计2020年末，M2同比增速达到8.6%，新增人民币贷款17.5万亿元。

表8－1　2020年宏观经济指标预测

	2020年一季度	2020年二季度	2020年三季度	2020年四季度	2020年预测
	经济增长				
GDP当季同比/%	3.4	5.8	6.3	6.3	5.5
工业增加值累计同比/%	－1.2	1.9	4.0	4.8	4.8
固定资产投资累计同比/%	－6.7	2.3	4.1	5.3	5.3
社会消费品零售总额累计同比/%	－11.1	3.3	4.7	5.3	5.3
出口累计同比/%	－18.0	－6.5	－5.0	－3.2	－3.2
进口累计同比/%	－15.3	－11.0	－2.5	－2.1	－2.1
贸易累计差额/亿美元	800	1800	2700	3600	3600

续表

	2020 年一季度	2020 年二季度	2020 年三季度	2020 年四季度	2020 年预测
			通货膨胀		
CPI 累计同比/%	4.7	4.8	4.8	4.9	4.9
PPI 累计同比/%	0.3	0.5	1.0	1.4	1.4
			货币信贷		
M2 同比/%	8.6	8.6	8.7	8.6	8.6
新增人民币贷款/万亿元	6.1	4.1	4.2	3.1	17.5

资料来源：北京大学国民经济研究中心。

第九章　宏观经济政策建议

一、货币政策

加大逆周期调节力度。建议先降息 0.25 个百分点，以达到降低企业开工成本、降低政府负债成本的目的，并继续通过降准、定向降准、MLF 等手段实施精准滴灌，同时，引导资金“脱虚向实”，让资金回流到实体经济，进一步降低民营企业、小微企业贷款成本，缓解民营企业、小微企业融资难、融资贵的问题，增强企业贷款意愿，然后根据经济形势决定后续政策。

二、财政政策

加大财政扩张的力度，建议将财政赤字率从 2019 年的 2.8% 上调至 3% 或更高，用于基本建设、教育、研究开发、文化方面。建议进一步降低企业税赋负担，完善结构性减税，重点扶持小微企业、民营企业。进一步改革个人所得税，增强企业和个人的获得感。同时，财政支出向民生项目倾斜，增强人民群众的幸福感。

三、对外开放政策

基于中国目前的对外开放现状，我们提出如下政策建议。应做好制度层面的建设，贯彻十九届四中全会的要求，努力实施更大范围、更宽领域、更深层次的全面开放。在关税方面，应继续下调部分产品进口关税，特别是汽车、化妆品、高端服装等行业的关税水平，主动扩大进口。

在非关税方面，继续放宽国内市场准入门槛，吸引国外资本进入国内，有序放宽市场准入，全面实行准入前国民待遇加负面清单管理模式，保障外商投资的合法权益，继续推动自由贸易试验区的发展，积极引进先进的机械设备、生产技术和管理经验。特别在金融方面，应稳步推进人民币资本项目可兑换，完善人民币跨境使用的政策框架和基础设施，坚持发展、改革和风险防范并重，密切关注国际形势变化对资本流动的影响，完善对跨境资本流动的宏观审慎政策。

下篇

专题报告

第十章 国际安全环境展望：世界变局与大国选择

当今世界处于“百年未有之大变局”。从形式上看，经济社会文化的大发展、国际秩序的大变革、国家间关系的大调整，共同推动着世界体系的转型升级。从实质上看，世界面临的不稳定性、不确定性突出，多边主义面临危机，全球治理遭遇挑战，大国战略博弈日趋激烈，国际格局和国际秩序从量变到质变，正在发生复杂深刻的变化。

一、世界处于“百年未有之大变局”

习近平总书记多次指出，当今世界正处于“百年未有之大变局”，这是中国对全球战略态势的科学研判和准确把握。“百年未有之大变局”既包含政治、经济、科技发展引发的世界结构性发展趋势的“变局”，也包括由现实世界不稳定性、不确定性上升而引发的“乱局”。

其一，权力转移引发国际力量对比的“大变局”。进入21世纪，美国及西方发达国家掌控世界的能力持续下滑，新兴市场国家和发展中国家实现群体性崛起。中国、印度、俄罗斯、巴西等新兴市场国家在全球经济增长中发挥的作用越来越大，世界多极化加速发展，国际格局日趋均衡。其中，中国经济的崛起最为瞩目，从1979年至2018年，中国国内生产总值（GDP）年均实际增长超过9%，中国经济总量占世界经济的份额从1978年的1.8%上升到2018年的约16%。1978年，中国GDP仅相当于美国的6.3%、日本的14.8%，到2018年相当于美国的66.3%、日本的273.6%。根据联合国贸发会议的统计数据，从1990年到2017年，发达国家占全球GDP的比重从78.7%降至57.8%，而新兴市场国家占全球GDP的比重则由19.0%上升至38.5%。[①] 2018年12月国务院发展研究中心发布的《未来国际经济格局变化和中国战略选择》报告预测，到2035年发展中国家的GDP将超过发达经济体，在全球经济和投资中的比重将接近60%。全球经济增长的重心将进一步从欧美转移到亚洲，并外溢到其他发展中国家和地区。[②] 新兴市场国家和发展中国家的集体崛起从地理和文化上颠覆了"西方中心论"，改变了1648年近代国际关系体系形成以来西方居于主导、东方趋于从属的态势，世界更加平衡和多元。

其二，科技革命引发国家间竞争形态的"大变局"。有史以来，技术创新一直是增进财富和福祉的最大驱动力。[③] 在科技革新的推动下，人类正在走向第四次产业革命。在新一轮科技和产业革命中，重大颠覆性技术将不断涌现，科技成果转化速度明显加快，产业的组织形式和生产链条更具垄断性。在此背景下，世界主要国家都加大了以人工智能、大数据、物联网等为代表的新兴技术的投资研发。科技作为衡量一个国家综合实力的指标权重进一步加强，大国间科技竞争日趋激烈。自20世纪50年代以来，发达国家依托技术优势，主动转出低附加值产业，获取超额利润。1990年97.1%的专利由发达国家申请。2015年中国成为世界最大的专利申请国，专利申请占世界总量的比重达46.8%，[④] 带动整个发展中国家专利申请总量超过发达国家。目前，中国已经在无人机、人工智能、云计算、区块链、纳米科技、生物医药等方面取得了领先世界的成果。截至2018年，中国研发人员总量达到418万人，居世

---

① 数据来源：https://unctadstat.unctad.org（上网时间：2019年8月10日）。

② 国务院发展研究中心课题组．未来国际经济格局变化和中国战略选择[N/OL]．经济日报，(2018-12-20)[2019-09-01]．http://www.ce.cn/xwzx/gnsz/gdxw/201812/20/t20181220_31073415.shtml.

③ [德]克劳斯·施瓦布，[澳]尼古拉斯·戴维斯．第四次工业革命[M]．李菁，译．北京：中信出版集团，2018：7.

④ 胡鞍钢．牢牢把握并主动创造我国重要战略机遇期[J]．新疆师范大学学报（哲学社会科学版），2019(3)：8.

界第一；国际科技论文总量和被引次数稳居世界第二；发明专利申请量和授权量居世界首位。高新技术企业达到 18.1 万家，科技型中小企业突破 13 万家，全国技术合同成交额为 1.78 万亿元。科技进步贡献率预计超过 58.5%，国家综合创新能力列世界第 17 位。[①] 近年来，以美国为代表的发达国家因科技优势造就的新经济奇迹和竞争优势逐渐减弱。随着科技进入智能时代，大数据和区块链等技术的共性是分布式，代表了一种从技术权威垄断到去中心化的转变。有学者认为，在技术进步的推动下，在国际政治层面，今天的权威是“共识”，而不再是“强权”。[②] 这同时也带来了新的挑战——伴随信息技术的进步，一个关乎各国生存和进步的领域却没有任何国际行为标准，美国人因此预言，“下一场战争将在网络空间打响”。[③]

其三，民粹主义引发全球秩序调整的“大变局”。冷战结束后，全球化在优化资源配置、提升经济增长速度和传播新技术新文化的同时，也冲击着传统经济模式、侵蚀传统文化和威胁社会稳定。制造业的自动化或流水线曾经创造了大量全新的就业岗位（比如工程师），而今天的数字化和人工智能在摧毁了大量传统服务业岗位的同时，已极难创造出足够多的新岗位。[④] 这使得一些国家内部贫富差距拉大，“富者愈富、贫者愈贫”的现象十分突出。诺贝尔经济学奖得主斯蒂格利茨曾批评美国社会的严重分化现象，认为在美国“1%的人拥有、治理、享受”（Of the 1%，By the 1%，For the 1%）。[⑤] 经济上的挫败使中产阶层，尤其是年轻人和穷人缺少机会和希望，导致民粹主义情绪不断上升。尽管

---

① 陈炜伟．我国研发人员总量连续 6 年稳居世界第一位[EB/OL]．中国政府网．(2019-07-23)[2019-10-02]．http://www.gov.cn/xinwen/2019-07/23/content_5413519.htm.

② 赵磊．从世界格局与国际秩序看“百年未有之大变局”[J]．中共中央党校学报，2019(3)：116.

③ REX HUGHES. A treaty for cyberspace[J]. International Affairs，2010(2)：523-541.

④ 张宇燕．理解百年未有之大变局[J]．国际经济评论，2019(5)：11.

⑤ JOSEPH E STIGLITZ，Of the 1%，By the 1%，For the 1%[EB/OL]．(2011-05)[2017-02-05]．https://www.vanityfair.com/news/2011/05/top-one-percent-201105.

全球化使资本摆脱了民族国家的控制，使资源得以在全球范围内优化配置，但也使一些国家滑向“边缘”地带，发展不平衡的现象日益显现，甚至加剧国内治理失灵，民族主义泛滥，出现“脆弱国家”和“失败国家”。二战后，美欧等西方经济体竭力倡导以自由、平等和人权为保障的世界政治秩序，民族主义和民粹主义泛滥有可能最终导致更加激烈的宗教对抗和种族冲突。这种情势不仅会导致西方二战后建立起来的“自由国际秩序”陷入困境，也可能使国际秩序进入一个再全球化、再意识形态化、再国家化的“逆周期”状态。网络信息技术的发展，更是加速了这一进程。

其四，逆全球化引发全球治理结构的“大变局”。伴随全球化的深入发展，国家间的相互依存日益加深，全球性挑战不断增多，客观上要求不断提升全球治理能力和水平。在国际金融领域，二战后建立起来的国际货币基金组织、世界银行发挥了重要作用。冷战结束以后，从1997 年亚洲金融危机到 2008 年全球金融危机的爆发，表明国际金融领域原有的制度安排难以适应全球化快速发展的需要，亟须进行改革。2010 年 4 月，世界银行发展委员会通过了新一阶段投票权改革方案，中国在世界银行的投票权从 2. 77% 提高到 4. 57%，成为世界银行第三大股东国。同年 11 月，国际货币基金组织执行董事会通过改革方案，以中国为代表的发展中国家份额有所提升。然而，由于担心改革后新兴市场获得更大话语权，美国国会直到 2015 年才通过改革法案。2001 年 11 月，世界贸易组织第四次部长级会议开启多哈回合贸易谈判，谈判原定于 2005 年 1 月 1 日前全面结束。然而，各成员不仅至今未达成一致，甚至世界贸易组织本身也陷入了严重的困境。在国际安全领域，“9·11”事件以后，以恐怖主义为代表的非传统安全威胁构成了国际安全的严峻挑战。以美国为首的西方国家，采用以暴制暴的方式，拓展自己的利益，导致世界面临“越反越恐”的局面。[①] 2010 年底，中东地区爆发了“阿拉伯之春”，突尼斯、埃及、利比亚等国政权更迭，也门、叙利亚发生内战；随后“伊斯兰国”借助地区混乱崛起，沙特阿拉伯等国深陷也门内战，叙利亚战火持续，“阿拉伯之春”已经成为“阿拉伯之冬”。在大国关系上，美国坚持冷战思维，把俄罗斯和中国设定为假想敌，通过北约东扩、制造“颜色革命”、挑起贸易争端使大国博弈不断升温。

当今的世界变局是体系性变局，在经济政治社会文化各领域都有所体现。新兴市场国家崛起，传统西方大国的经济统治力下降，财富在国家之间、国内社会阶层之间分配不平衡，引发严重的社会焦虑。贸易冲突在美墨、美加、美土、美欧、美中、韩日等经济体之间依次展开，围绕耶路撒冷地位的阿以冲突不断升级，美国与伊朗矛盾重启并成为焦点。伴随新技术的发展，“外交政策不再是塑造未来的实践，有成为国内政治一部分的危险。如果大国都在本国内以这种方式推行政策，国际舞台上的大国关系将遭到相应的扭曲。交换看法很可能变成固化分歧，政治家风范变成装腔作势。随着外交变成迎合激情的态势，寻求均衡有可能变成试探极限”。[②] 政治领域各国矛盾激化，集中体现在国际体系结构的变化与国际关系的失序。总的来看，尽管近年来叙利亚战争、中美贸易摩擦、美伊关系危机等事件频发上演，当前国际大格局仍将在摩擦和博弈中保持渐进式发展。然而，由于全球化在逆境中不断深入，引起了生产、流通、分配和就业等各领域的连锁反应，随之而来的风险也在进一步全球化，“黑天鹅”事件不断增加，成为国际关系中难以预料的变数。

---

① 高飞．“逆全球化”现象与中国的外交应对[J]．国际论坛，2017(6)：51.

② [美]亨利·基辛格．世界秩序[M]．胡利平，林华，曹爱菊，译．北京：中信出版集团，2015：470－471.

二、大变局中主要国家的政策取向

国际秩序是一套长久性的规则，它们在国际体系中限制行为、创造期望和指明角色。[①]“权力越大，责任越大”，世界主要大国对全球事务需要承担更大的责任和义务。面对世界经济复苏乏力、国际贸易摩擦增多、地区热点升温、大国博弈加剧带来的全球失序，世界各主要国家采取何种政策对未来国际秩序的构建具有重要影响。

其一，美国的逆全球化政策。面对日益增大的国际压力，美国逐步走上逆全球化道路，维护自己的既得利益。一是奉行贸易保护主义。从 2008 年到 2016 年，美国对其他国家采取了 600 多项歧视性措施，仅 2015 年就采取了 90 项。特朗普政府上台后，坚持“美国优先”，四处挥舞保护主义大棒，全球贸易摩擦骤然升温。二是推行规则修正主义。自 2017 年 1 月以来，美国已经先后退出了“跨太平洋伙伴关系协定”（TPP）、《巴黎气候变化协定》、联合国教科文组织、《全球移民协议》《伊朗核协议》、联合国人权理事会、《中导条约》等国际组织和条约，威胁退出北约、《维也纳外交关系公约》、世界贸易组织、万国邮政联盟、国际货币基金组织甚至联合国等，按照美国的要求重新谈判了《美韩自由贸易协定》与《北美自由贸易协定》（NAFTA）等，美国的“退群”行动使国际秩序进入了一个更加混乱和多变的时代。三是呈现政治孤立主义。近年来，美国孤立主义思潮再度涌起，强调减少国际义务，放弃扮演“世界警察”，专注解决国内经济与社会问题。美国减少国际干预，为多极化世界秩序的构建提供更多可能性。但如同美国不负责任地干预一样，美国不负责任地收缩，也导致国际金融市场动荡、地区冲突升级、恐怖主义蔓延等问题，给世界带来新的威胁。尽管有人认

① ［日］星野昭吉．变动中的世界政治［M］．刘小林，王乐理，等，译．北京：新华出版社，1999：420.

为美国民主政治体制长期失败所导致的实力衰落、中国的迅速崛起以及俄罗斯的复兴乃现存国际秩序垮塌的主因，但占主流地位的国际自由主义者认为，真正的原因是特朗普正在以单边主义和保护主义摧毁现代美国成功故事的关键支柱——国际同盟体系。①

其二，欧盟、日本等迂回维护多边主义的政策。欧盟重视多边经贸合作，日本是一个以贸易立国的国家，二者对国际贸易摩擦极为敏感。欧盟认为，美国的贸易保护主义做法只能让全球其他地区更加团结，共同开放市场。然而，囿于英国脱欧、非法移民等问题，欧盟总体处于弱势地位，对中美贸易摩擦采取“围观”态度。日本对美国的做法也有不满，但因其在政治和安全领域严重依赖美国，只好采取迂回政策去推动由自己主导的贸易便利化措施。日本经济产业省在 2019 年《通商白皮书》中表达了对日益高涨的贸易保护主义的忧虑。白皮书援引世界贸易组织的估算称，主要国家新采取的提高关税等进口限制措施所涉及的贸易额，在 2018 年 5 月至 10 月超过 50 万亿日元（约合 4600 亿美元），环比增长了约 5 倍。尤其是二十国集团（G20）进口限制的贸易额，在 2017 年 10 月至 2018 年 5 月约为 740 亿美元，但在 2018 年 5 月至 10 月增长至约 4810 亿美元，增加了约 5 倍。这其中一个重要原因是美国对进口钢铁加征了 25% 的关税。日本担心，“保护主义愈演愈烈，多边贸易体系可能会陷入瘫痪”。② 2018 年 12 月，由日本主导、其他 10 国参与的《全面与进步跨太平洋伙伴关系协定》（CPTPP）正式生效，日本对来自加拿大、澳大利亚、新西兰和智利等国家的进口农产品下调关税并放松配额限制。2019 年 2 月，日本和欧盟签署的《欧盟—日本经济伙伴关系协定》生效。根据协定，欧盟将取消 99% 日本进口商品的关税，日本将取消 94% 欧盟进口商品的关税，包括 82% 的针对农产

① FAREED ZAKARIA. The Self - destruction of American Power: Washington Squandered the Unipolar Moment[J]. Foreign Affairs,2019,98(4).

② 日本发布白皮书对贸易保护主义敲响警钟[EB/OL]. 参考消息网.(2019 - 06 - 06)[2019 - 10 - 25]. https://baijiahao.baidu.com/s? id = 1635571579187504543&wfr = spider&for = pc.

品和水产品的关税。这将惠及法国、西班牙、意大利以及荷兰的农户——美国农业最有力的竞争对手。相对于特朗普政府采取的单边主义和美国优先原则，欧盟国家更青睐规则导向的治理原则。比较而言，规则治理不仅更有助于明确边界、框定共识和达成一致行动，同时规则治理也更具可预测性和稳定性，更加符合国际社会的发展趋势。

其三，俄罗斯重构世界规则秩序的主张。俄罗斯认为，当今的国际秩序出现了严重问题。本质上看，西方自由主义主导的发展模式谋求的是全球主导地位，而2008 年的国际金融危机暴露了这一模式的深层次问题。俄罗斯战略研究所经济学家霍洛德科夫认为，“美国在传播高新技术和转让知识产权问题上采取限制措施”，“全球共同的商品、资本、技术和劳动力市场愈发分崩离析”。对于世界贸易体系崩溃，他希望“中国的‘一带一路’倡议孕育出新贸易体系”，“围绕中国形成强大的发展中国家集团，按照新规则进行贸易”。俄罗斯国家杜马前副主席弗拉基米尔·卢金认为，联合国效率低下，现有机制亟须中俄等大国推动升级。[①] 面对美国退出《中导条约》等挑战，俄罗斯积极推动俄中两国军事合作，以此来“试探亚太地区力量的反应”。俄罗斯寻求重构世界秩序的路径，一是强调世界多极化，需要坚持多边主义合作；二是主张基于国际法的国际治理，体现对既有国际规则的不满。2014 年 10 月，俄总统普京在一次主题为“世界秩序：新规则还是无规则的游戏”的演讲中提到，“国际关系必须建立在国际法上，而国际法本身又必须立足于公义、平等、真理之类的道义原则”。[②] 相比欧盟的规则治理，国际法导向的治理更强调一种普遍适用性和具有正式的拘束力，推动由合作互动到凝聚共识，由共有规范到固定化的规则，再由规则导向到法律

① 卢金．当世界越来越乱，中美俄“三角关系”平衡才能促进稳定和谐［EB/OL］．浙江网．(2019－10－14)［2019－10－25］．http://www.zjw3.com/wap/79712－1.html.

② Meeting of the Valdai International Discussion Club［EB/OL］．http://en.kremlin.ru/events/president/news/46860．转引自：牟文富．俄罗斯的国际法观和一种世界秩序的特殊主义路径——评马尔克苏《俄罗斯的国际法进路》［J］．国际法研究，2019(1)．

导向。俄罗斯对国际法的强调从根本上说是希望建立体现俄罗斯意志和利益的新的国际规则和秩序。

三、大变局下经济安全的热点及走向

在“百年大变局”下，国际政治经济领域存在着诸多不确定性。中美、俄美等大国博弈加剧，中东问题等地区热点问题升温，使得世界失序、区域动荡。此外，新科技和产业革命不断发展，对国际政治经济社会各领域造成了深远影响。这些问题不仅影响着国际经济交往的安全和效率，也对重塑国际经济格局具有重要意义。

第一，“大变局”下大国博弈使国际政治经济秩序的不确定性依然处于高位。冷战结束以来，美国长期保持“一超”地位，在国际政治经济秩序中拥有绝对的话语权。随着多极化趋势的加强，欧盟、日本、俄罗斯、中国等的实力显著提升，美国的“一超”地位受到挑战，不断加剧的大国博弈对国际秩序产生了深刻影响。其一，西方国家内部出现分化，传统称以欧洲为中心，或称以西方为中心的国际体系，正在发生权力由西方向东方的转移。2017 年特朗普政府上台后，提出美国第一、美国优先的口号，并采取了一系列政策贯彻这一理念。2016 年 6 月，英国举行脱欧公投，至今仍未达成各方满意的脱欧协议。脱欧问题延宕至今，受其影响，英国和欧盟等纷纷下调增长预期。① 英国脱欧也减损了美国藉由英美同盟对欧盟可能施加的影响力，因为“英国留在欧盟让美国对强大的大西洋联盟更有信心”。② 英国脱欧后，欧盟中减

① 2019 年欧盟委员会发布欧洲经济春季展望报告，预计今年欧盟经济增长 1.4%，欧元区经济增长 1.2%，较今年 2 月欧洲经济冬季展望报告均下调 0.1%［EB/OL］. 环球网 . https://world. huanqiu. com/article/9CaKrnKkkPR.

② Tim Oliver and Michael John Williams. Special Relationships in Flux: Brexit and the Future of the US – EU and US – UK Relationships. Chatham House, 2016 – 05 – 06. https://www. chathamhouse. org/sites/files/chathamhouse/publications/ia/inta92 – 3 – 03 – oliver%20and%20williams. Pdf. 转引自金玲 . 英国脱欧：原因、影响及走向［J］. 国际问题研究，2016:4.

少了主张制裁俄罗斯的强势力量，在贸易自由与安全政策等多个美国核心关切的领域内，也无如英国般积极推动欧盟立场与美接近的力量。近期，法国总统马克龙在接受西方媒体的采访时指出，在美国推行美国优先的政策以及将战略重点向亚洲转移之后，欧洲的“脆弱性”逐渐暴露，欧洲正在走向“悬崖的边缘”。北约也因美国与其他盟国之间无法实现政策协调而濒临“脑死亡”，“西方霸权已经终结”。[①] 美国的战略转向和一系列单边主义行动，使得二战后建立的以美国为主导的霸权体系，正在由美国自己亲手摧毁。美国政策的不确定性和西方世界内部的不稳定性严重影响了当代国际关系和国际秩序的稳定。另外，自乌克兰危机爆发以来，俄美关系急剧衰退并迅速陷入低谷，俄美双方都显示出前所未有的强硬姿态，不仅使出“浑身解数”来证明自己行为的“正当性”，更抓住一切机会和使用各式各样的威胁性措辞来声讨和否定对方。[②] 其二，伴随着 2008 年俄格战争、2013 年乌克兰危机、2016 年俄罗斯出兵叙利亚，美俄博弈逐渐升温。继 2002 年 6 月美国正式退出《反导条约》之后，2019 年美国再次退出《中导条约》，目前美俄之间维系战略稳定领域仅存的《削减和限制进攻性战略武器条约》也将于 2021 年初到期，美俄关系难以令人乐观。从根本上来说，美俄博弈深受双方国内政治的影响，随着美国社会精英对俄罗斯变革信心的丧失，美俄关系短期内难有起色。其三，大国博弈更突出地表现为中美之间的博弈。特朗普政府上台以来，提出美国正面对“大国竞争”的新时代，并将中国明确视为“战略竞争者”的定位。[③] 这之后，美国显著和持续地调整对华战略，从经贸关系、地区安全、国际机制、意识形态、信息

---

① See The Economist, 2019 - 11 - 09.

② 黄登学．新“冷战”：臆想抑或是现实？——乌克兰危机背景下的俄美博弈透视[J]．东北亚论坛，2015：3.

③ White House. National Security Strategy of the United States of America[EB/OL].(2017 - 12)[2019 - 12 - 08]. https://www.whitehouse.gov/wp - content/uploads/2017/12/NSS - Final - 12 - 18 - 2017 - 0905.pdf.

舆论等多方面对中国加大施压。具体如以抬高关税和挑起贸易争端为手段迫使中国在降低对美贸易顺差、落实“结构性改革”等方面做出巨大让步；以及在对华经济关系上实施一定程度的“脱钩”政策，减少美国在经济尤其是国防工业、生物技术和医药等方面对中国的依赖程度；[①] 再如限制高精尖技术对华出口，尤其在5G领域对华为等中国企业进行定点打压，试图遏制中国科技产业的发展。特朗普政府的行为不仅挤压中国的经济发展空间，很大程度上也是对以全球价值链分工为主要特征的经济全球化和公平自由的国际经济秩序的挑战。[②] 美国一边“退群”，一边“建群”，并通过不断地拉拢盟友，试图建立更符合美国单边主义利益和更具排他性的国际政治经济秩序。中国政府则提出坚持多边主义和共商、共建、共享的合作共赢理念，积极维护包括WTO在内的国际多边主义秩序，提出更具包容性和开放性的“一带一路”倡议。令人担心的是中美之间战略竞争可能长期化，尽管以中美两国为核心的分裂世界的集团对抗不一定出现，但是中美之间从贸易、技术、金融到意识形态和政治领域的对抗不能排除。中美如何管控分歧，引导形成积极竞争，最终实现合作共赢，是双方共同的使命。

第二，“大变局”下地区热点问题升温，导致石油等国际大宗商品价格波动，影响国际能源安全及经济安全。中东地区受地缘政治、宗教信仰及域外大国力量干预等因素的影响，一直是矛盾和冲突的多发地带。长期以来中东地区之所以在国际关系领域地位突出，主要原因是其

---

① See U. S. Department of Defense. Assessing and Strengthening the Manufacturingand Defense Industrial Base and Supply Chain Resiliency of the United States[EB/OL]. (2018－09)[2019－12－09]. https://media. defense. gov/2018/Oct/05/2002048904/－1/－1/1/ASSESSING－AND－STRENGTHENING－THE－MANUFACTURING－AND－DEFENSE－INDUSTRIAL－BASE－AND－SUPPLY－CHAIN－RESILIENCY. PDF; and USCC. 2019 Report to Congress of the U. S. －China Economic and Security Review Commission. https://www. uscc. gov/sites/default/files/2019－11/2019%20Annual%20Report%20to%20Congress. pdf.

② 戴翔，张二震，王原雪．特朗普贸易战的基本逻辑、本质及其应对？[J]．南京社会科学，2018(4).

富含石油资源。然而，随着世界石油市场供需矛盾转换，中东局势也在发生深刻变化。伴随页岩油开采，2019 年美国已经从世界石油最大的进口国转变成为石油净出口国，中东地区对于美国的战略重要性正在下降。2011 年奥巴马宣布从伊拉克撤军，特朗普 2018 年底以来两次宣布从叙利亚撤军，美国多年以来断续与塔利班展开谈判，从总体上看，美国正在撤出中东地区。然而，作为美国盟友的以色列和沙特都不想让美国撤出，通过强调伊朗威胁来留住美国。藉由伊朗核问题，美国与伊朗之间进行了一系列制裁与反制裁的博弈和对峙。在对峙过程中，伊朗备受损失，美国及沙特也非全身而退。但从目前局势来看，美伊在中东地区直接冲突的可能性比较小，双方换囚、接触始终存在，美国击杀伊朗将军苏莱曼尼，以及伊朗的导弹还击，并没有引发美伊战争，说明彼此都留有战略余地。对美国来说，中东地区不仅有俄罗斯、土耳其、伊朗等战略竞争对手，也有“基地组织”、伊斯兰国等极端组织滋生蔓延。这种情况下，美国面临是走还是留的战略两难境地，但无论美国如何选择，对中东地区而言，都很难在短期内寻到一个令各方满意或妥协的结果，中东局势将会继续影响全球政治经济秩序。

第三，“大变局”下科技和产业革命推动国际权力结构的重塑。科技革命改变人们的生产方式和生活方式，同时科技革命也是推动人类社会持续发展的根本动力。纺织机械的创新和蒸汽机的动力革命，造就了第一次工业革命。进入电气时代的第二次工业革命，则催生了电气、化学、石油等当时属新兴领域的工业部门。两次工业革命很大程度上打破了人口与 GDP 之间的联系，机器生产取代手工生产，重工业发展超越轻工业发展。在工业革命中掌握工业发展红利的英国和德国，一跃成为世界霸主，居于国际权力结构的核心地位。20 世纪 80 年代，以信息技术为核心的第三次产业革命，带动原子能、电子计算机、空间技术和生物工程等领域产生极大的成就。美国凭借信息技术的加持，至今仍保持着“一超”的国际地位，但是美国藉由信息技术革命形成的优势地位正受到挑战。传统以芯片研发和生产为核心驱动的经济发展模式，正在面临技术极难突破和物理已臻极限的发展瓶颈，高端芯片技术已无法呼应新的行业发展趋势和技术需求。新一轮科技与产业革命正在发生，信息化开始让位于以智能制造为核心的工业智能化。信息化是智能化的基础，智能化则是在信息化基础上涌现的生产力高级形态。[①] 工业智能化时代，中国在无人机、人工智能、云计算、5G 等方面取得了领先世界的成果。该领域取得的优势成果正在扭转科技权力结构的中心导向，挑战美国的优势地位。正如华为总裁任正非所说的：“5G 代表着速度”，“哪个国家有能力保持速度，其就有能力走得更快更远”。[②] 加之，信息革命引导工业进程由重工业驱动向第三产业和高端制造业转向，高精尖科技人才和广阔的第三产业消费群体正在重构人口与 GDP 的联系，人口红利和人口驱动力愈来愈显现。中国可凭借巨大的人口优势，夯实并促进已取得的优势成果，在未来抓住机遇，推动经济社会发展驶入快车道。正如习近平总书记所指出的：“新一轮科技革命和产业变革正在重构全球创新版图、重塑全球经济结构。”[③] 美国为削弱中国在 5G 等核心技术领域的技术进步的产业基础，采取了一系列政策，如强化“外国投资委员会”等机制，严格审查和限制中国企业对美国直接投资尤其是对技术类企业的投资等。此外，美中经济安全审查委员会（USCC）在 2019 年 11 月 14 日向国会提交的建议报告中，提出包括美国商务部工业安全局在内的多个政府部门，应每半年召开一次会议，就保护高科技领域技术秘密等事务进行沟通；指导国家科学基金会等机构合作研究中国在新兴科技国际标准化方面的工作情况，并特别列出正在制定的符

① 关于工业智能化的内容详见：贾根良．第三次工业革命与工业智能化[J]．中国社会科学，2016(6)．

② See The Economist, 2019 - 09 - 11.

③ 习近平在中国科学院第十九次院士大会、中国工程院第十四次院士大会上的讲话[M]．北京：人民出版社，2018．转引自：王丹，邱耕田．习近平新科技革命观论析[J]．中共中央党校（国家行政学院）学报，2019 - 06.

合中国利益的排他性标准；还提出修改国内税法，在中国对美国构成竞争的技术领域，加大对美国研究机构和公司的优惠。[①] 科技之争已然拉开序幕，可以断言，国家能否领先完成技术升级并引领技术标准和是否掌握强大的技术力量，将具有决胜意义。伴随科技革命的发展，世界范围的权力转移会进一步深入，中国等新兴市场国家的崛起不可阻挡。与此同时，以知识产权保护为形式，中美科技之争会进一步加剧，美国在世界范围内打压华为等中国企业的行为不会停止。此外，技术创新会影响人们的思维方式，改变传统国际关系中提出问题和解决问题的路径，需要人们予以高度关注。

第四，“大变局”下黑天鹅事件的冲击和影响。2020 年初，一场初时被严重低估的新冠病毒肺炎疫情，最终演变成波及世界数十个国家的全球性事件。从 1937 年首先在鸡身上发现冠状病毒，到 1965 年人类冠状病毒 HCoV - 299E 被发现，再到 2003 年的 SARS - CoV 冠状病毒、2012 年的 MERS - CoV 冠状病毒以及今天出现的新型冠状病毒 COVID - 19，科学发现的脚步仿佛在与病毒及其所带来的挑战进行着一场时间与速度的角力赛。中国令世界艳羡的现代化高速交通体系，一定程度上成为新冠肺炎疫情传播的助推器；中国深度融入国际体系给全球经济带来的巨大发展红利，在病毒面前变成了一场不折不扣的中国考验。全球化日益显现出它的两面性。如何应对全球化挑战，如何在相互依赖、休戚与共的全球化体系中发展合作，愈加成为世界各国必须要审慎面对的重要课题。此次疫情发生后，各国有识之士纷纷表达对中国的支持，世界卫生组织也对中国抗击疫情的努力及成效表达了高度的赞赏。然而，天地造物不测，面对此全人类共同的疫情灾难，也有极少数政要和个别媒体大做疫情文章，污名化中国。2020 年 2 月 5 日，《华尔街日报》发表

① USCC. 2019 Report to Congress of the U. S. - China Economic and Security Review Commission [EB/OL]. [2019 - 12 - 09]. https://www. uscc. gov/sites/default/files/2019 - 11/2019% 20Annual% 20Report% 20to% 20Congress. pdf.

保守派学者米德（Walter Russell Mead）的评论文章，藉新冠病毒疫情蔓延唱衰中国的经济和发展前景。又如美国商务部部长罗斯在接受福克斯新闻采访时竟称，中国疫情“有助于”加速工作机会回流美国。[①] 美国有线电视新闻网甚至因此担心“随着冠状病毒的传播，恐惧将加剧种族主义和排外情绪”。在2020年的慕尼黑安全会议上，甚至有人惊呼中国取代俄罗斯成为西方抨击的焦点。在2018—2019年中美贸易摩擦后，在美国某些人极力推动“与中国脱钩”的背景下，新冠病毒这只黑天鹅所带来的冲击，将不会仅限于医疗卫生领域。客观而言，中国自身的经济结构调整自2012年起已经持续了数年，加之中美贸易摩擦的冲击，已经对全球产业链产生了较大的影响，新冠病毒肺炎会否在产业链转移问题上产生进一步的影响仍具不确定性。毕竟中美贸易摩擦没有实现的目标，冠状病毒也很难办到。未来实质性的影响或在于中国软实力提升的难度将会进一步加大，在国际社会中寻求“共识”面临更大的挑战。

四、大变局下中国的大国外交选择

“百年未有之大变局”下，国际形势风云激荡，但是和平、发展、合作、共赢的时代潮流不可逆转，世界多极化、经济全球化大势仍将继续。在世界变局中，中国秉持共商、共建、共享的精神，提出构建人类命运共同体思想，坚持多边主义原则，顺应了历史潮流，回应了时代要求。未来中国特色大国外交将继续做好以下工作：

首先，坚持深化改革，促进经济发展，把自己的事情办好。习近平

---

① JULIA LIMITONE. Coronavirus will help return jobs to North America：Wilbur Ross[EB/OL]. FOX Business. (2020－01－30)[2020－02－26]. https://www.foxbusiness.com/markets/coronavirus－jobs－north－america－wilbur－ross.

总书记指出："面对复杂形势，最根本的还是要办好我们自己的事情。"① 办好自己的事情，就是专注于中国自身发展的问题。第一要明确自身发展方向，紧紧围绕核心利益，不断深化我国的政治体制和经济结构改革；第二要进一步提升对外开放层次和水平，对接国际高标准经贸规则，汲取先进的发展经验；第三要利用新一轮科技革命与产业变革给中国带来的"变轨"超车机遇，实现经济发展方式的转变和产业结构的跃升。此外，在面对国际问题时，中国应继续坚持原则和立场，积极传达中国声音和中国态度。在经贸发展问题上，反对美国的贸易保护主义、反对任何形式的贸易战，坚持多边主义和公平、自由的经贸原则；在叙利亚、伊核问题、朝核问题上，反对美国的单边制裁行动，坚持任何制裁和行动均应以联合国为中心、以国际法为基础。

其次，用晦而明，内修国内治理，外塑国际合作氛围。改革开放40年来，中国经济迅速增长，创造了人类经济发展史的奇迹。中国经济的进步，举世瞩目。然而同时，也必须看到中国还不是一个完美的国家，政治、经济、文化、社会、生态等领域发展的任务依然繁重。这也是中国需要进行全面深化改革的动因所在。经济的腾飞使中国越过了社会发展的"卡夫丁峡谷"，在一定程度助推了"暴发户心态"的弥散，成为许多国际和国内问题的症结所在。如何培育成熟健康的大国心态是中国特色大国外交建设的重要内容。中国需要在成就面前保持客观和清醒、在问题面前保持自省和坚韧，既不傲慢自大、也不妄自菲薄，树立自信、凝聚共识，认真提升国家治理能力和治理水平②。面对国际挑战"敢于斗争"，本质上是中国对国际公平正义和对国际关系原则的坚守，不能以"斗"的形式颠覆了中国追求"合"的本意；"善于斗争"强调的是斗争艺术，应藏拙于巧、用晦而明，最终目的是塑造良好国际合

① 中共中央文献研究室．习近平总书记重要讲话文章选编［M］．北京：中央文献出版社，2016：221.

② 《中共中央关于坚持和完善中国特色社会主义制度 推进国家治理体系和治理能力现代化若干重大问题的决定》

作氛围、实现国家的全面发展。

第三，顺应国际大势，求同存异，完善和夯实全球伙伴关系网络。习近平总书记提出“在坚持不结盟原则的前提下广交朋友，形成遍布全球的伙伴关系网络”。[①] 结伴而不结盟政策，既要求中国针对国家关系问题，在与大国关系、与邻国关系、与发展中国家关系和与非洲国家关系等多个维度和层面，扩大利益共同点，凝聚战略共识，协调合作，守望相助，包容彼此政治文化社会差异；同时要求中国针对经济发展问题，制订行之有效的发展规划，与其他国家一道促进合作共赢的发展共识，达成全面和深入的经济合作的制度性安排，以及落实和开展一系列经济合作协定与经济发展实践。在全球化推动下，经济相互依赖带动国际社会各领域的联系不断加深，国际事务需要大家商量着办，世界难题需要各国携手解决，推动国际社会和平发展、合作共赢和互学互鉴是所有国家的共同发展方向。顺应时代发展和世界潮流，符合中国的国家利益，也符合世界人民的共同利益。

最后，抓住发展机遇，加快多边合作，引导构建新型国际政治经济秩序。近年来，美国陆续退出了覆盖政治、经济、气候、军事等多领域、多层面的国际条约和国际组织，特朗普政府的政策正在严重侵蚀美国多年来构建的全球制度霸权体系。与此同时，伴随世界范围的权力转移，国际货币基金组织、世界银行、世界贸易组织等也暴露出了严重的制度性缺陷，无法适应国际关系的现实与发展的需要。这对日益融入国际体系的中国提出了挑战，也提供了参与全球治理的机遇。改革开放40多年来，中国取得了巨大的成就，逐渐从全球治理中的“参与者”，成长为“建设者”和“引领者”。作为国际体系中负责任的大国，中国的自身发展与国际体系的完善和进步是紧密联系在一起的。努力把握机遇，加快推进经贸领域的多边合作，增强中国在国际贸易合作、国际金

① 习近平同志在2014年11月28日中央外事工作会议上的讲话[EB/OL]. 人民网.（2014-11-30）[2019-12-11]. http://society.people.com.cn/n/2014/1130/c136657-26119111.html.

融合作等多领域的制度性权利，推动 WTO 改革，推进落实 RCEP，加快中日韩自贸区谈判，推动全球多边自贸体系的发展，将是中国外交发展的重要方向。

总体来看，百年大变局中各种不确定性依然突出，经济领域的贸易摩擦、能源安全问题、经济发展模式转变和新科技革命带来的巨大冲击将会持续，世界权力转移、大国博弈、地区争端、单边主义倾向等也会不断加剧国际体系的不确定性。大变局下，中国正站在新的历史起点上。中国外交坚持走和平发展道路，践行合作共赢理念，维护国际体系的稳定，承担越来越多的国际责任。中国应努力谋发展、求合作，把握机遇，致力构建更加公正合理的国际秩序，使中国最终成为“大变局”“新变局”的受益者，与世界共同成长。

第十一章　2020 年欧元区经济展望

受到外部需求萎缩叠加制造业疲软等因素影响，欧元区经济下行压力加大，GDP 增速自 2018 年 6 月以来持续下行，消费者和投资者信心指数逐步走低，制造业 PMI 指数 2019 年 2 月以来持续位于 50 的荣枯线下，CPI、PPI 等价格指标显示经济通缩压力不减。展望 2020 年，IMF 在 2019 年 10 月公布的最新一期世界经济展望中认为，世界经济复苏有望带动外部需求温和回升，加上新的环保政策①对德国汽车行业的负面影响逐步消化，欧元区经济或有所反弹。预计欧元区 2020 年实际 GDP 增速预期为 1.4%，较 2019 年预期增速上升 0.2 个百分点。我们认为，欧元区 2020 年经济走势面临诸多不确定性，包括新冠肺炎疫情发展演变、世界经济复苏进程、贸易环境是否改善等等，加上政策空间有限，宽松货币政策边际递减效应愈发明显，财政刺激政策短期内难以推出，欧元区经济下行压力仍然较大。根据欧央行 2019 年 11 月 20 日发布的金融稳定评估报告，至 2020 年年中，欧元区经济负增长的概率升至 20%，衰退风险上升；IMF 发言人近期表示，因新冠肺炎疫情，可能在新一期全球经济展望中调降全球经济增速预期。从短期看，新冠肺炎疫情发展演变将影响欧元区经济复苏进程。从中长期看，来自三方面的重大挑战将成为欧元区经济增长的长期掣肘：缺乏稳定的中长期经济增长动能、民粹主义兴起加大政治风险以及核心国家增长趋势性放缓。

---

① 欧洲在 2018 年 9 月 1 日起对所有新车实施测试新规（WLTP），要求所有新车必须符合更为严格的排放标准才可以交付，该项政策导致欧洲，尤其是德国汽车制造企业的生产和交付受到影响。

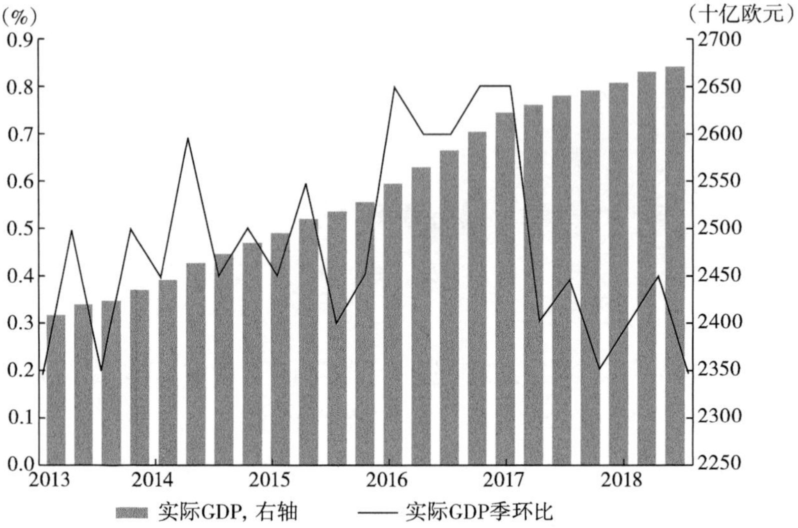

图 11－1　德国实际 GDP 和季度环比折年

资料来源：Wind。

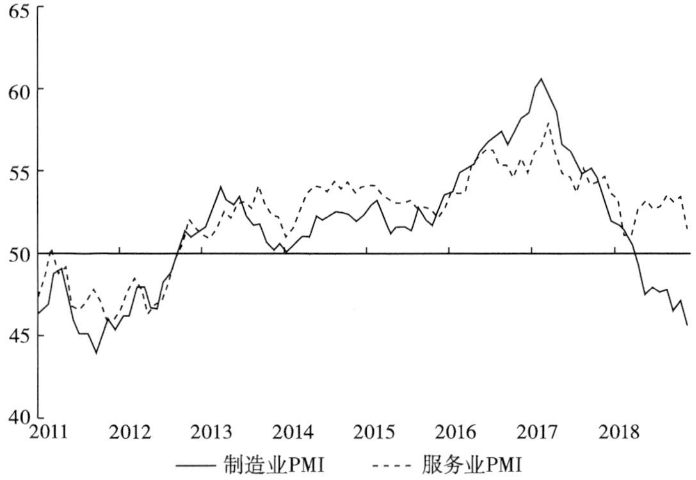

图 11－2　欧元区制造业及服务业 PMI

资料来源：Wind。

一、新的经济增长动能尚未形成

经过多年调整，欧元区部分成员国的杠杆率和财政赤字逐步降低，加上欧央行实施积极的货币政策，爆发系统性金融风险的可能性大幅降低。但受到长期财政紧缩的影响，欧元区企业和居民部门杠杆率近年来持续下行，在债务可持续性有所增强的同时也产生了内需疲软等副作用。在此背景下，欧元区经济的对外依存度进一步上升，2018 年末，经常项目商品出口金额占 GDP 的 20%，较 2009 年末上升近 7 个百分点。这使得欧元区经济增长更易受到外部冲击的影响。一方面，欧元区主要出口国，如中国、美国的经济增长面临较大下行压力，外部需求处于脆弱的平衡状态。另一方面，贸易摩擦会直接冲击欧元区出口，如美国多次威胁要对欧盟包括汽车在内的支柱产业额外征税。此外，受到债务危机以及政治局势动荡等因素影响，欧洲劳动力市场等领域的结构性改革进展缓慢。综合来看，欧元区尚未形成足以支撑经济中长期增长的新动能，增长的可持续性和韧性面临较大不确定性。

二、民粹主义抬头或加剧政局动荡

2008 年金融危机之后，欧元区受到债务危机的冲击，经济复苏进程受阻，经济社会矛盾上升带来的一个重要变化是民粹主义在欧洲的崛起。截至 2019 年 11 月，欧盟成员国中 8 个成员国拥有包括民粹主义政党的联合政府。在 2019 年 5 月举行的欧盟议会选举中，诸如欧洲人民党、社会与民主进步联盟等传统党团优势减弱，极右翼和民粹主义政党势力进一步扩张，并且从疑欧派和撑欧派来看，前者占据了议会席位的三分之一。另一个重要现象是，民粹主义逐步从过去主要活跃于东欧、南欧等边缘国家蔓延至法国、意大利等核心国家，表现为法国的“黄背心”运动、意大利右翼政党上台、比利时内阁集体辞职等。民粹主义的产生有深刻的社会根源，金融危机之后，主要发达国家依赖货币政策推动经济复苏，结构性改革进展缓慢，激进的货币刺激虽然避免了经济在短期内探底，但并不足以实现经济中长期稳定持续增长，还产生了贫富差距扩大等社会问题，叠加失业率高企、难民涌入等矛盾，广大中低收入阶层对于社会的不满造成了民粹主义政党的崛起。中长期来看，民粹主义会继续作为一股重要的政治力量活跃于政治舞台，对主流政治形态形成制衡，其影响在于：一方面，广泛共识难以达成，拉长了政策出台的周期，多方反复博弈可能贻误结构性改革的良好时机；另一方面，民粹主义政党政策主张较为激进，虽然能够迎合广大低收入阶层的政治诉求，但并不利于增强经济内生增长动力，会进一步阻碍经济重返正常增长轨道。总体而言，民粹主义的兴起可能加大欧洲的政治分裂风险，通过增加不确定性影响消费者、投资者预期，进而拖累经济增长。除此之外，英国退欧虽然在 2019 年底取得了实质性进展，“无协议退欧”的风险得以避免，但英国退欧之后对欧盟和英国的实际影响还有待进一步观察确定。

三、德国经济增长可能趋势性放缓

2008 年金融危机之后，德国经济保持平稳增长，在主要发达国家中一枝独秀，也是欧元区经济增长的“火车头”和“引擎”。但 2019 年以来，德国经济持续低迷，成为欧元区经济增长的最大“拖累”。前三季度德国实际 GDP 季度环比折年增速仅为 0.5%，其中二季度录得负增长，远低于 2017—2018 年 2% 的平均增速，也低于欧元区平均经济增速。由于德国经济对外依存度较高，外部需求萎缩成为拖累德国经济增长的主要原因。相关数据显示，自 2018 年三季度以来，德国净出口平均拖累 GDP 增长超过 1 个百分点。出口的低迷以及更严格的汽车尾气排放标准进一步加剧了德国国内工业生产的颓势。2019 年以来德国制造业 PMI 指数持续位于 50 的荣枯线下，9 月甚至达到了 2008 年金融危机以来的历史低位（41.7）。展望未来，诸多内外因素共同作用，决定了德国经济增长将长期面临挑战，经济下行的态势可能短期难以扭转。逆全球化浪潮将持续压制德国出口增长。德国经济对出口的依存度较高。2018 年末，德国出口金额在 GDP 中的占比高达 40%，经常账户余额占 GDP 的比重达到 7.3%，均高于欧元区其他国家以及美国、英国等其他发达国家。金融危机之后，逆全球化浪潮兴起，尤其近年来单边主义、贸易摩擦持续增加，由此带来的贸易环境恶化对于德国经济形成了明显的负面冲击。并且德国出口产品以机械设备、汽车、化工制品等为主，外需萎缩产生的富余产品难以通过国内需求消化，进一步加剧了相关行业产能过剩的问题。另外，财政刺激政策难以发挥作用。受到历史上曾发生恶性通胀等惨痛教训影响，从 20 世纪 90 年代开始，德国政府推行财政平衡政策，不鼓励过度依赖财政支出刺激经济。并且现行宪法规定，不考虑经济周期引起的赤字，政府财政赤字率不能超过 0.35%。这些都掣肘政府实施积极的财政政策进行逆周期调节。

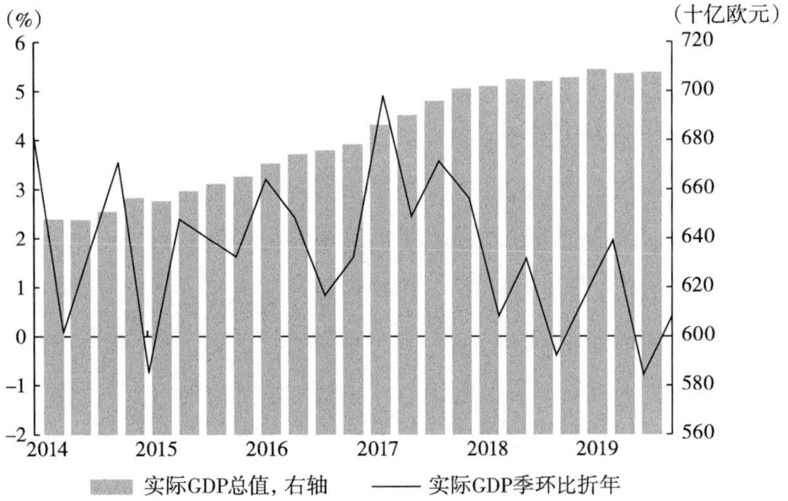

图 11－3　德国实际 GDP 和季度环比折年

资料来源：Wind。

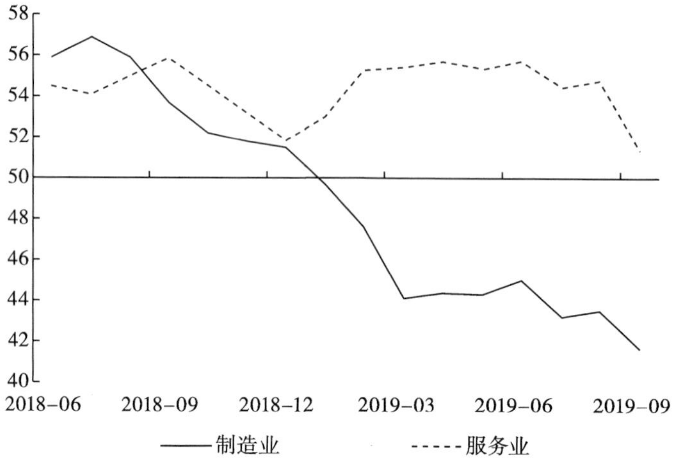

图 11－4　德国制造业及服务业 PMI

资料来源：Wind。

四、新冠肺炎疫情扩散或延缓经济复苏

2020 年初爆发的新冠肺炎疫情呈现蔓延扩散的趋势，2 月下旬以来，中国以外国家和地区确诊人数显著上升。新冠肺炎疫情将从三个方面对欧元区经济前景产生影响：一是疫情防控措施直接拖累经济增长。欧元区部分国家，如意大利疫情发展较快。截至当地时间 2 月 26 日，意大利累计 323 例新冠肺炎感染确诊病例，累计 11 例死亡病例。意大利政府为了抗击疫情，采取了严格的管控措施，包括：对疫情最严重的伦巴第大区和威尼托大区实行“封城隔离”，取消了部分疫情较严重地区 3 月 1 日之前所有公共活动，关闭学校、博物馆、音乐厅和电影院等。防疫管控措施将直接抑制企业生产经营活动，尤其是餐饮住宿、旅游文化等产业。这使得本就疲弱的意大利经济雪上加霜，作为欧元区第三大经济体，也会显著影响欧元区整体经济表现。二是疫情蔓延冲击全球产业链。当前疫情较为严重的国家主要集中于亚太地区，包括中国、日本和韩国，这三个国家在全球产业链中占据重要地位，中国、日本和

韩国 2018 年出口占世界整体出口比重分别为 11%、4% 和 3%，特别是在机电产品、运输设备、纺织产品等领域。疫情在全球范围的蔓延扩散，将不可避免地阻断或降低产业链运作效率，对欧元区等外向型经济体产生负面影响。三是疫情带来的不确定性将削弱市场信心。2 月下旬以来，随着新冠肺炎疫情逐步升级，全球主要股票指数震荡下行，黄金等避险资产价格上行，显示市场担忧情绪加重。疫情带来的不确定性将影响企业的投资决策和居民的消费决策，进而作用于总需求，或使得欧元区的复苏进程更为曲折艰难。

第十二章　警惕房地产市场调整预期加强的风险

——2019 年房地产市场分析及 2020 年展望

2019 年，房地产市场调控依然从紧，销售长期低迷。房地产企业融资难度加剧，土地购置面积同比下滑明显，房地产价格涨幅收窄，四季度下行趋势明显，房地产市场区域分化进一步加剧，核心城市的房价也开始出现松动，但是，房地产市场投资仍然保持较快增速。2020 年随着中美贸易摩擦影响的深入和新型冠状肺炎疫情的影响，房地产市场调整压力会加大，尤其在上半年对很多房地产企业的现金流带来严重挑战，遏制投机和防止房价上涨的调控更多应关注市场调整带来的风险，把握好房地产市场调整的临界点，稳住市场预期，适当释放改善性需求。

一、2019 年房地产市场投资与销售背离

2019 年房地产市场调控政策从紧的基调未变，销售出现明显下滑，商品房销售 2 月出现 43 个月以来的首次负增长，虽然 3 月后出现回暖趋势，但全年销售低迷。投资与销售出现背离，投资仍延续 2018 年以来的高增长态势。房地产企业土地购置面积同比出现较大幅度的下滑，房地产价格出现松动。

（一）调控基调不变，调控力度丝毫不放松

2019 年在经济下行压力较大的背景下，“房住不炒” 的政策理念没

有改变，各部门协同调控的动作毫不放松。2018 年四季度市场普遍对于 2019 年一季度经济增长不太乐观，政策宽松的预期较强，央行的货币政策也明确在一季度强化逆周期调节。因此，3 月两会对于房地产市场调控政策未有新的加码，被市场作为政策松动的信号，在多种因素作用下，3—4 月商品住宅交易呈现快速回暖，一些地区的房价开始抬头。4 月中央政治局会议重申“房住不炒”，楼市政策收紧，多部门盯紧市场变化和风险，住建部对一季度地价、房价波动幅度较大城市进行了预警提示，5 月银保监会严查房地产违规融资。地方政府紧跟上层政策，自 4 月开始调控明显加强，市场热度较高的城市分别升级了限购、限售政策。

二季度随着中美贸易摩擦加剧，经济下行压力加大，市场对于房地产调控政策又充满期待。7 月 30 日，中央政治局会议明确表示不将房地产作为短期刺激经济的手段，着力防范房地产金融风险。货币政策在保持流动性合理充裕的同时，针对房地产行业的资金监管更加强调通道监管、确保资金流向，房贷利率挂钩 LPR 使其变动更加符合调控目标。地方政府的政策在 7 月、8 月也明显加强。但在整体从紧的趋势下，也有些地区适时优化公积金政策、限购政策以更好满足部分自住群体的购房需求。与此同时，平衡中长期供需的政策扎实推进，尤其是供给侧基础性制度改革取得了突破性进展，集体经营性建设用地入市在法律层面及税收机制层面得到确认、国有建设用地二级市场配置通道进一步打开。

（二）房地产投资保持较快增长，土地购置面积整体降幅较大

2019 年以来，虽然房地产调控毫不放松，但是房地产投资仍然维持高速增长。1—12 月，全国房地产开发投资 132194 亿元，同比上一年度增长 9.9%（见图 12－1），增速比 2018 年同期高 0.4 个百分点。其中，住宅投资 97071 亿元，增长 13.9%，增速比上一年度同期高 0.5 个百分点。从区域来看，东、中、西、东北地区分别同比增长 7.7%、

9.6%、16.1%、8.2%，同比东部地区和东北地区增速分别比上一年度放缓 3.2 和 9.3 个百分点，中部和西部增速分别比上一年度加快 4.2 和 7.2 个百分点。

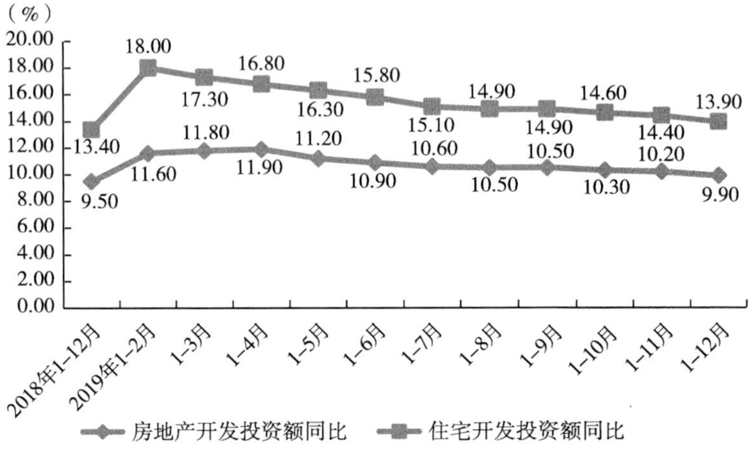

图 12－1　全国房地产和住宅开发投资增速

资料来源：国家统计局。

根据国家统计局的数据，2019 年以来土地购置面积整体出现较大幅度的下降，1—12 月土地购置面积 25822 万平方米，同比下降 11.4%（见图 12－2）。但是根据中国指数研究院对全国 300 个城市土地招拍挂数据的统计显示，2019 年住宅用地供需规模与上一年度同期基本持平，前三季度全国 300 个城市住宅用地推出面积同比增长 0.9%，成交面积同比增长 2.3%。但进入三季度以后，随着房地产监管的持续收紧，土地市场热度有所下降，宅地成交楼面均价及平均溢价率均有所回落；宅地供应节奏放缓，成交规模有所回落；房企竞拍热情明显减弱，三季度宅地流拍宗数占比回升、平均溢价率走低。可见从招拍挂的数据看，住宅土地成交面积并未出现大幅下降。

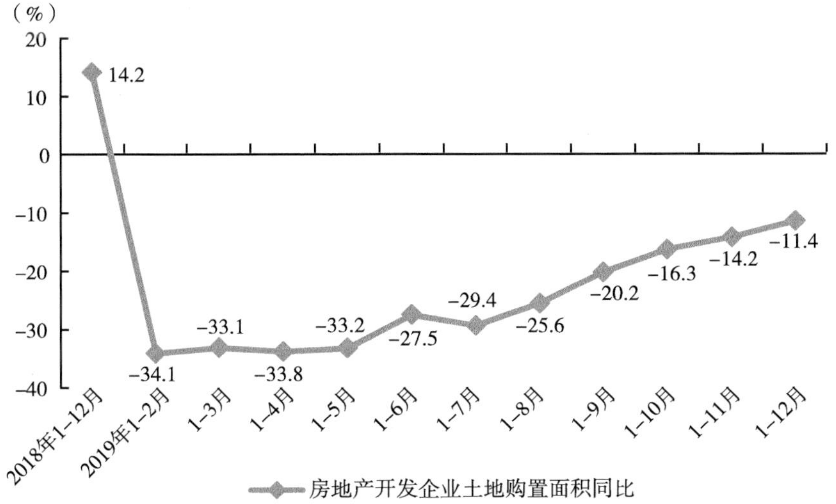

图 12－2　全国土地购置面积增速

资料来源：国家统计局。

（三）房地产销售整体低迷，商品房价格涨幅逐步收窄

受房地产调控影响，房地产销售整体出现轻微下滑。2019 年 1—12 月，商品房销售面积 171558 万平方米，同比下降 0.1%，低于 2018 年 1.4 个百分点。其中，住宅销售面积增长 1.5%，办公楼销售面积下降 14.7%，商业营业用房销售面积下降 15%，增速分别低于 2018 年同期 0.7 个、6.4 个和 11.2 个百分点（见图 12－3）。1—12 月商品房销售额增长 6.5%，增速低于上年 5.7 个百分点。根据中国指数研究院数据显示，前三季度 50 个代表城市商品住宅月均成交规模降至 2015 年同期水平，其中各季度成交面积同比均有所下降，尤其是三季度一线、三线代表城市成交规模同比均下降，一线、三线下降 8.1%、6%，二线增长 0.3%，常见的“金九银十”行情也不复存在。但与此同时，商品房待售面积逐步降低，2019 年 11 月，商品房待售面积 49221 万平方米，与 2013 年 12 月待售面积 49295 万平方米基本持平。但是，2019 年 12 月待售面积回升至 49821 万平方米。

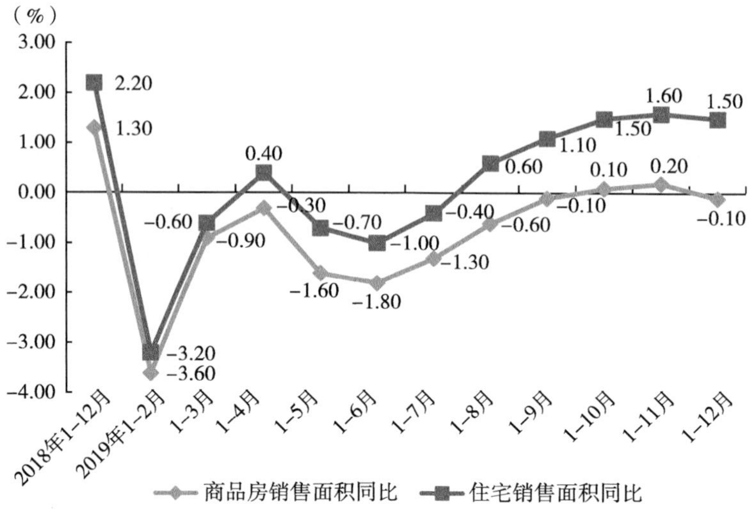

图 12－3　全国商品房及住宅销售面积增速

资料来源：国家统计局。

价格方面，2019 年房价总体稳中有涨，但是涨幅收窄，有些城市价格出现回落。新建住宅价格环比涨幅持续运行在低位区间，各季度累计涨幅较上年同期均有所收窄。根据中指价格指数显示，百城新建住宅价格环比涨幅持续在低位区间，单月环比下跌城市数量明显增多。百城住宅平均价格同比由年初的 4.9% 下降到 12 月的 3.34%，其中环比由 10 月的 0.15% 上升到 12 月的 0.42%。受热点城市新房供应规模增加的影响，百城二手住宅挂牌均价下滑。尤其受 2019 年三季度政策环境趋紧影响，二手房市场买方议价空间加大，价格环比下行城市增多，市场观望情绪浓厚，二手房价格调整压力突出。

（四）开发企业到位资金基本平稳，但融资规模增速收窄

2019 年，房地产市场在严控金融风险的要求下，监管层加强对房地产金融审慎管理，企业融资环境明显收紧。1—12 月，房地产开发企业到位资金 178609 亿元，同比增长 7.6%，增速比上年同期上升 1.2 个百分点（见图 12－4）。其中，国内贷款增长 5.1%，而上年同期下降

4.9%；利用外资同比增长62.7%；自筹资金增长4.2%，低于上年同期5.5个百分点；定金及预收款增长10.7%，低于上年同期3.1个百分点；个人按揭贷款增长15.1%，而上年同期下降0.8%。自5月以来，房地产企业融资持续收紧，融资增速从1—4月最高的8.9%下滑到1—8月的6.6%。三季度以来，房地产金融监管持续强化，其中针对信托和海外债等融资途径继续严格控制，一定程度上削弱了房企的投资意愿。

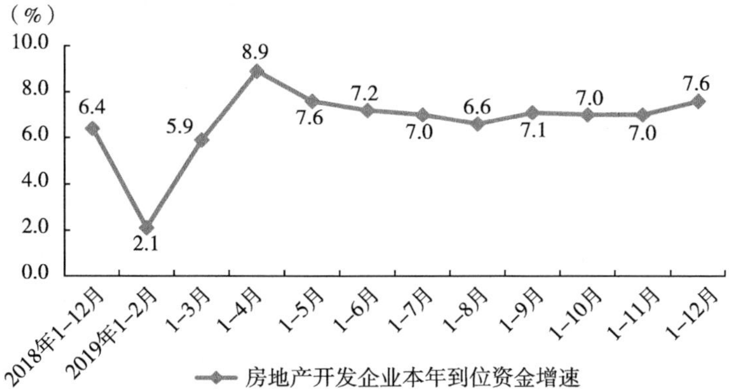

图12－4　房地产开发企业到位资金增速

资料来源：国家统计局。

二、2020年房地产市场调整预期增强

2020年宏观经济下行的压力依然较大，在“房住不炒”的定位和严控金融风险的要求下，房地产市场政策层面仍然会有从紧的需要，但是，受到突如其来的疫情影响，经济下行压力加大，房地产市场现实的宽松需求强烈，稳定仍然是2020年房地产市场的主基调。

（一）外部风险依然存在，经济下行压力依然较大

中美贸易摩擦于2019年10月初步达成“第一阶段”贸易协议，并会进一步签署正式协议。虽然当前形势下中美均有达成协议的意愿，但是我们必须清醒地意识到这场打着贸易保护主义旗号的贸易冲突实际上

是对中国崛起的遏制，中美贸易摩擦短期只会缓和而不会结束，双方的博弈将是一个长期的过程。2020 年美国启动总统大选，对华强硬的贸易政策往往是候选人赢取选票的策略，但是美国经济见顶回落和美股回调的预期在加强，若中美贸易摩擦再度加剧，面临下行的美国经济和股市将制约特朗普的强硬态度。另外，第一阶段“贸易协议”并未解决华为等多家被制裁企业和政府机构的问题，25% 和 15% 的关税并未全部取消，这些负面影响会在 2020 年进一步加深。因此，2020 年我国经济下行的压力依然较大。

（二）稳健的货币政策基调不变，但货币宽松预期加强

房地产作为资本密集型行业，货币政策对其发展影响极大。而经济走势、价格走势以及对金融风险的担忧程度都将影响货币政策。受疫情的影响，2020 年货币政策在稳通胀和促发展之间选择会比较艰难。2019 年央行虽然 3 次降准释放了流动性，但在实际执行中，对于房地产企业的融资是收紧的。2020 年对于房地产市场的这种货币政策的基调估计难以改变，而且随着 CPI 的不断攀升，货币政策有进一步收紧的需要。2019 年 9 月 CPI 进入 3 时代，而且随着猪肉价格的攀升 CPI 进一步攀升，12 月达到 4.5。实际随着中美贸易摩擦的缓和，猪肉进口力度加大，CPI 有缓和趋势，但是当前随着疫情的影响，CPI 的回落肯定将会延缓，而 CPI 上升成为制约货币政策宽松的重要因素。但是，面对疫情的影响，为了经济发展的需要，货币政策的宽松又势在必行，因此货币政策在实施上需要更加精准。对于房地产而言，疫情带来的货币政策宽松效应对于房地产市场整体是有利的。

（三）房地产需求空间仍然较大，调控对供给产生一定影响

我国当前居民对于住房需求仍有较大的潜力。一是刚性需求，包括城镇常住人口增加的需求，以及城市化带来的农村人口进城定居产生的刚性需求。我国目前的城镇化率还只有 59.58%，离发达国家 70% 以上

的城镇化率还有一定的空间，城镇化率每提高一个百分点，就有近1400 万人从农村转入城镇，就需要将近 400 万套的住房。二是改善性需求，主要包括人均住房面积增长需求，也就是常说的卖小买大。链家研究院发布的《2018 年链家职业经纪人调研报告》显示，在消费升级的时代下，品质居住成为一种新刚需，改善性换房成为市场成交主力。改善性换房群体占比达到 46.7%。其中，样本城市中超过一半城市的换房占比超过 40%，北京最高，为 67%。

与需求相比，房地产调控对于住房供给端影响更大，尤其是对风险的控制导致对房地产企业信贷的收紧，使得房地产企业拿地积极性受到一定的影响。但是 2019 年 8 月 26 日，全国人大审议通过《土地管理法修正案》，将集体建设用地入市上升至法律层面，为城乡一体化发展扫除了制度性的障碍，对供求关系紧张城市的租赁性住房建设的供给有非常重要的意义。

（四）房地产市场调整预期加强，部分房企风险加大

随着调控的继续从紧，房住不炒的定位得到很好落实。即使在外部经济下行压力加大的情况下中央仍声明不将房地产作为短期刺激经济的手段，着力防范房地产金融风险。三季度以来，政策环境进一步趋严，导致购房者观望情绪浓厚，叠加 3 月、4 月一、二线市场销售端的回暖导致需求后续释放动力不足，市场调整压力有所加大，所以“金九银十”楼市反响平淡，尤其是 10 月二手房的环比下降较快。与此同时，三季度，房地产供给侧改革取得关键性进展，集体经营性建设用地入市在法律层面及税收机制层面得到确认、国有建设用地二级市场配置通道进一步打开。这些都对市场预期产生一定的影响，四季度销售下行的趋势将不可避免，这一预期必将影响 2020 年上半年。

随着调整预期的加强，部分房地产企业的风险加大，尤其是房地产集中度的加剧，使得中小企业面临更加严峻的竞争格局，一定程度加剧中小房地产企业偿债的风险。尤其是疫情的影响，导致一季度市场交易

量会断崖式地下滑，很多中小企业的现金流将会面临严峻的考验，上半年中小房地产企业破产、兼并重组将会增多。同时，房地产企业债务到期规模加大和信贷收紧也加剧了这一风险。2014 年下半年起，国家对发行主体扩容和审批机制的改革，使得房企享受了前所未有的宽松环境，2015 年和 2016 年房企发债规模达到历史之最，根据 2015 年和 2016 年发行的债券还本付息期限结构，2020 年 9 月至 2021 年 12 月是偿债的高峰，偿还规模为 12479 亿元，月均偿还额为 780 亿元。而自 2019 年二季度末以来，国家对房地产信贷、信托都在收紧，8 月底多家银行收到了政府的窗口指导，规定开发贷余额原则上控制在 2019 年 3 月底水平。根据央行的官方统计，2019 年 3 月底全国开发贷余额约为 10. 85 万亿元，而在 6 月底则达到了 11. 04 万亿元，这就意味着未来房企的开发贷融资难度将会加大。中小房企只能通过加速周转和加快回笼资金来偿还债务、降低风险。

三、2020 年房地产发展趋势预测

（一）从严调控的基调难以改变，政策微调预期加强

虽然 2020 年我国经济发展来自外部的压力难以根本减缓，经济下行的压力有放松政策调控的需求，但是从 2019 年中央明确提出不把房地产作为短期刺激经济的手段可以看出，房住不炒的基调下，即使经济下行压力再大也不会再寻求刺激房地产来饮鸩止渴。但是，随着 2020 年 2 月以来疫情的影响，加大经济下行的压力，货币政策的进一步宽松已经非常必要。房地产市场自 2019 年四季度销售出现下滑后政策放松的预期也在加强，不排除在充分发挥地方主导作用的情形下，成交量下滑较大的城市率先加强政策的微调，放松改善性需求，甚至放宽首付比例等，活跃房地产市场的非投机性需求。禁止房地产市场投机和严控市场风险的前提是保持房地产市场的健康发展，因此，2020 年房地产调

控政策在关注房价过快上涨的同时，更多可能对于有些地区价格下行带来的风险要引起足够重视。同时，各地因城施策的调控政策需进一步细化，有必要进一步升级为因区施策。

（二）房地产投资增速将会放缓，房企购地面积同比会上升

按照开发商拿地后办理相关开发证件的时间算，一般6个月就可以开工，而2019年房地产企业拿地整体增速的大幅下滑必然会导致2020年房地产投资的下降。特别是受到疫情的影响，上半年新开工和拿地增速受到影响较大，投资增速下降会比较明显，加上2019年房地产投资增速基数较高，所以2020年房地产投资同比增速低于2019年将是大概率事件。但是由于住宅土地招拍挂成交面积并未出现下滑，加上严格调控使得房地产企业都在加快土地开发力度，因此，房地产投资同比增速不会失速，预计全年同比增速在5%左右。

2020年1月1日起符合条件的集体土地可合法直接入市，这改变了多年来集体建设用地不能直接进入市场流转的旧二元体制，对土地市场供给格局将会产生积极的影响。但由于集体经营性建设用地规模比较有限，对房地产市场构成冲击的效果有限。在2019年房地产企业拿地整体基数较低的背景下，2020年拿地增速同比预计上升为正，但是自2019年四季度以来信贷收紧导致的拿地积极性下降会延续到2020年前期，加上疫情对一季度拿地影响较大，所以拿地增速会呈现前低后高的状态。

（三）房地产销售有望出现回升，房价难以大幅攀升

调控政策依然影响着2020年房地产销售。虽然宏观从紧的调控政策不变，但是对于2019年销售整体陷入低迷、部分城市已经限购多年的情况，限购政策有一定的边际调整的需要，加上2月疫情的严重影响，因城施策在很多城市可能会出现微调。而且，2019年新的房贷利率调整机制开始实施，考虑到未来信贷利率有走低的趋势，即使存在加

成机制，房贷利率长期也将趋于下降，对房地产需求形成利好。因此，基于2019年的较低基数和上述因素，2020年全年房地产销售同比增速有望回到正的区间，但受疫情影响，2020年上半年可能仍会延续2019年四季度以来的低迷。

房价方面，自2019年4月以来，一、二线城市二手住房成交量显著下降，市场短期内缺乏上涨动力。加上政策层面依然从紧，在没有较大利好情况下，一、二线城市房价整体上将稳中有降，但也不排除一些发展潜力大、人口基数大的二线城市房价的上升。三、四线城市的市场价格差别较大，房价的变动主要受当地农业人口基数、产业发展潜力等影响，一线城市周边的三、四线城市房价仍有回调的可能。

四、2020年房地产市场政策建议

房地产市场的健康发展离不开中央对于房地产政策的制定和长效机制的完善，也离不开地方政府对于地方责任的落实，更重要的是市场供需双方对政策的领会和理性的应对。

（一）中央应继续加强房地产供给侧改革，尽快完善长效机制

在“房住不炒”的基调下进一步改革和完善土地供给制度，落实新增常住人口与土地挂钩的政策。在人口净流入较大城市加强集体土地建设租赁性住房的供给。优化用地结构比例，对房价上涨压力大的城市合理增加土地供应，调整用地结构，提高住宅用地比例，合理确定保障房和商品住房占比。完善城市土地流转制度，盘活城市存量土地，尤其是加大城中村集体建设用地改造开发；完善招拍挂制度，控制拍卖土地价格，发挥土地供给对地价的调整作用。构建完善的房地产金融体制，保持房地产金融政策长期稳定。加快政策性住宅金融体制建设。调整房地产投融资政策，在严格控制房地产贷款规模的同时，促进房地产融资渠道多元化，既要防止房地产市场过度金融化，也要防止对房地产市场

过度妖魔化。尽快完善房地产领域的法律法规体系，尤其是市场较为关注的房地产税法和住房租赁法等，通过税收机制遏制投机行为，保障租赁市场的健康运行。另外，加强住房信息化建设，完善全国住房信息数据库，实现全国住房信息数据的联网，为全国调控一盘棋管理奠定基础。

（二）地方政府应提升调控能力，加强对市场变化的应对

住房 3.0 时代的一个重要特征就是在房地产调控过程中更加重视地方政府的主体作用，这也是在贯彻“房住不炒”理念下积极落实好因城施策的重要举措。当前房地产调控进入深水期，调控的难度加大，尤其是调控时间过长带来的一些负面效应开始显现，地方政府需要提升调控的能力，既要防止房价过快上涨的风险，更要防止房地产市场预期发生改变带来的房价大幅下行风险。要进一步提升调控的区域监测精度，按照各个地区的不同情况细化调控措施，严格盯住地价、房价的波动采取相应的微调政策。一些受调控影响较大、成交量下行较快、价格下行预期较大的地区可以适当放松，促进改善性需求的释放。一些三、四线城市要加大对房价下行较快的应对政策储备，防止房价出现断崖式的下滑。土地的供应政策要根据住房销售的状况来进行调整，逐步摆脱对土地财政的依赖。尤其是疫情对当地房地产市场带来的影响要加强监测，做好预案，促进改善性需求等刚需的合理释放。

（三）房地产企业应加快开发和销售进度，积极防范企业风险

面对继续从紧的房地产调控，房地产企业应充分认识房地产 3.0 时代的特征，做好不断提升房地产开发自有资金比例的准备。加快土地开发节奏，适度降价抢收回款，加快销售进度，加快资金回笼。同时，要积极通过股权式融资降低债务杠杆率。政府应积极引导房地产企业展开并购重组，允许合规企业发行 ABS 等债务融资工具。同时，房地产企业应该更加理性拿地，对于大的项目也可以联合拿地，减少市场竞争、

哄抬地价。加快企业向专业化、规模化、品牌化方向发展，房地产开发企业应加快推动与物业、中介之间的合作，增强企业市场竞争力，实施多元化发展战略，实现房地产与教育、医疗、物流等跨界联合。加快开展技术创新、产品创新、管理创新，提升房地产全产业链尤其是后端服务的附加值。强化企业服务，将由产品开发向空间运营迈进，从产品开发商变身空间运营商，提升住宅品质和小区品位。

（四）房地产需求者应领会调控意图，根据自身能力理性购房

中央贯彻“房住不炒”的决心非常坚定，房地产调控的思路也非常清晰，一方面加强房地产市场供给侧改革，另一方面加快房地产市场的长效机制建设，逐步降低房地产市场的金融属性，还住房的真实面目。房地产调控显然是时间换空间的做法，既要遏制房价上涨，也要防止房价大跌带来的风险，稳住房价是关键，等到居民收入不断提升、房价与居民收入相匹配时，房地产市场的长效机制也基本完善，这也是房地产行政调控退出之时。因此，对于购房者而言，如果经济实力有限，尽量寻求租赁或者购买政策性住房；如果有一定经济实力，当前调控低迷状态下可以入手，因为只要不发生系统性金融风险，房地产价格难以大幅下行；对于多套住房持有者，需要注意的是未来持有多套房的成本肯定会大幅上升。

第十三章　2019 年股市回顾与 2020 年股市展望

2019 年前三季度的股票市场走势与 2018 年度相比出现了反转，2018 年呈现单边下跌走势，而 2019 年主要趋势是上升的。股市的实际走势好于我们年初的预测。我们年初预测 2019 年度的股票市场趋势不再是单边下跌，也难以出现趋势性上涨，“2019 年的股市仍将处在艰难寻底的过程中，估值体系正在重构，风险逐渐释放，投资者需要耐心等待投资机会”。市场超出我们的预期的主要原因是房地产市场表现较强的韧性，我们预期的房地产投资下滑没有出现，对股市有较强的支撑。

一、2019 年度股票市场走势分析

2019 年度的股市总体趋势是上涨的，与 2018 年度形成比较大的反差。2018 年 10 月初至 2019 年 9 月底，上证 50、中证 500 与恒生中国企业指数分别上涨 16.52%、6.44%、-2.37%。

2019 年初至 2019 年 9 月底，上证 50、中证 500 与恒生中国企业指数分别上涨 28.06%、19.58%、0.23%。

2019 年的股市行情与经济形势基本吻合，第一季度各项经济数据比 2018 年略有反弹，市场充满乐观的气氛，有些分析师甚至认为经济已经触底，加上第一季度货币环境宽松，股价出现逆转，从 2018 年 11 月开始持续上涨到 2019 年 3 月。

除了经济基本面因素之外，对 2019 年股市影响较大的因素还包括政策利好。2019 年 2 月 22 日中央政治局集体学习提出“金融供给侧结

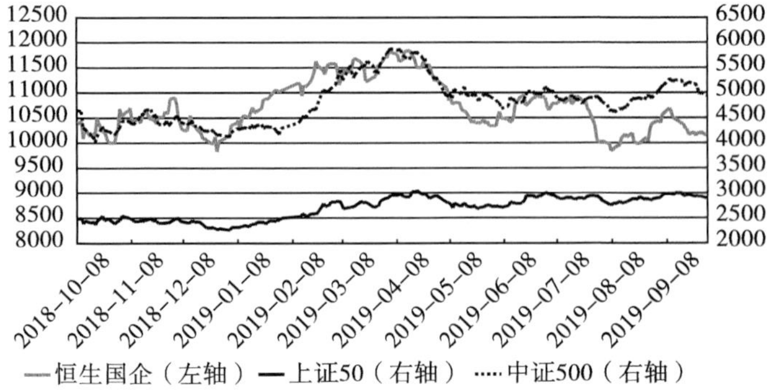

图 13－1　上证 50、中证 500 指数与恒生中国企业指数走势

资料来源：Wind。

构性改革”后，2 月 25 日中国证券报刊发了社论《股市将成为国家重要核心竞争力的组成部分》。把股市与国家战略联系起来，在中国股市的历史上还属首次。在利好政策刺激下 2 月 25 日主要股指均跳空 1% 以上高开，当日收盘主要指数均上涨超过 5%。证券行业指数表现最突出，该指数于 2 月 22 日和 25 日连续两个交易日达到 10% 涨幅限制。券商股被视为人气指标股，每轮股市上涨行业启动之初，券商股均一马当先。券商股的大幅度上涨对市场信心的提振十分关键。

4 月初，上证综指到了 3200 点，与 2018 年初的 3500 高点只有一步之遥。但 4 月中旬后，有些关键数据公布，3 月的社会融资规模增速及实体经济表现不及年初的预期，经济触底回升的假设被证伪，特别是 5 月初中美经贸谈判出现超预期的挫折后，股市上涨的信心开始有所动摇，股指在 3200 点左右挣扎十几个交易日之后开始走弱。

股市价格波动除了受到基本面因素影响之外，还受到来自上市公司的回购和“大小非”减持的扰动。从月度数据看，减持的数量有逐渐增加的趋势，这符合市场自身的规律，因为随着时间的推移，解禁的股票必然是逐渐增加的。大小非减持的数量与股价波动之间有一定的相关性，股价上涨时，减持的数量也随之增加（见图 13－2），在股价处于低位的 1 月，大小非减持的数量只有 17 亿元，3 月是股价上升最快的阶段，减持的金额达到了 261 亿元高位，9 月是股指运行的次高位，当月减持数量近 500 亿元。

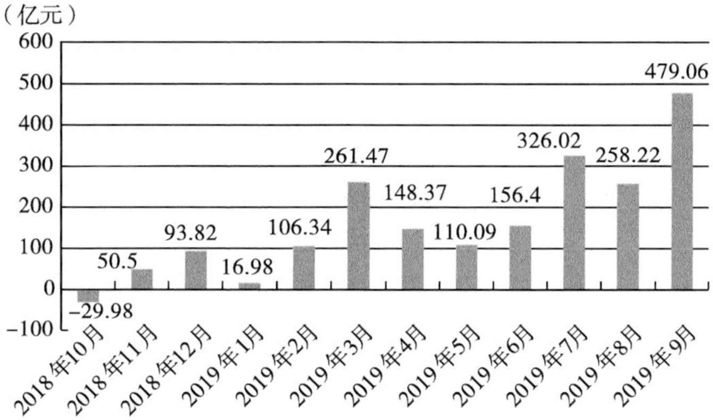

图 13 -2　上市公司大股东减持金额统计

资料来源：Wind。

上市公司的回购金额与股价之间呈现一定的逆相关关系。1 月股价最低，回购金额超过 300 亿元，随着股价快速回升，回购金额逐步减少，在股价处在阶段性高点的 4 月，回购金额处于低谷。股价在 5 月与 6 月下跌之后，回购金额再次回升，6 月的回购金额近 400 亿元，超过了 1 月（见图 13 -3）。

从上市公司回购的动机看，有些是为了市值管理的需要；有些上市公司的股东股权质押融资比例高，股价下跌导致风险暴露，通过回购来确保股价回升；也有一些上市公司认为公司股价被市场低估，回购一部分股票用于高管和核心技术人员的股权激励。

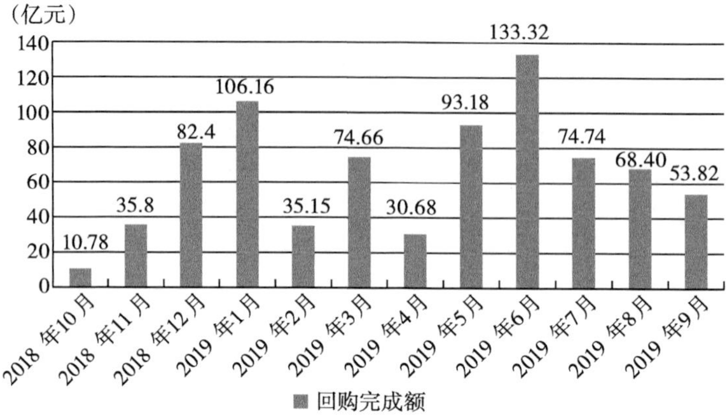

图 13－3　上市公司回购股份金额

资料来源：Wind 资讯。

二、股市运行的特征分析

（一）市场分化加剧

虽然 2019 年的股市主要指数均是上涨的，但市场出现了明显的分化走势，蓝筹股上涨幅度大于平均指数，而绩差股总体呈现下跌的态势，且部分绩差股下跌幅度巨大（见表 13－1）。

以中国平安、贵州茅台、格力电器、五粮液等为代表的大市值股票均有良好的表现。这与投资者结构变化有关，也与经济周期有关。

同时，从投资者结构看，随着 A 股市场进一步对外开放，境外投资者对国内股市的影响力进一步增加（见表 13－2），这些机构投资者偏好大盘蓝筹股。

从经济周期看，当前我国经济处在下行阶段，强周期类行业（如钢铁、建筑、采掘）的盈利表现均不被看好，而以消费类行业为代表的上市公司盈利受经济周期影响较弱，这些行业受到资金的关注度高。涨幅最大的几个行业分别是食品饮料、非银金融、农林牧渔、家用电器。在非银金融行业里，保险类股的表现最强势，保险类股平均涨幅近

50%。这符合市场的投资经验，在每一轮股市上涨行情中，保险类上市公司持有权益类资产可以分享股价上涨的收益，因此它们的股价也总是有比较好的表现。

表 13-1 2018 年 10 月初至 2019 年 9 月末申万 28 个一级行业涨幅排序

排序	行业	涨幅/%	排序	行业	涨幅/%
1	农林牧渔	46.38	15	房地产	5.36
2	食品饮料	40.69	16	银行	3.36
3	电子	30.38	17	交通运输	1.99
4	非银金融	24.27	18	轻工制造	1.31
5	家用电器	21.76	19	公用事业	0.98
6	计算机	17.98	20	有色金属	0.32
7	通信	14.57	21	传媒	-3.03
8	休闲服务	12.18	22	纺织服装	-4.08
9	电气设备	11.18	23	商业贸易	-4.36
10	综合	10.95	24	汽车	-7.58
11	建筑材料	9.88	25	化工	-7.88
12	机械设备	7.84	26	建筑装饰	-10.59
13	国防军工	6.69	27	采掘	-19.34
14	医药生物	5.59	28	钢铁	-21.24

资料来源：Wind。

表 13-2 沪深两市上半年北上资金净买入前 20 单位：亿元

排名	名称	金额	排名	名称	金额
1	恒瑞医药	72.96	11	隆基股份	20.73
2	中国平安	66.13	12	大秦铁路	20.52
3	格力电器	47.88	13	海螺水泥	19.49
4	招商银行	47.16	14	温氏股份	18.71
5	杰瑞股份	37.00	15	立讯精密	17.82
6	爱尔眼科	31.82	16	药明康德	17.63
7	平安银行	31.09	17	兴业银行	17.23
8	美的集团	23.99	18	迈瑞医药	16.10
9	青岛海尔	23.35	19	国电南瑞	15.24

续表

排名	名称	金额	排名	名称	金额
10	分众传媒	21.09	20	南京银行	15.04

资料来源：根据北上资金持股数量变化与每日收盘价计算。

导致股价分化的另外一个因素是绩差股持续下跌，绩差股的大幅度下跌与注册制改革预期及退市制度的严格实施有关。自 2017 年新股 IPO 正常化之后，排队等待发行新股的公司数量从 800 多家减少到 300 余家，仅 2017 年度就有 400 多只新股上市，新股发行审批的时间大大缩短。与此同时，监管部门提高了借壳重组的门槛。受此影响，上市公司的借壳现象减少，对应的是壳价值快速贬值，这是绩差股自 2017 年初开始持续下跌的根本原因。2018 年尽管新股发行速度有所放缓，但受二级市场持续下跌影响，绩差股继续大幅度下跌。自 2018 年度宣布推出科创板并实施注册制改革之后，壳价值进一步贬值。

在表 13 – 3 所列的 2019 年上半年 20 只下跌幅度最大的股票中，下跌幅度均超过 50%。这些股票大多数已经经过了长达两年多时间的持续下跌，如果将 2017 年初作为基期，截至 2019 年上半年这些股票的价格跌幅都在 80% 以上。

蓝筹股受到青睐，而垃圾股遭到冷落，这是我国股票市场涅槃重生之必经之路。要想发挥资本市场配置资源的功能，就必须尊重市场规律，让风险溢价在股价中得到充分的反映。人为控制新股发行的数量和节奏，鼓励借壳重组的做法限制了风险溢价在股价形成机制中的作用，扭曲了股价形成机制，其本质类似于债券市场的刚性兑付。要让市场准确定价就必须打破刚性兑付，消除股票市场的壳价值。

表 13 – 3　2019 年上半年跌幅最大的 20 只股票（终止上市、暂停上市除外）

排名	代码	股票	涨幅/%	排名	代码	股票	涨幅/%
1	600891. SH	* ST 秋林	–75.07	11	002143. SZ	* ST 印记	–54.89
2	002711. SZ	* ST 欧浦	–68.90	12	600666. SH	* ST 瑞德	–53.46
3	002356. SZ	* ST 赫美	–62.64	13	600462. SH	* ST 久有	–52.98

续表

排名	代码	股票	涨幅/%	排名	代码	股票	涨幅/%
4	600518. SH	ST 康美	-62. 32	14	002210. SZ	* ST 飞马	-52. 86
5	600240. SH	* ST 华业	-61. 77	15	000760. SZ	* ST 斯太	-51. 98
6	002359. SZ	* ST 北讯	-61. 63	16	002766. SZ	* ST 索菱	-51. 65
7	300176. SZ	派生科技	-61. 19	17	002501. SZ	* ST 利源	-51. 24
8	002450. SZ	* ST 康德	-57. 72	18	002341. SZ	新纶科技	-50. 84
9	000820. SZ	* ST 节能	-57. 60	19	002089. SZ	* ST 新海	-50. 46
10	600179. SH	ST 安通	-55. 94	20	002113. SZ	ST 天润	-49. 87

表 13-4　2019 年上半年 A 股终止上市与暂停上市股票

股票名称	情形	最后交易日收盘价	最后交易日市值/亿元
* ST 上普（退市）	终止上市	7. 69	22. 98
小天鹅 A（退市）	终止上市	57. 39	338
* ST 长生	暂停上市	1. 51	14. 7
* ST 凯迪	暂停上市	1. 05	41. 26
* ST 皇台	暂停上市	4. 27	13. 35
千山药机	暂停上市	3. 81	13. 77
乐视网	暂停上市	1. 69	67. 42
金亚科技	暂停上市	0. 77	2. 65
* ST 龙力	暂停上市	1. 96	11. 75
* ST 德奥	暂停上市	3. 15	8. 35
* ST 保千	暂停上市	1. 04	25. 35

资料来源：中国证监会，Wind。

（二）各种概念股炒作有升温趋势，“妖股”重出江湖

相对于 2018 年度和 2017 年度，2019 年的各种概念股的炒作之风明显增加，这与监管行为的变化有关。2017 年至 2018 年监管部门强化了对股市投资者行为的监管，对利用资金优势刻意操纵股价的行为进行窗口指导，个股炒作现象一度明显减少，但也带来了流动性下降的负面影响。2018 年底有关部门表示要减少对股市投资行为的行政干预。

表 13－5　2019 年上半年涨幅最大的 20 只股票（2019 年上市新股除外）

排名	代码	股票名称	涨幅/%	排名	代码	股票名称	涨幅/%
1	300220. SZ	金运激光	248. 8	11	603383. SH	顶点软件	192. 18
2	002057. SZ	中钢天源	245. 3	12	000713. SZ	丰乐种业	182. 87
3	300663. SZ	科蓝软件	233. 51	13	300748. SZ	金力永磁	177. 95
4	600975. SH	新五丰	226. 33	14	000037. SZ	深南电 A	177. 52
5	000723. SZ	美锦能源	225. 54	15	300404. SZ	博济医药	173. 32
6	600218. SH	全柴动力	220	16	002481. SZ	双塔食品	163. 93
7	002157. SZ	正邦科技	214. 45	17	300033. SZ	同花顺	158. 85
8	603222. SH	济民制药	206. 99	18	600536. SH	中国软件	156. 71
9	002565. SZ	顺灏股份	203. 73	19	002869. SZ	金溢科技	145. 35
10	300573. SZ	兴齐眼药	201. 63	20	002234. SZ	民和股份	144. 45

资料来源：Wind。

从涨幅最大的 20 只股票可以看出概念股炒作的思路，它们大多数的市值比较小，年初市值在 30 亿元以下的有 13 只，市值小的股票价格容易被操纵。每当出现事件冲击之后，市场对这类概念股关注度提高，有人就会利用这个时机肆意拉抬股价，连续出现多个涨停板。例如，受非洲猪瘟影响，猪肉价格上升，以养殖生猪为主营业务的公司“新五丰”“正邦科技”和“民和股份”股价均大幅度上涨。“工业大麻”“氢能源”“5G”等概念也曾经一度成为市场的炒作热点，相关的股票受到追捧。

2019 年度股市二级市场的另外一个特点就是“妖股”重出江湖。所谓的“妖股”是一个形象的说法，是指有些上市公司的基本面并没有出现变化，但股价突然出现快速上涨的现象。基于窗口指导的缘故，“妖股”出现的频率曾经一度减少，但 2019 年“妖股”出现的频率明显增加。

有些涨幅较大的股票对应的上市公司基本面并没有出现大的变化，股价上涨与人为炒作有直接关系，其中典型的案例是股票“东方通信”，该公司的主营业务是通讯器材，当作“5G 概念”的龙头炒作，从年初的4元左右开始上涨，至3月初股价最高炒到40元，短短的3个月时间里股价上涨近10倍。在股市连续大幅度上涨期间，公司曾经多次发布公告称“本公司的主营业务与5G没有任何关系”，但股价依旧上涨。

（三）境外投资者对A股影响日趋明显

对于国内股市来说，境外投资者主要有QFII及沪港通和深港通，QFII账户信息难以及时公布，因此，QFII对市场价格的因素存在一定的时滞。沪港通和深港通的信息都是高频数据，交易所将境内外投资者的交易数据及时进行传递，投资者通过网络不仅可以及时了解境内外投资的总体动向，而且可以了解境内外投资者对个股的买卖数据。境外投资者通过沪港通和深港通投资A股的信息对境内市场的影响越来越大，从高频数据可以看出，每当“北上资金”（即境外资金通过沪港通和深港通买入A股的金额）大量增加，则市场交易明显活跃。

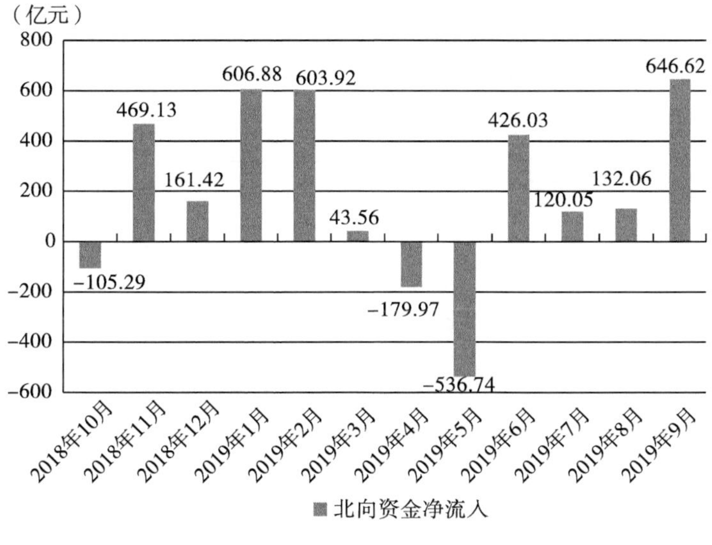

图13－4　北上资金月度净流入额

资料来源：Wind。

从月度数据也能看出类似的特点。如图 13－4 所示，2019 年 1 月和 2 月，北上资金流入大量增加，月度净流入额均超过 600 亿元。600 亿元相对于数以万亿计的沪深交易所月度成交额来说占比很小，但从实际影响看，不可忽视。

境外投资者对市场的影响还表现在投资理念的传递上。海外投资者以机构投资者为主，其投资理念和风格以价值投资为主，从表 13－6 可以看出，它们买入的均是蓝筹指标股，这些股票在市场中的表现十分突出，它们的行为得到了境内投资者越来越多的认同。

表 13－6　北上资金买入金额前 20 名股票　　单位：亿元

排名	股票	净买入	排名	股票	净买入
1	招商银行	157.30	11	海尔智家	18.54
2	平安银行	140.59	12	保利地产	17.15
3	格力电器	106.74	13	工商银行	16.14
4	中国平安	69.39	14	东方财富	15.56
5	万科 A	57.21	15	隆基股份	15.35
6	温氏股份	43.42	16	南方航空	9.64
7	美的集团	36.28	17	宁德时代	8.80
8	海螺水泥	34.66	18	海天味业	8.71
9	洋河股份	23.95	19	三一重工	8.12
10	牧原股份	18.79	20	中国建筑	7.56

资料来源：Wind。

从投资余额看，境外投资者持有 A 股的数量快速增加，与全球主要国家出现负利率有较大关系。在老龄化和高负债的双重压力之下，负利率成为很多国家货币政策操作的新常态。德国、日本、瑞士、瑞典等已经实施负利率。根据国际清算银行的最新估算，目前全球交易的负收益率国债和公司债规模已超过 17 万亿美元，相当于全球 GDP 的约 20%。[①]

可以预见，当人民币汇率趋稳，中国资本市场对外开放步伐加快，

① 资料来源：彭博、招银国际证券、招商银行研究院。

国际投资者对 A 股的持股比重将逐渐增加，境外投资者对国内股票市场的影响也将逐步增加。

三、科创板的推出及其对市场的影响

推出科创板的设想是 2018 年 11 月初习近平总书记在首届上海进出口博览会开幕式上提出的，经过半年的筹备，2019 年 7 月 22 日，第一批共计 24 只科创板股票在沪市挂牌交易，截至 9 月底共计运行了 50 个交易日。

（一）科创板运行首季度跟踪分析

1. 科创板新股发行的数量及行业分布

截至 2019 年 9 月 30 日，已受理 144 家，2 家被否决并终止审核，56 家已提交证监会注册，42 家已注册生效，33 家已发行上市，1 家不予注册，10 家企业撤回材料终止审核。

从已受理企业行业分布来看，新一代信息技术 60 家，生物医药 36 家，高端装备 29 家，新材料 14 家，其他行业 21 家，基本符合科创板的定位。经党中央、国务院同意，中国证监会于 2019 年 1 月 30 日发布了《关于在上海证券交易所设立科创板并试点注册制的实施意见》（以下简称《实施意见》），《实施意见》指出，在上交所新设科创板，坚持面向世界科技前沿、面向经济主战场、面向国家重大需求，主要服务于符合国家战略、突破关键核心技术、市场认可度高的科技创新企业。重点支持新一代信息技术、高端装备、新材料、新能源、节能环保以及生物医药等高新技术产业和战略性新兴产业，推动互联网、大数据、云计算、人工智能和制造业深度融合，引领中高端消费，推动质量变革、效率变革、动力变革。

从选择的上市标准来看，大多数选择了第一套标准。科创板上市标准与其他板块有较大差异，目的是为了能够让更多的中国互联网企业以及其他类型的科技创新企业在国内上市。允许存在未弥补亏损、未盈利企业在科创板上市，并引入“市值”指标，与收入、现金流、净利润和研发投入等财务指标进行组合，设置了5套差异化的上市指标。第一套标准是：市值10亿元以上，连续两年盈利、两年累计扣非净利润5000万元，或连续一年盈利、一年累计扣非净利润1亿元；第二套标准是：市值15亿元以上，收入2亿元，三年研发投入占比不低于15%；第三套标准是：市值20亿元以上，收入3亿元，经营性现金流超过1亿元；第四套标准是：市值30亿元以上，收入3亿元；第五套标准是：市值40亿元以上，产品空间大，知名机构投资者入股等。已经受理的160家公司，其中：133家企业选择第一套上市标准；4家企业选择第二套上市标准；1家企业选择第三套上市标准；13家企业选择第四套上市标准；6家企业选择第五套上市标准；3家企业选择差异表决权/红筹企业适用的第二套“市值+收入”指标。

2. 科创板股票的定价分析

科创板实行市场化发行定价机制，并试点“保荐+跟投”制度。市值最大的中国通号发行市盈率为18.8倍。其余32家发行市盈率均超过30倍，算术平均67.02倍，中位数47.89倍，其中，中微公司和微芯生物超过100倍，分别为170.75和467.51。而且，除中国通号与天宜上佳外，其余上市公司发行市盈率均超过行业平均市盈率。

新股发行定价过高，与科创板供给仍严重不足有关，也与市场投资习惯有关，同时也说明完善市场的各项基础性制度任重而道远。我国A股市场历来有炒“新”的习惯，每当有新股上市交易，或有新的交易品种上市，必然会遭到炒作。科创板股票规模较小，大多数流通股本不到5000万股，又属于新的板块，并且实施新的制度，不仅发行制度与其他市场有较大区别，交易制度也进行了大幅度的改革创新，虽有投资者适当性管理，仍不能避免市场“炒新”“炒小”的习惯。另外，提出建立科创板的动议到实施科创板只用了短短半年多的时间，之所以如此高效是因为此项决策是习近平总书记在首届进出口博览会上宣布的。投资普遍认为，首批登陆科创板的公司应该是科技竞争力强、管理规模的公司。在此预期之下，定价偏高就难免了。

为了约束市场“炒新”“炒小”的行为，在科创板的各项制度改革中，引入了一些新的设计，目的就是更加强化投资银行在市场新股定价中的作用。例如，新股发行过程中的“跟投制度”，引入该制度的初衷主要是充分发挥投资银行在新股发行定价过程中的主导作用，希望有效引导新股发行定价朝合理估值水平靠近。从最初的几个月实践看，结果似乎不尽如人意。

从前50个交易日的表现看，投资者正在为科创板股票的过度投机付出代价。首批科创板股票在经历大幅度上涨后开始步入漫长的下跌征途。科创板股票不仅发行定价偏高，而且上市首日普遍出现较大涨幅，平均涨幅为157.16%，中位数为121.95%，其中安集科技获得400.15%的最大涨幅。但截至9月末收盘价，股价普遍出现较大下跌，其中，较首日收盘价平均下跌约11.77%，较首日以来最高价平均下跌约40.07%。

当然，随着股价的较大下跌，市场投机氛围也日趋下降。首日换手率为76.94%，上市后前5个交易日日均换手率为46.09%，5至10个交易日日均换手率为41.33%，10至15个交易日日均换手率为37.24%，15至30个交易日日均换手率为18.82%。

（二）科创板对其他板块的影响

观察和分析科创板对主板和其他板块股票价格的影响有多个视角：

视角之一：提出科创板设想至科创板运行交易之前阶段，有关科创板概念股遭到市场投机炒作；

视角之二：第一批科创板挂牌交易之后对其他板块股价的影响；

视角之三：当科创板股票形成一定的规模，注册制改革得到落实和体现之后对其他板块股价的影响。

当前主要体现在前两个方面，随着时间的推移，我们认为真正的影响是第三类。第二类影响只是脉冲式的短期冲击，主要表现为7月29日之后的7个交易日，科创板股票股价均遭到不同程度的炒作，而同期的上证指数和其他主要指数均下跌5%~10%。随后，科创板对其他板块的冲击越来越不明显。在此不做分析，重点分析第一类和第三类影响。

1. 科创板概念股的炒作及影响

科创板的提出是2018年11月5日习近平总书记在首届中国进出口博览会上提出的，在提出该设想前后，主板和中小板及创业板市场就掀起了炒作科创板概念股的热潮，当时的科创板规则还没有出台，所谓的科创板概念股是指那些控股或参股了较多高科技类公司的上市公司，符合这类条件的主要是科技园区类上市公司，龙头股是“张江高科”和“市北高新”。

市北高新的全称是“上海市北高新股份有限公司”（A股代码：600604；B股代码：900902），是市北高新集团旗下的一家以园区产业载体开发经营、企业服务集成及产业投资为核心业务的上市公司。公司以对接国家战略、发展高新产业、繁荣区域经济、服务企业成长为己任，以“加快科技化步伐，打造国际化园区”为主线，积极推进市北高新园区的开发建设，并努力把园区打造成为一个视野国际化、产业科技化、生态园林化、服务集成化，国内一流、国际有一定影响力的高新技术服务业园区。

该公司股价2018年11月2日收盘于3.5元，宣布科创板当日（11月5日）股价涨停，并出现连续12个涨停板，11月20日股价收于11.07元，涨幅超过200%。随后几日巨额换手，第一波炒作结束。随后股价调整了2个多月，从2018年11月底的11元左右下跌到2019年1月底的6元左右，下跌幅度近50%。

2019年2月初，随着科创板规则的出台，科创板概念股的第二波炒作开始，市北高新股价从6元多持续上涨到3月初的20元左右，涨幅与第一波类似（超过 200%）。在科创板运行的第一个交易日，该股跌停，收于 10.87 元，已经比最高点下跌了近 50%。9 月底，该股价已经回落到 8.75 元。

张江高科的股价运行与市北高新基本类似，该股从 2018 年 11 月 1 日开始启动，启动价格为 9 元左右，11 月 19 日涨至近 20 元，涨幅超过 100%，不及市北高新的第一波涨幅。第二波的启动时间是 2019 年 2 月 1 日，股价从 14 元涨至 3 月 13 日的 27 元，涨幅近 100%。7 月 22 日，该股价格下跌 7%。9 月底，该股价回落至 15 元左右，相对于高点回落了近 50%。

2. 科创板的注册制将影响 A 股市场的定价体系

推出科创板的意义并不仅仅在于市场多了一个板块，企业上市多了一个选择，最重要的意图是为全面实施注册制改革提供经验。从这个角度看，要分析科创板对市场的影响，就应该正确评估和分析注册制对市场的影响。

注册制提出的时间是 2013 年，在经历 2015 年股市大幅度波动之后，真正开始逐步落实注册制改革思路是从 2016 年开始，主要表现为新股发行“常态化”，在 2017 年前后我国 A 股市场出现了明显的分化走势，主要特征是蓝筹股得到市场越来越多的青睐，而绩差股遭到市场的抛弃，反映在股价上就是蓝筹股上涨而绩差股下跌。以下是我们对最近三年市场股价分化的统计分析结果：

2016 年初至 2019 年第三季度末，以 2016 年初市值大小为依据，把上市公司分为八组。详见表 13 – 7。

市值大于 2000 亿元的上市公司有 23 家，累计平均涨幅为 45.59%，中位值为 27.06%。其中贵州茅台以 462.55% 的涨幅高居榜首，截至 2019 年 9 月底，市值约 1.48 万亿元，仅次于工商银行（1.96 万亿元）、建设银行（1.74 万亿元）、中国平安（1.63 万亿元）；中国中铁下跌 41.63%，跌幅最大。

市值 1000 亿元至 2000 亿元的上市公司有 45 家，累计平均涨幅为

2. 31%，涨幅中位数为 -19. 18%。五粮液以 415. 19% 的涨幅高居首位，乐视网则获得 94. 24% 的最大跌幅。

市值 500 亿元至 1000 亿元的上市公司有 81 家，累计平均涨幅为 -11. 91%，涨幅中位数为 -31. 41%。恒瑞医药获得 272. 24% 的最大涨幅，华信退获得 99. 05% 的跌幅。

市值 300 亿元至 500 亿元的上市公司 163 家，累计平均涨幅为 -20. 77%，涨幅中位数为 -36. 62%。涨跌幅最大的分别为泸州老窖和 * ST 印纪。

市值 200 亿元至 300 亿元的上市公司 251 家，累计平均涨幅为 -37. 41%，涨幅中位数为 -48. 52%。涨跌幅最大的分别为牧原股份和暴风集团。

市值 100 亿元至 200 亿元的上市公司 741 家，累计平均涨幅为 -27. 88%，涨幅中位数为 -51. 75%。涨跌幅最大的分别为山西汾酒和金亚科技。

市值 50 亿元至 100 亿元的上市公司 1107 家，累计平均涨幅为 -45. 99%，涨幅中位数为 -50. 74%。涨跌幅最大的分别为水井坊和 * ST索菱。

表 13 -7　2016 年初至 2019 年 9 月底累计股价涨幅

股票总市值	家数	最大值/%	最小值/%	均值/%	中位数/%	该样本 2012—2014 年涨幅	
						均值/%	中位数/%
大于 2000 亿元	23	462. 55	-41. 73	45. 59	27. 06	98. 03	78. 62
1000 亿元至 2000 亿元	45	415. 19	-94. 24	2. 31	-19. 18	123. 30	98. 08
500 亿元至 1000 亿元	81	272. 24	-99. 05	-11. 91	-31. 41	143. 84	87. 15
300 亿元至 500 亿元	163	241. 68	-97. 81	-20. 77	-36. 62	143. 85	97. 91
200 亿元至 300 亿元	251	464. 91	-94. 19	-37. 41	-48. 52	118. 66	83. 33
100 亿元至 200 亿元	741	323. 11	-97. 77	-27. 88	-51. 75	89. 91	71. 04
50 亿元至 100 亿元	1107	274. 28	-90. 84	-45. 99	-50. 74	67. 57	57. 48
50 亿元以下	382	485. 28	-90. 22	-34. 38	-46. 57	49. 81	43. 44

资料来源：根据 Wind 整理。

从数据可见，股价上涨幅度与上市公司市值大小呈逆相关关系，即市值越大的公司股价上涨幅度也越大，1000亿元以上的两组平均涨幅均为正，而市值在300亿元以下的四组中小市值上市公司的平均下跌幅度为50%左右。

股价如此分化在我国股票市场的历史上是不曾有过的，我国A股运行的最大特点是市值越小的股票估值越高，小市值股票比大市值股票更受到投资者的追捧。我们仍然按照市值大小把股票分为八组，统计时间区间选择为2012年初至2014年底，之所以选择这个时间段，是因为：（1）该时间段距离当前比较近，上市公司样本变化不大；（2）避开了2015年的股价大幅度波动；（3）提出并落实股市的注册制改革时间是2015年初。

表13－8　2012年初至2014年末不同市值累计股价涨幅

股票总市值分类	数量/家	最大值/%	最小值/%	均值/%	中位数/%
大于2000亿元	12	125.62（中国平安）	－6.21（中国神华）	58.27	70.99
1000亿至2000亿	14	275.94（中信证券）	－28.35（五粮液）	81.23	91.43
500亿至1000亿	30	292.35（中国中铁）	－37.19（兖州煤业）	66.06	59.47
300亿至500亿	40	332.62（中国铁建）	－54.97（张裕A）	59.13	40.61
200亿至300亿	57	244.49（方正证券）	－53.88（美邦服饰）	48.10	55.16
100亿至200亿	162	401.06（长江证券）	－52.553（水井坊）	57.52	50.94
50亿至100亿	370	593.66（上海莱士）	－77.02（协鑫集成）	63.96	46.73
50亿以下	1602	1810.37（华数传媒）	－38.06（天龙光电）	93.89	71.53

注：市值为2012年初上市公司市值。

资料来源：Wind。

如表13－8所示，从2012年初至2014年的统计数据看，股价涨幅与上市公司市值大小没有明显的相关性，各组别的股价涨幅基本相当，但市值1000亿元至2000亿元及50亿元以下的涨幅居前。市值1000亿元至2000亿元的涨幅较高，体现的是部分蓝筹股业绩的高增长性。而市值50亿元以下的股票涨幅居前则与壳价值有关。从股市定价的理论看，股价是上市公司未来现金流的折现，但A股还隐含着壳的价值，否则无法解释为何已经没有任何主营业务的公司却存在 30 亿元以上的市值（在 2015 年前后）。

2016 年以来的绩差股大幅度下跌与注册制改革预期有关，其中的主要逻辑是注册制影响壳的价值。自 2017 年新股 IPO 正常化之后，排队等待发行新股的公司数量从 800 多家减少到 300 余家，仅 2017 年度就有 400 多只新股上市，新股发行审批的时间大大缩短。与此同时，监管部门提高了借壳重组的门槛。受此影响，上市公司的借壳现象减少，对应的是壳价值快速贬值，这是绩差股自 2017 年初开始持续下跌的根本原因。2018 年尽管新股发行速度有所放缓，但受二级市场持续下跌影响，绩差股继续大幅度下跌。自 2018 年度宣布推出科创板并实施注册制改革之后，壳价值进一步贬值。

照此推理，随着时间的推移，科创板股票的规模会越来越大，对其他板块股价定价的影响也会越来越明显，假如注册制推广到创业板和中小板，则注册制对存量股票的壳价值影响将更加深远，壳价值将持续贬值，对应的是小市值的公司股价持续下跌，而蓝筹股相对坚挺，股价分化继续。

四、股市 2020 年度展望

展望 2020 年，人民币汇率趋稳，外资配置 A 股的需求持续增加，蓝筹股继续得到关注。市场无风险收益率持续走低，有利于股市活跃，但受注册制扩容的影响，绩差股的壳价值将继续贬值，绩差股的股权质押风险上升。在国内产业政策的引导下，龙头科技股将成为市场关注的焦点。

第十四章　疫情影响叠加市场份额争夺，供给过剩局面上半年显现
——2020 年原油价格展望

根据对 2020 年全球石油行业需求增长和供给增量的判断，我们预测虽然中长期 Brent 原油中枢油价在 55 ~ 75 美元/桶之间，基准情景假设下中枢油价为 60 美元/桶。受到疫情和 OPEC + 内部争夺市场份额的影响，2020 年上半年油价将很难超过 50 美元/桶。由于 2014—2019 年石油行业特别是常规石油资本开支相对于 2014 年之前有明显的下降，因此我们提示未来 3 ~ 4 年常规油田减少产出的风险，低迷的油价伤害了投资，将会为中长期油价带来很多的不确定性。我们建议密切跟踪全球石油行业资本开支转化为产量的进展，从而提早预测石油价格的大幅波动，为经济平稳运行和指导境内外投资提供良好的决策基础。

一、2019 年油价回顾及价格变化分析——供求趋紧背景下地缘政治主导油价波动

自 2014 年油价在年内下跌超过 60% 以来，国际原油市场一直在寻找供求的重新平衡，供求趋紧在 2019 年终于使油价重新回到了 70 美元/桶（Brent 油价，未说明则下同）的相对高位。供求紧张仍将是未来3 ~ 4年国际原油市场的主旋律。在此大背景下，地缘政治主导了原油价格在 60 美元/桶上下的短期波动。

国际油价在 2019 年 1—5 月自最低点不足 50 美元/桶震荡上行至最

高超过75美元/桶，5月之后出现了大幅的下降，而OPEC减产量则在9月达到高峰，油价与OPEC减产执行率的变化并不一致，因此在第一阶段，OPEC超额减产是影响国际油价上涨的因素之一，但并不是主要因素。

主导2019年1—5月国际油价上涨的因素有两个：第一，美国对于伊朗的制裁，市场担忧在豁免取消后伊朗原油出口下降至0，那么国际原油供应将再次有百万桶/日的中断，可以说地缘政治因素主导的风险溢价影响了1—5月国际油价的上涨。第二，虽然Brent原油价格已经成为国际油价的主要定价基准，但美国国内原油的生产仍然受WTI油价影响更大，WTI虽然与Brent原油价格整体变化趋势一致，但WTI较Brent原油存在约10美元/桶的折价，2019年初，WTI原油价格已经在2018年10月的暴跌过后，下降至45美元/桶的水平。也就是说WTI原油价格已经跌至美国原油生产成本以下，这将影响美国原油产量的增长，因此，2018年四季度美国原油价格超跌，2019年一季度价格的反弹也是对于前期超跌的一个修复。

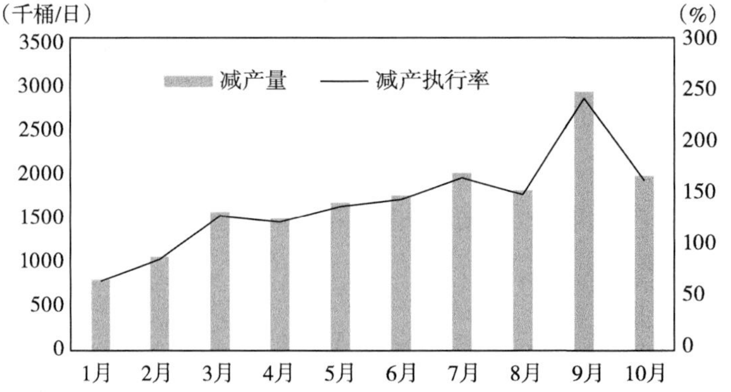

图14－1　2019年1—10月OPEC减产量和减产执行率

资料来源：Bloomberg，国金证券研究所。

图 14－2　2019 年 1 月至今 Brent 原油价格变化情况（单位：美元/桶）

资料来源：Bloomberg，国金证券研究所。

从上图可以看到，2019 年 1 月，OPEC+ 合计 120 万桶/日的减产协议正式执行，2019 年 9 月 OPEC 减产执行率达到年内高点的 240%。根据 Argus 调查，2019 年 10 月 OPEC 产量增长至 2965 万桶/日。减产执行率下降至 160%。下半年整体来看，OPEC 的减产整体平稳，总产量的下滑还是来自伊朗。

进入夏季之后，美国对伊朗制裁主导市场情绪，地缘政治风险一旦出现弱化对油价打压作用明显。由于市场在 5 月前普遍担心 5 月 2 日之后美国取消对 8 个国家和地区的豁免权，伊朗的百万桶/日的原油出口可能中断。5 月美国政府确实在豁免到期后取消了豁免，但对伊朗制裁未能严格执行，伊朗的原油出口量高于市场预期，制裁效果不及预期对油价在 5—6 月的下跌产生了不容忽视的影响。2019 年 5 月，伊朗原油出口量为 35.4 万桶/日，而在 2019 年 6 月，伊朗出口增加至 40 万桶/日，伊朗原油出口并没有下降至 0，而市场原本预期在豁免取消以后，所有国家都无法进口伊朗原油。此时美国原油库存二季度持续超预期增加成为油价下跌最直接导火索。

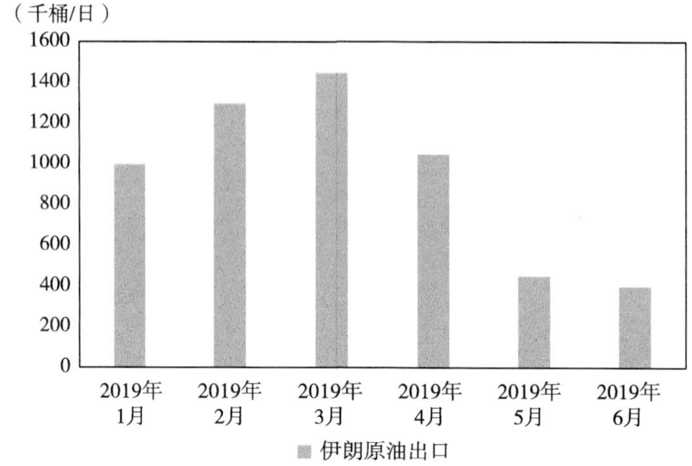

图 14－3　伊朗原油出口

资料来源：EIA、Bloomberg，国金证券研究所。

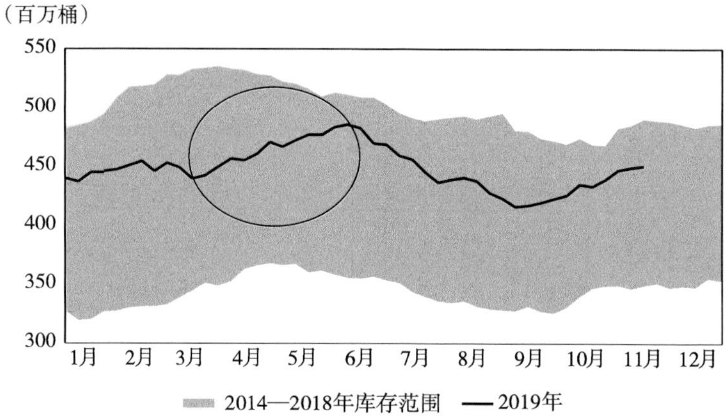

图 14－4　2019 年美国原油库存二季度持续超预期增加

资料来源：EIA、Bloomberg，国金证券研究所。

三季度主导油价的因素转换为中美贸易摩擦。2019 年 8 月 1 日，美国总统特朗普通过社交媒体发文表示将从 9 月 1 日起对价值 3000 亿美元的中国商品加征 10% 的关税。在原本市场预计中美贸易摩擦已经有所缓和的情况下，特朗普的发文再次引发市场对于贸易摩擦前景的担忧。由于中国和印度等新兴市场是国际原油需求增加的主要来源，市场担忧在中美贸易摩擦进一步加剧的情况下，一方面中国本身的新增原油需求将会显著受到影响，另一方面全球经济增速下滑的情况下，全球原油新增需求也会受到影响。

除此以外，在贸易摩擦的背景下，全球避险情绪上升，风险资产包括原油、股票都明显受到影响。2019 年 8 月 1 日，Brent 原油暴跌 7.17%至 60.5 美元/桶，创下近 3 年以来单日最大跌幅。WTI 原油更是暴跌 7.9%至 53.95 美元/桶，单日跌幅达到将近 8%。

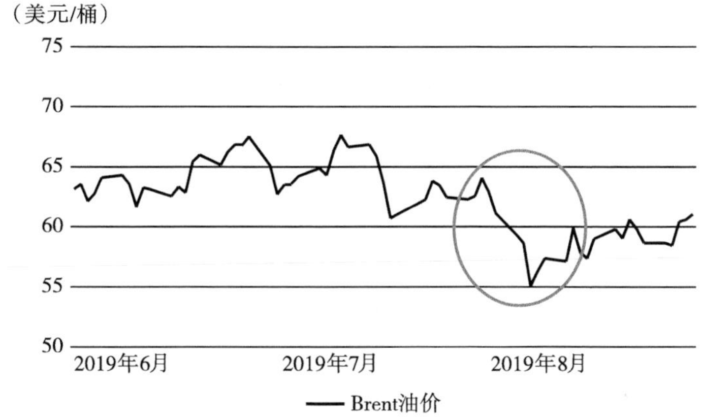

图 14－5　2019 年 6—8 月 Brent 原油价格

资料来源：EIA、Bloomberg，国金证券研究所。

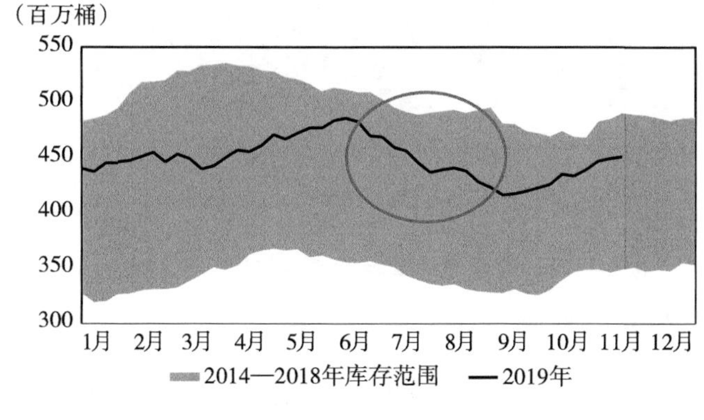

图 14－6　美国原油库存三季度持续超预期下降

资料来源：EIA、Bloomberg，国金证券研究所。

2019 年 9 月 14 日，沙特原油处理设施遭遇袭击，一度有约 500 万桶/日的原油供应中断，约占全球原油供应的 5%，油价一度暴涨超过 10%，此后虽然基本面进入季节性去库存，但是油价却逆库存走强。

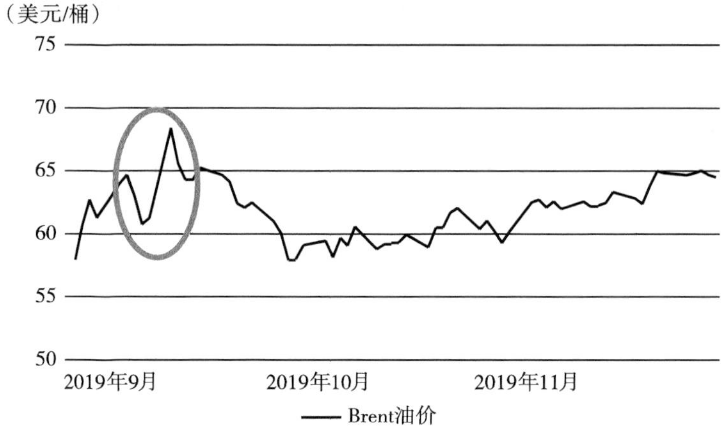

图 14－7　2019 年 9—11 月 Brent 原油价格

资料来源：EIA、Bloomberg，国金证券研究所。

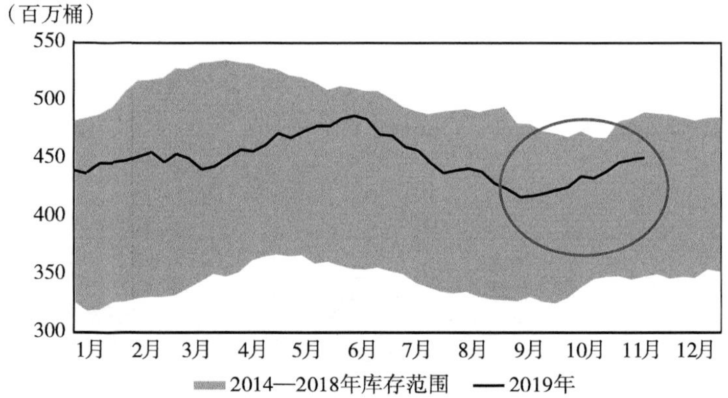

图 14－8　美国原油库存四季度持续超预期增加

资料来源：EIA、Bloomberg，国金证券研究所。

综上所述，2019 年国际石油市场供给平衡，略偏紧张，地缘政治因素对油价的短期波动有较大的影响。

二、2020 年全球原油供求分析——疫情和争夺市场份额压制上半年油价

根据对 2020 年全球石油行业需求增长和供给增量的判断，我们预测虽然中长期 Brent 原油中枢油价在 55 ~ 75 美元/桶，基准情景假设下中枢油价为 60 美元/桶。受到疫情和 OPEC + 内部争夺市场份额的影响，2020 年上半年油价将很难超过 50 美元/桶。

整体而言，全球石油消费基本每年维持 1% ~ 2% 稳定增长，下半年需求普遍超过上半年。

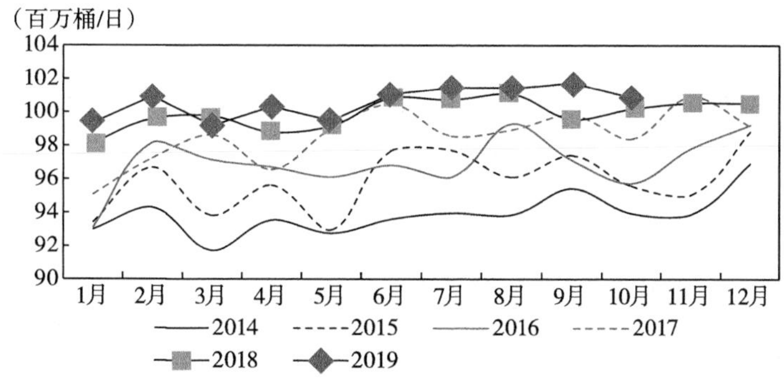

图 14－9　2014 年以来全球原油月度消费

资料来源：国金证券研究所。

我们预测 2020 年需求稳定低增长，供给波动是原油价格变动的主要因素。

2020 年仍将有三大因素影响原油市场供求平衡：常规原油新增产量难以弥补自然衰减，资本开支恢复导致的新增供给仍需时日；页岩油是改变全球原油市场短期平衡的机动产能；美国与 OPEC + 争夺市场份额的博弈是影响中短期平衡的主要因素。

（一）2014 年油价下跌来源于石油供给大量增长

简单回顾过去 5 年左右的原油交易，油价自 2014 年到 2016 年两次

腰斩，价格中枢从 100 美元/桶下跌到 50 美元/桶，最低的时候跌到 25 美元/桶，同期需求变化并不大。油价下跌并保持低位运行的主要原因是供过于求。

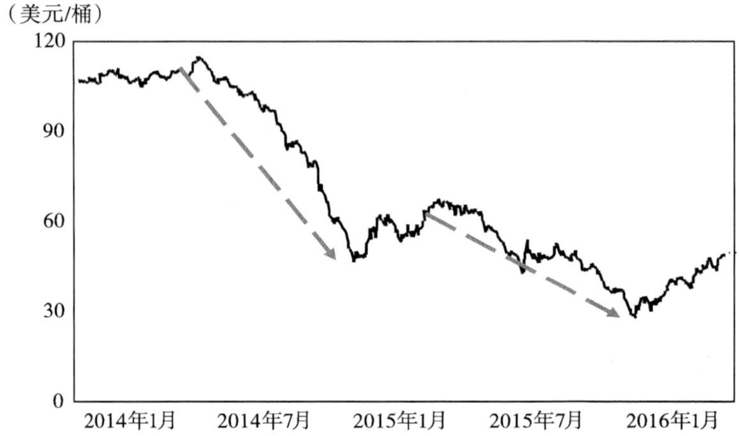

图 14－10　2014—2016 年原油价格两次腰斩

资料来源：Bloomberg，国金证券研究所。

两次腰斩伴随的供给增长，第一波对应的是美国的页岩油，2006—2008 年美国大量开发页岩气，2014 年出现大量页岩油，打破了原油供求的平衡；第二波则是为了与美国争夺市场份额，沙特、伊朗、伊拉克以及 NON－OPEC 产油巨头俄罗斯的增产，这部分产量增长来自传统产油国的备用产能。

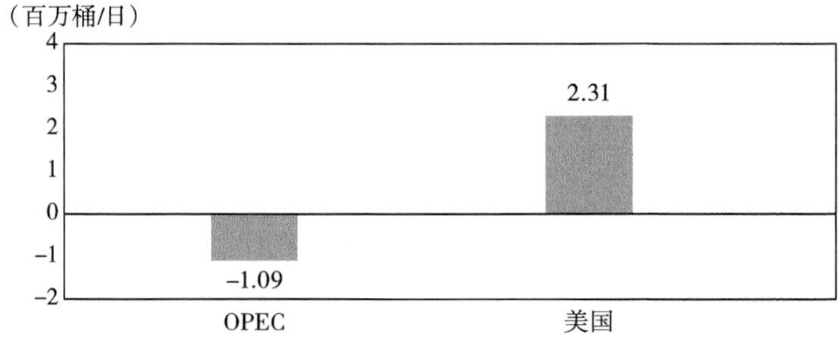

图 14－11　2012—2014 年原油产量变化情况

资料来源：OPEC、EIA、IEA，国金证券研究所。

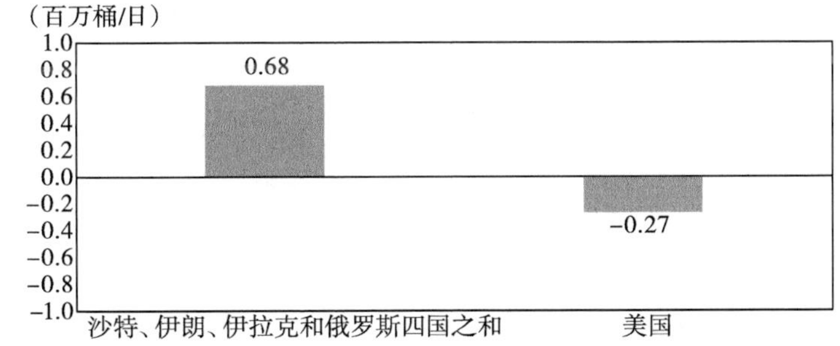

图 14－12　2015 年 6 月—2016 年 1 月原油产量变化情况

资料来源：OPEC、EIA、IEA，国金证券研究所。

自 2016 年 10 月 OPEC 和 NON－OPEC 宣布减产，不到一年的时间内，OPEC 减产 120 万桶/日和 NON－OPEC 减产 60 万桶/日的减产目标超额完成，合计减产约 211 万桶/日。与此同时美国自 2016 年产量低点增产 120 万桶/日，加上利比亚、尼日利亚等国，合计共增产 180 万桶/日，恰好对冲了 OPEC 和 NON－OPEC 的全部减产量，石油供求再次达到略偏宽松的平衡。

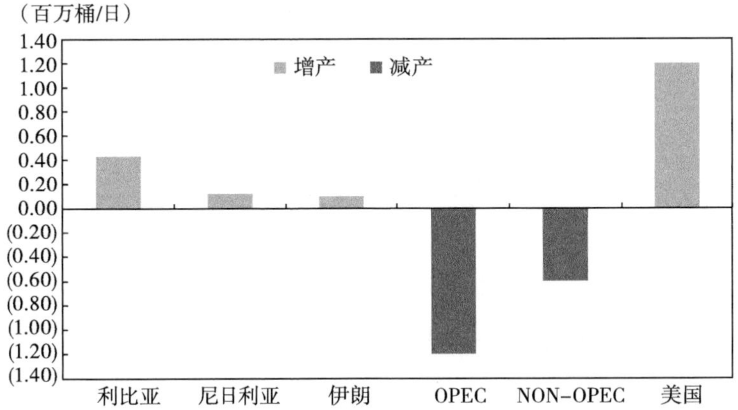

图 14－13　2016 年 10 月—2017 年 10 月原油产量变化情况

资料来源：OPEC、EIA、IEA，国金证券研究所。

2017 年到 2018 年原油的价格基本回到了最好的页岩油油田生产平

衡线——50 美元以上，油田现金流改善促使一部分页岩油油田开始生产，美国开始更多地抢夺市场份额。与此同时 OPEC 国家则面临着困难，即在低油价市场环境中继续增产，自己的财政可能遇到了很大的问题，或适当减产，丢失市场份额。此阶段 OPEC 减产与美国增产维持动态平衡。

（二）2020 年美国页岩油产量持续增长，形成国际市场供给的瓶颈将是管道运输能力

随着美国页岩油水平钻井和水力压裂技术的突破，以页岩油（Shale Oil）为代表的致密油的产量增长成为美国原油增产的主要驱动力。其中，七大页岩油区的产量已经占美国原油产量的 70% 以上。七大页岩油区的产量由于 WTI 原油价格下跌至成本线以下，在 2019 年 1 月至 2 月出现了环比下降的现象。

从历史数据来看，在 2016 年，WTI 整体油价低于 50 美元/桶的水平，页岩油产量也出现了环比下降，可见当前水平来看，页岩油生产成本其实是 WTI 原油价格的一个底部下跌的下限。交易端虽然总是存在超跌超涨，但整体而言，当油价跌破美国页岩油生产成本时，美国原油产量的环比下降将支撑油价修复。

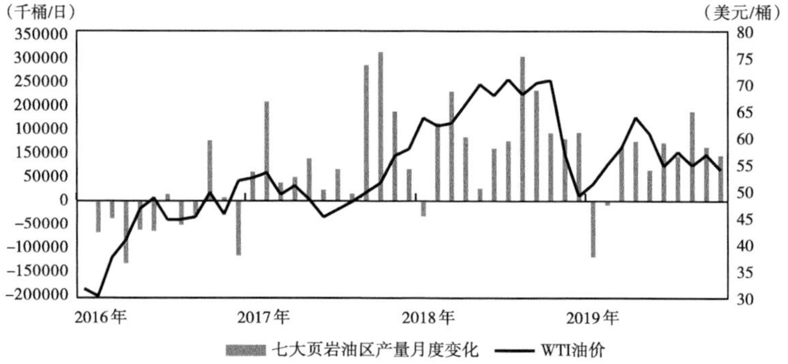

图 14－14　美国七大页岩油区原油产量月度变化和 WTI 油价

资料来源：EIA，国金证券研究所。

根据 EIA 公布的钻井—完井—库存井数据（Drilling Productivity Report）来看，美国七大页岩油产区的生产受到了管道运输瓶颈的制约，总体投产率从 100 + % 下降至 80 + %，而页岩油主产地 Permian 地区受到的管道瓶颈制约影响更大，投产率逐渐从 90 + % 下滑至 60 + %。但是，随着管道投产，2019 年 3 月以来，总投产率已经恢复到 100%。

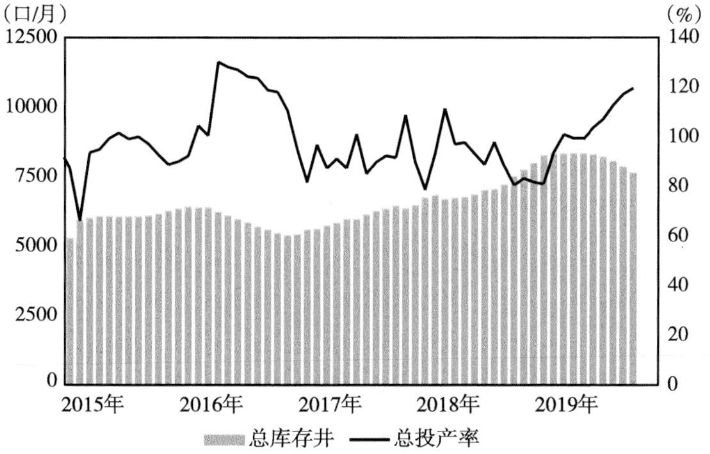

图 14 - 15　七大页岩油产区总库存井数量及投产率

资料来源：EIA，国金证券研究所。

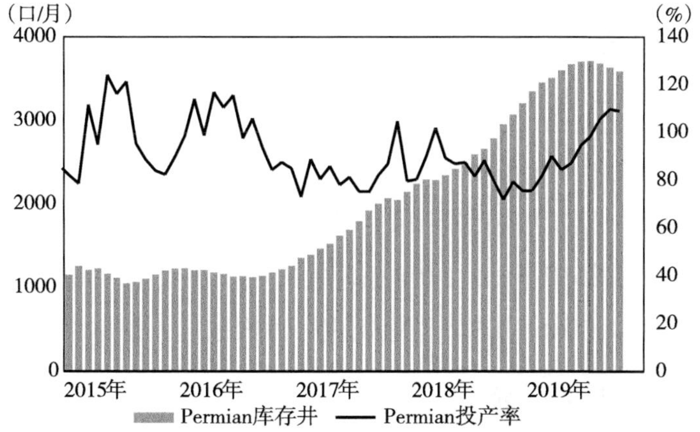

图 14 - 16　Permian 产区库存井数量及投产率

资料来源：EIA，国金证券研究所。

2018 年中至 2019 年一季度，随着管道的投产运营，美国本土原油产量同期出现阶梯型增长。根据我们对美国管道建设情况的统计和跟踪，2019 年上半年新投产的管道较少，而下半年新投产的管道运力将达到 200 万桶/日，因此，2019 年上半年美国管输瓶颈仍制约着美国原油增产，百万桶量级的美国原油增产量在 2019 年下半年逐步释放。而在 2020—2021 年，Jupiter 和 PAA/XOM 管道的建成投产将继续新增百万桶量级的管道运力，也将继续释放百万桶量级的原油增量。

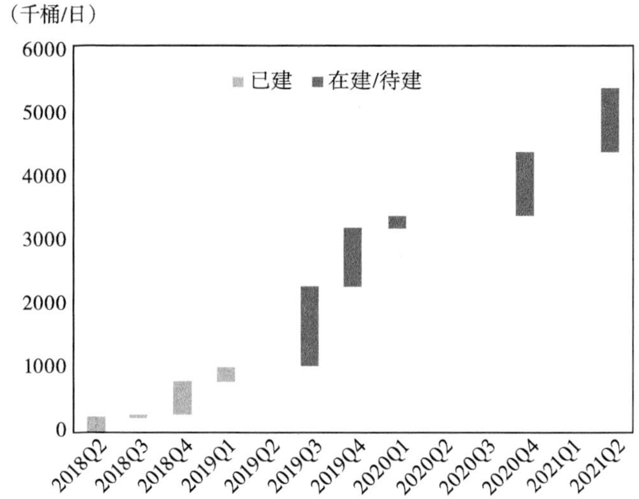

图 14-17 美国 Permian 地区管道建设情况统计

资料来源：国金证券研究所。

一般而言美国原油管道从投放到满负荷运行的时间为 3 个月，如果美国原油 WTI 中枢价格持续维持在 50 美元上方（抑或是 Brent 原油中枢价格持续维持在 60 美元上方），那么在未来 3 个季度内全球原油将面临来自页岩油的约 200 万桶/日量级的刚性投放。

（三）伊朗制裁因素

2018 年伊朗被制裁以来，油价短期波动受此影响较大。2018 年 11 月 5 日，美国宣布允许 8 个地区暂时继续进口伊朗原油，获得豁免的地区包括中国大陆、中国台湾和日本、韩国、印度、土耳其、意大利和希腊。

伊朗被制裁对油价影响的效果在 2019 年正在减弱，我们预计 2020 年美国停止对进口伊朗石油的豁免后，伊朗石油流入国际市场的量将减至 28 万桶/日至 35 万桶/日。

（四）供求平衡预测

我们对基准情景下的供求变化预测为：

情景一：美国继续贡献主要增量：Permian 地区管道继续投放，预计美国全年原油产量增幅接近 100 万桶/日。

OPEC 维持减产协议至 2020 年底。

Non－OPEC 产量有较大增幅：巴西盐下油田、挪威 Johan Sverdrup 油田、圭亚那斯塔布鲁克区块 2020 年投产，可分别贡献 15 万桶/日、46 万桶/日、12 万桶/日的产量。

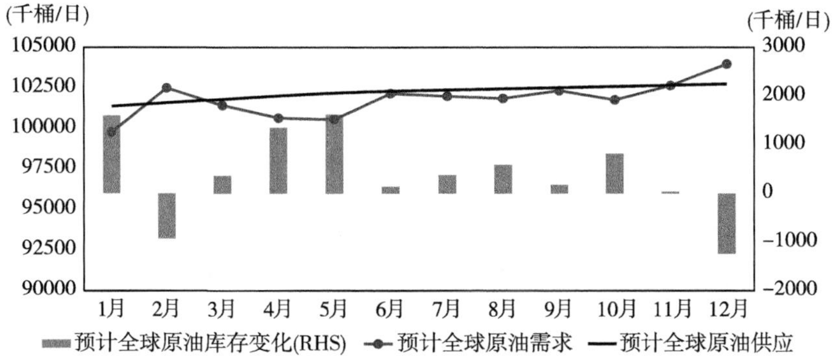

图 14－18　情景一（基准情景）：2020 年供求基本平衡，油价维持 60 美元/桶

资料来源：国金证券研究所。

在此情景下，2020 年供求基本平衡，油价维持 60 美元/桶。

我们测算了疫情对情景一的影响。

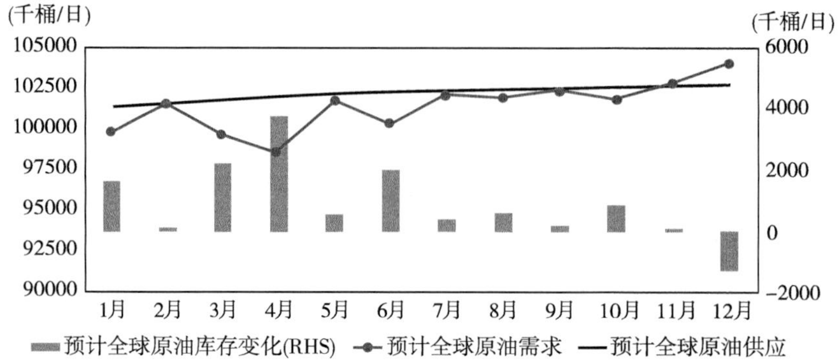

图 14 -19　情景一 a（基准情景）：2020 年供求基本平衡，油价维持 60 美元/桶

资料来源：国金证券研究所。

疫情扩散至全球，且各国政府采取各类型的限制出行措施，将导致全球经济增长受拖累，上半年供给略有过剩的局面不会改变，油价会被压低到 45 ~50 美元/桶的运行区间，下半年恢复至 50 美元/桶以上。

情景二：OPEC 减产协议 2020 年 3 月到期后作废，增产至 2018 年 10 月的水平，则原油市场会出现接近 100 万桶/日的供给过剩。

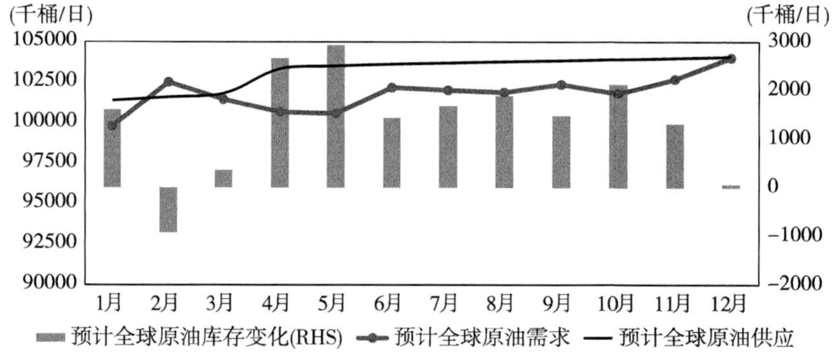

图 14 -20　情景二：2020 年供给少量，油价 55 美元/桶

资料来源：国金证券研究所。

在此情景下，油价中枢预测为 55 美元/桶。

我们同样测算了疫情对情景二的影响。

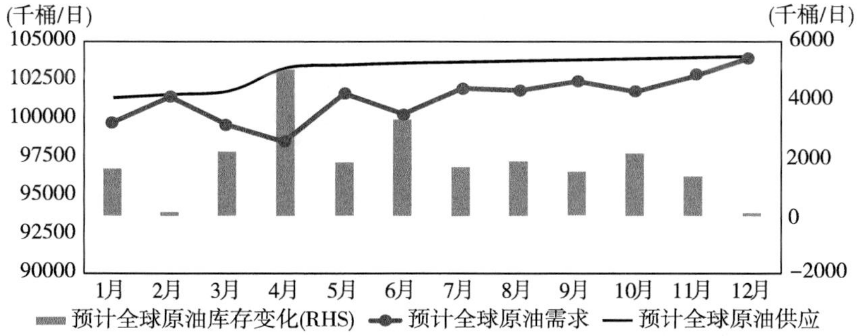

图 14-21　情景二 a：2020 年供求基本平衡，油价维持 60 美元/桶

资料来源：国金证券研究所。

疫情扩散至全球，且各国政府采取各类型的限制出行措施，将导致全球经济增长受拖累，然而主要的供给过剩，仍然是 OPEC 增产导致的，该情景下全球全年供给过剩。油价上半年会被疫情带来的需求不足压低到 35～40 美元/桶的运行区间，下半年有恢复至 50 美元/桶以上的可能性，但也可能一直低于 50 美元/桶。至 2021 年，OPEC 的价格战策略导致的供给过剩才能够得到缓解。

在 OPEC 争夺市场份额时，疫情对油价的影响仅仅是导火索，而不是决定性因素。

情景三：OPEC 在维持减产协议至 2020 年底的基础上，额外多减产 50 万桶/日的产量。

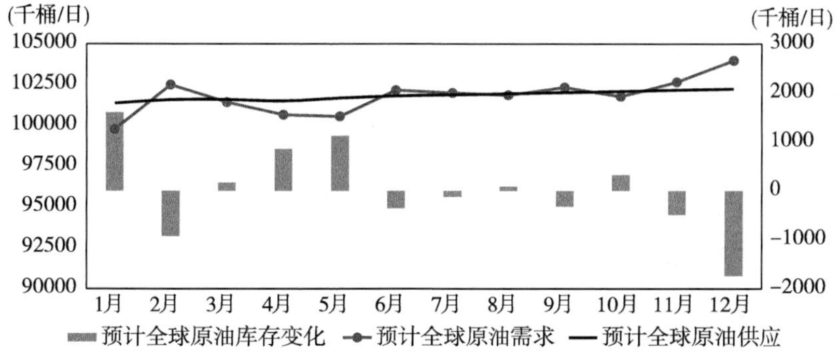

图 14-22　情景三：2020 年供给出现不足，油价上升至 75 美元/桶

资料来源：国金证券研究所。

在此情景下，油价中枢预测为 55 美元/桶。

可以看到在三种情景假设中，油价的波动区间并不大，下行空间（5 美元/桶或 8%）略小于上行空间（15 美元/桶或 25%）。

我们同样测算了疫情对情景三的影响。

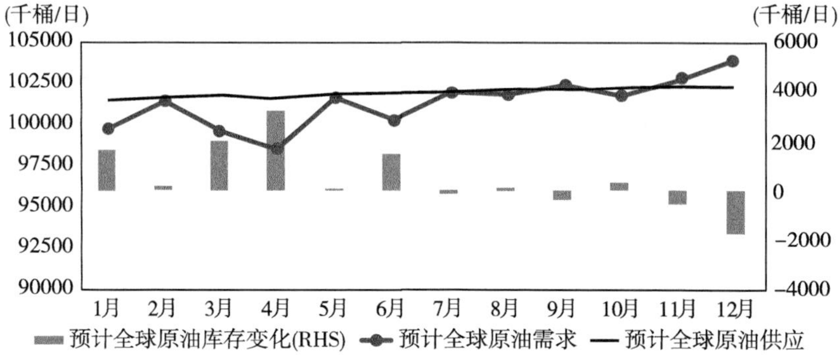

图 14-23　情景三 a：2020 年供求基本平衡，油价维持 60 美元/桶

资料来源：国金证券研究所。

疫情扩散至全球，且各国政府采取各类型的限制出行措施，将导致全球经济增长受拖累，该情景下由于 OPEC 积极限产，全球供给过剩仅出现于上半年，下半年将会出现缺口，上半年油价即会恢复到 55～60 美元/桶的运行区间，下半年有机会恢复至 60 美元/桶以上。情景三目前看来出现的可能性已经不大。

三、主导油价中长期变化的是资本开支——2014—2019 年资本开支下降带来油价上行风险

由于常规油田完成勘探进入开发阶段之后，需要持续 5 年左右的资本开支来实现产量，所以中长期油价的主导因素是过去一段时间积累的资本开支情况。

我们统计了美国 49 家油气上市公司的资本开支（Capex）的历史情况和 2019—2021 年的市场预期，可以直观地反映油气行业在 2014 年油

价快速下跌之后资本开支的大幅下降。

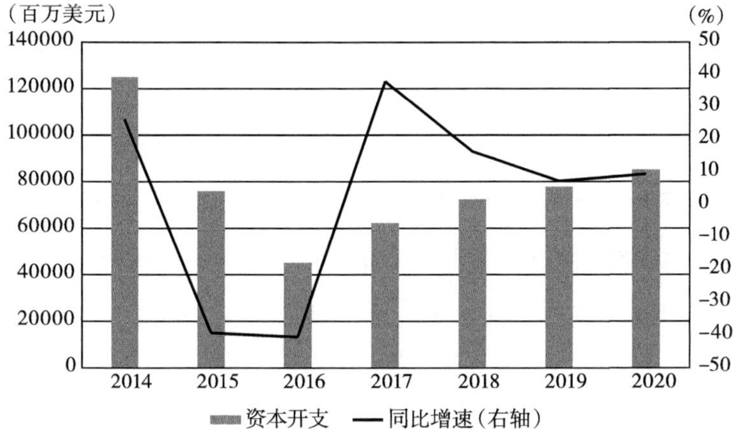

图 14－24　美国 49 家油气上市公司资本开支的彭博一致预期及同比增速

资料来源：Bloomberg、公司公告，国金证券研究所。

从数据上我们可以看到美国的典型石油公司 2015—2018 年的平均资本开支水平只有 2014 年的一半，推广到全球来看也是一样，2014—2015 年全球经历了 70 年以来最低的资本开支时期，到现在也没有完全恢复。

我们预测常规石油的产出，在 2019 年到 2024 年期间会开始减少输出，几年当中油价低迷，会伤害投资，将会为中长期油价带来很多的不确定性。

虽然基准情景中 2020 年石油市场是一个稍微过剩的情景，但一旦出现常规油田产出的自然衰减，我们可能就会看到短期和中长期油价有明显的上升，冲击的幅度如果不超过 50 万桶/日，后面的增产，特别是非常规石油的增长是可以对冲的，然而当自然衰减积累到 100 万桶/日的量级，将会在 2020—2021 年石油价格维持相对高水平之后，带来油价继续上行的显著风险。

当前全球经济发展虽然面临贸易冲突的不确定性，然而在美国和中国经济的带动下仍然有着相当不错的表现，美国的经济复苏已经持续超过 10 年，中国经济增长率虽然有所下滑，但仍然保持在 6% 以上。展望 2020 年乃至更远，我们需要警惕在其他大宗商品供给没有大的冲击的时候原油供给收缩带来的价格冲击，以及原油作为“大宗商品之母”的地位对其他商品价格的带动作用。

石油价格关乎国计民生，对国民经济运行的多个部门有着直接而显著的影响，石油价格因为供给因素的大幅波动，特别是价格上行带来的运输业和传导至私营经济部门的全面的成本上升，可能导致显著的输入性通胀。我们建议密切跟踪全球石油行业资本开支转化为产量的进展，从而提早预测石油价格的大幅波动，为经济平稳运行和指导境内外投资提供良好的决策基础。

第十五章　如何看待人民币汇率波动

汇率是经济中连接国内和国际市场的重要变量，会对一国经济运行产生重要影响。汇率受经济基本面、贸易投资活动、货币政策、市场预期等多重因素的综合影响，其中，经济基本面是决定汇率长期走势的核心因素。回顾2019年人民币汇率走势受外部环境恶化、经济下行压力以及中美贸易摩擦一波三折等因素的影响，整体上看，人民币兑美元汇率从2019年初至今大约贬值2.4%；分阶段看，2019年人民币兑美元汇率呈先升、后贬、再企稳三阶段走势。主要影响因素在于：一是中国经济增速呈前高后低态势，下行压力增大；二是中美贸易摩擦引起市场情绪的变化；三是跨境资本流动的变化对人民币汇率波动产生一定影响；四是美元指数波动中走强给人民币带来一定贬值压力。

展望2020年人民币汇率走势，短期看，新型冠状病毒肺炎疫情短期内将加大人民币贬值压力，但中长期看，人民币汇率的利好因素增多，包括中国经济发展的潜力和韧性仍然很强，资本跨境流动趋于理性，我国宏观政策工具丰富有利于稳定汇率，美元指数走弱概率上升，等等。整体来看，预计2020年人民币汇率仍将在宽幅区间内波动，大概率呈现稳中有升态势。

未来汇率双向波动特征将更加明显，需要我国在优化国内经济结构、资本流动管理、金融风险防范等方面做出相应的调整。第一，保持中国经济的稳定与高质量发展。第二，对人民币汇率保留足够的调控力，保留稳定汇率的“杀手锏”。第三，提高汇率预期管理质量，增强政策公信力，避免出现“羊群效应”引发过度波动。第四，进一步完善跨境资本流动管理，维护金融市场稳定。第五，商业银行要提高形势前瞻性与业务灵活性。第六，提高市场对汇率波动的容忍度，增强居民与企业的汇率避险意识和能力。

一、人民币汇率的分析框架

（一）汇率理论梳理

1. 购买力平价理论

购买力平价是国家间综合价格之比，用来衡量对比国家之间价格水平的差异。购买力平价理论最初由英国经济学家桑顿于 1802 年提出，是古典经济理论的重要组成部分。根据购买力平价理论的观点，货币的购买力至关重要，因此两国汇率就是两种货币的购买能力的体现，购买力的变动（可以使用两国的相对通货膨胀率衡量）决定了汇率的变动。购买力平价理论又包括绝对购买力平价理论和相对购买力平价理论，二者相互补充，绝对来说明汇率的决定机制，而相对则来说明汇率如何变化。

2. 利率平价理论

利率平价理论是用两国货币的利率差距来说明汇率的决定及其变动的一种理论，通过两国货币利率的变化来衡量两国汇率之间的变化。该理论最初由英国经济学家凯恩斯（Keynes）于 1923 年提出，后由其他经济学家如爱因齐格（Einzig）等发展而形成。根据利率平价理论，两国间利率存在差异的情况下，资金将从低利率国流向高利率国去获取较高的收益。利率平价理论主要分为非抛补利率平价理论（UIP）和抛补利率平价理论（CIP）。非抛补利率平价理论（UIP）认为预期的汇率变动等于两国货币利率之差，即利率平价理论的基本观点。而抛补利率平价理论（CIP）认为，投资者在比较金融资产的收益率的时候，不仅考虑两种资产利率提供的收益率，还要考虑两种资产由于汇率变动所造成的收益变动。套利者为了规避汇率风险，往往将套利业务与掉期业务同时进行，即投资者将资金调往高利国获取利差的同时，卖出远期高利率国货币，买进远期低利率国货币。结果造成远期外汇市场上高利率货币贴水，而低利率货币远期升水。

3. 国际收支理论

国际收支指一国的国际收支状况，经常项目和资本项目差额构成国际借贷差额。国际收支理论从货币的国际支付的功能的角度说明汇率的走向，其以金本位制为前提，把汇率变动的原因归结为国际借贷关系中债权与债务变动导致的外汇供求变化。该理论由英国经济学家戈森（G. L. Goschen）在 1861 年提出。根据国际收支理论的观点，在外汇市场上，国际收支顺差表现为外汇的供给大于外汇的需求，则外币贬值，本币升值；国际收支逆差表现为外汇的供给小于外汇的需求，则外币升值，本币贬值。但国际收支状况是否会影响汇率，要看国际收支的顺差（逆差）的性质。短期、临时和小规模的国际收支差额，可以轻易地被国际资金的流动、相对利率和通货膨胀率、政府在外汇市场的干预和其他因素所抵消。随后，凯恩斯学派将国际收支理论进一步发展成为调整国际收支的弹性论，认为国际收支国民总产值的增长会使国民收入与支出增加，支出的增加又会导致国际收支逆差，从而使本币汇率下降；反之，支出的减少会紧缩国内消费与投资，改善国际收支，促使本国货币汇率上升。

4. 巴拉萨—萨缪尔森分析法与 Penn 效应

Penn 效应是指在跨国的价格比较中，一国用市场汇率折算后得到的相对价格水平（即实际汇率）与其人均 GDP 之间存在着稳定的正向关系，经济越发达的国家，物价水平越高。巴拉萨（Balassa）和萨缪尔森（Samuelson）分别于 1964 年给出了关于 Penn 效应的理论解释。巴拉萨—萨缪尔森分析法认为，在经济增长率越高的国家，工资实际增长率也越高，实际汇率的上升也越快。当贸易产品部门（制造业）生产效率迅速提高时，该部门的工资增长率也会提高。国内无论哪个产业，工资水平都有平均化的趋势，所以尽管非贸易部门生产效率提高并不大，但是其他行业工资也会以大致相同的比例上涨。这会引起非贸易产品对贸易产品的相对价格上升。假定贸易产品（按外汇计算）的价格水平是一定的话，这种相对价格的变化在固定汇率的条件下，会引起非贸易产品价格的上涨，进而引起总体物价水平（贸易产品与非贸易产品的加权平均）的上涨。如果为了稳定国内物价而采取浮动汇率的话，则会引起汇率的上升。

5. 均衡汇率理论

均衡汇率理论的核心是分析基本经济因素变化对均衡汇率的影响，并利用它们之间存在着的系统联系来估计均衡汇率。纳克斯（Ragner-Nurkse）于 1945 年最早系统提出均衡汇率理论的定义，即在国际收支平衡和充分就业情况下内外部同时均衡时的汇率。进入 20 世纪 80 年代后，由于时间序列和协整等现代计量经济理论的出现，才使均衡汇率理论得到了真正的发展。均衡汇率理论主要分为基本要素汇率利率（FEER）、行为均衡汇率理论（BEER）和均衡实际汇率理论（ERER）。

基本要素汇率利率（FEER）是由威廉姆森（Williamson）于 1983 年提出的，该理论将均衡汇率定义为同宏观经济均衡一致时的实际有效汇率。而宏观经济均衡包括内部均衡和外部均衡两个方面。外部均衡具体指基础资本净流动，内部均衡具体指同充分就业和低通胀率相对应的生产水平。

行为均衡汇率理论（BEER）由克拉克（Peter B. Clark）和麦克唐纳德（Ronald MacDonald）等提出，该分析法弥补了 REER 中没有体现影响汇率的实际行为变量的不足。该理论的核心是将实际有效汇率解释为长期基本经济因素向量、中期基本因素向量和短期基本经济因素向量即随即干扰项的函数，这种方法既可以用于测算均衡汇率，也可以解释现实汇率的周期性波动。

均衡实际汇率理论（ERER）是由爱德华兹（Edwards，1989）提出的，ERER具体指非贸易品和贸易品的相对价格。加入其他相关变量如税收、国际贸易条件、经济政策、资本流动和技术等在一定时间内是稳定的，那么在这一均衡水平上将会实现内外部的同时均衡，当非贸易品市场出清，经济会实现内部均衡；当经常账户平衡同长期的资本流动状况相一致时，经济实现外部均衡。

（二）汇率的影响因素

汇率受经济基本面、贸易投资活动、货币政策、市场预期等多重因素的综合影响。进一步梳理人民币汇率的逻辑，一般情况下，汇率趋势短期看资本流动与市场情绪等；中长期看经济基本面、国际收支和宏观政策等。

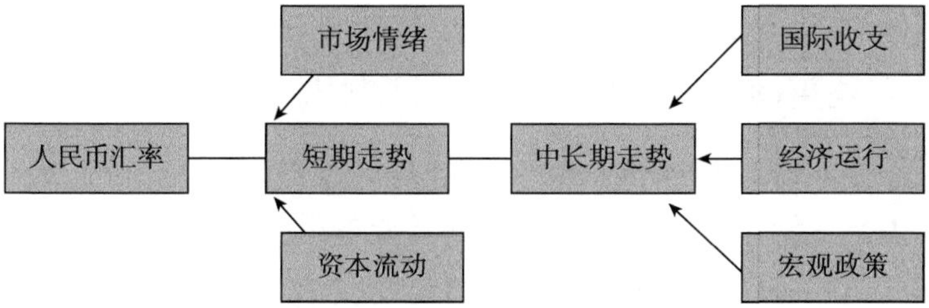

图15－1　影响人民币汇率的主要因素分析

资料来源：作者整理，中国银行研究院。

1. 经济基本面是决定汇率长期走势的核心因素

古典汇率理论认为经济基本面是解释汇率变动的核心因素，汇率的长期趋势是由经济基本面决定的。经济基本面影响本国货币及资产的回报率，进而影响到投资者持有货币的意愿。经济增长对汇率会通过“GDP增长—投资利润率上升—资本流入增多—汇率升值”这个路径来产生影响。

2. 国际收支的变化反映外汇市场供需情况

外汇市场供求变化是国际金融理论解释汇率短期变动的核心观点，外汇市场供求变化主要对应的是一国国际收支平衡表中经常项目和资本项目下的资金流动。一国国际收支的变化反映了该国外汇市场的供需情况，进而会对汇率走势产生重要影响。当国际收支为顺差时，意味着国际市场对该国货币的需求增加，从而推动本国货币升值。长期以来，我国大规模的贸易顺差，是人民币升值的重要基础力量。

3. 宏观政策是影响汇率走势的重要因素

外汇市场的参与者除了市场主体外，还有央行的调控。央行在外汇市场的调控对汇率走势将产生非常重要的影响。央行可以在外汇市场上动用外汇储备来进行外汇买卖，达到调控币值的目标。

4. 跨境资本流动短期影响汇率走势

跨境资本流动也是影响外汇市场供求的一个重要因素。一般情况下，这个影响更倾向短期影响。当跨境资本持续净流入时，将推高人民币升值压力；当跨境资本持续净流出时，则将推高人民币贬值压力。例如，在 2015 年到 2017 年间，我国跨境资本呈持续净流出状态，引起人民币汇率一路下行。跨境资本大规模的流入或流出都容易引起短期汇率波动，需要引起关注，并加强对跨境资本流动的管理。

5. 市场情绪是引起汇率短期波动的重要因素

市场情绪的波动会引起市场主体在外汇市场的行为，进而影响汇率走势。当市场情绪趋于乐观，市场主体会预期人民币将升值，则可能会减少外汇的持有或者尽快进行外汇结算，以减少未来人民币升值带来的损失，这会形成市场正反馈，进而加快人民币升值步伐。当市场情绪趋于悲观，则反之。一般情况下，市场情绪的过度非理性波动容易引起外汇市场的“羊群效应”，不利于汇率稳定，因此，需要密切关注市场情绪的波动情况。

二、2019 年人民币汇率走势回顾

（一）2019 年人民币汇率走势回顾

2019 年以来，受外部环境恶化、经济下行压力以及中美贸易摩擦一波三折等因素的影响，整体上看，人民币兑美元汇率从年初至今大约贬值 2.4%。分阶段看，2019 年人民币兑美元汇率呈先升、后贬、再企稳三阶段走势。

1. 第一阶段：小幅升值

从 2019 年初至 4 月底，人民币汇率延续了 2018 年整体走强的态势，呈小幅升值特征。人民币兑美元中间价由 6.8482 升至 6.7286，升值幅度为 1.78% 左右。同时，人民币汇率指数均有不同程度的上涨。CFETS、BIS 货币篮子和 SDR 货币篮子人民币汇率指数分别从 2019 年年初的 93.03、96.42 和 93.14 上升至 4 月底的 95.63、99.37 和 95.6。

2. 第二阶段：贬值态势

从 2019 年 5 月初至 9 月底，受外部环境恶化、经济下行压力以及中美贸易摩擦一波三折等因素的影响，人民币汇率走弱，呈贬值态势。人民币兑美元中间价由 5 月初的 6.7286 降至 9 月底的 7.0729，贬值幅度达 4.87%。其中，8 月 5 日，人民币离岸和在岸汇率双双跌破“7”关口；9 月 3 日，创下 7.17 的近十年历史性低点。同时，人民币汇率指数均有不同程度的下跌。CFETS、BIS 货币篮子和 SDR 货币篮子人民币汇率指数分别从 2019 年 5 月初的 94.79、98.42 和 94.41 下降至 9 月底的 91.53、95.18 和 91.66。

3. 第三阶段：逐渐企稳

从 2019 年 10 月初至年底，随着中美贸易摩擦的逐步缓和，市场情绪趋于理性，人民币汇率开始企稳。在这一阶段，人民币兑美元中间价

基本在“7”附近波动震荡。同时，CFETS、BIS 货币篮子和 SDR 货币篮子人民币汇率指数也基本维持小幅波动态势。

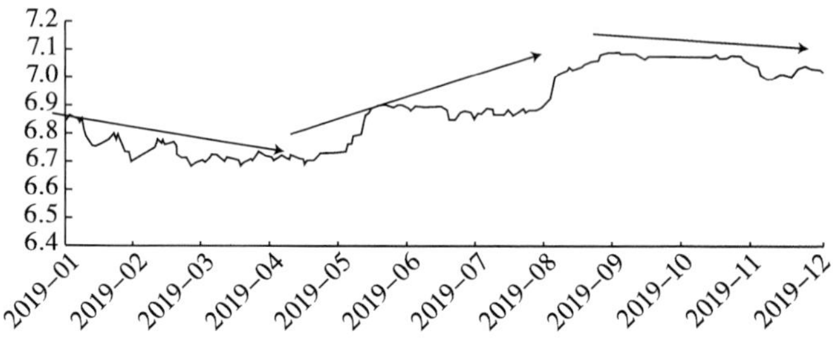

图 15－2　人民币兑美元中间价走势

资料来源：Wind。

（二）2019 年人民币汇率波动的主要特征

综合来看，2019 年人民币汇率市场主要呈现以下特征：

一是人民币汇率波动幅度较大。人民币汇率的日间、隔夜波幅均有所增大，双向波动特征明显。2019 年，人民币对美元汇率日最大跌幅为 1.44%，显著高于 2018 年全年的日最大跌幅 0.89%。这主要与中美贸易摩擦再次升级等因素有关。2019 年 5 月 6 日和 8 月 1 日，特朗普在个人推特（Twitter）先后表示，美国拟将 2000 亿美元中国输美商品的关税从 10% 上调至 25% 和自 9 月 1 日起对中国输美的另外 3000 亿美元商品加征 10% 关税，人民币汇率在上述事件发生之后均出现大幅跳水。

二是市场对人民币汇率的波动容忍度上升。2019 年，人民币汇率虽然突破了“7”的 10 年来低位，但市场并没有出现大的结售汇波动，居民和企业结售汇保持理性，跨境资本流动基本保持平衡。10 月，银行代客结售汇虽然为逆差（42.36 亿美元），已经连续 4 个月持续收窄。其中，远期结售汇差额持续为正体现出人民币汇率预期由贬值转为升值。证券投资流入规模扩大是引起结售汇逆差收窄的重要原因，前 10 个月证券投资规模累计同比增加了 17.61%。2015 年汇改后，离岸市场汇率与在岸市场汇率价差相对较大，做空和唱空人民币汇率的声音较大。但 2018 年以来，人民币离岸市场汇率与在岸市场汇率价差较小，说明在岸市场和离岸市场对人民币汇率的预期比较一致。

（三）2019 年人民币汇率影响因素分析

1. 中国经济增速呈前高后低态势，下行压力增大

2019 年中国经济下行压力加大，宏观经济增速逐季放缓，人民币汇率的基本面支撑相对较弱。2019 年前三季度，中国 GDP 同比增长 6.2%，增速比上年全年放缓 0.4 个百分点，其中一季度增长 6.4%，二季度增长 6.2%，三季度增长 6.0%，经济下行压力逐季增大。《2020 年中国银行经济金融展望报告》指出，中国经济下行压力持续增大，根源来自外部环境收紧和国内经济的大调整两个方面：外部环境收紧与全球经济减速、中美贸易摩擦升级有关；内部“大调整”既与中国经济新旧动能转换的结构性因素有关，也与去杠杆、防风险、控房市等政策性因素相关联。

从需求端来看，投资、消费双双减速。投资增速创历史新低，2019 年前 10 个月，固定资产投资累计仅增长 5.2%。其中，制造业投资是最大拖累，1—10 月制造业投资累计增长 2.6%，较上年同期大幅放缓 6.5 个百分点。消费增速总体回落，2019 年前 10 个月，社会消费品零售总额累计增长 8.1%，增速较上年同期下降 1.1 个百分点。其中，汽车消费是主要拖累。1—10 月，汽车消费累计拉低消费增速 0.9 个百分点。

从供给端来看，制造业和服务业同步放缓。受国内外需求放缓影响，2019 年工业生产持续放缓。前 10 个月规模以上工业增加值累计增长 5.6%，较上年同期放缓 0.8 个百分点。工业对 GDP 增长的贡献率从上年同期的 32.5% 降至 2019 年前三季度的 30.9%。生产生活低迷背景下服务业增速继续放缓。2019 年以来服务业增加值增速继续放缓，前三季度同比增长 7%，较上年同期放缓 0.7 个百分点。尽管汇率走势与

经济基本面并非总是完全吻合，但一国宏观经济运行状况始终是该国汇率走势的基础。2019 年中国经济增速呈前高后低态势，是人民币汇率整体走贬的根本原因。

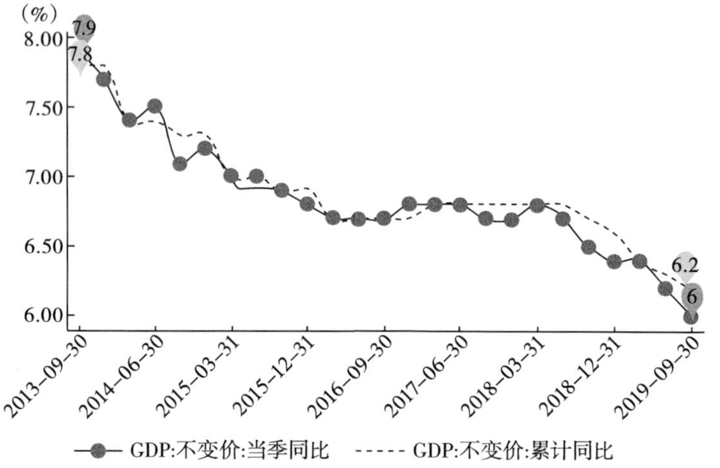

图 15－3　中国 GDP 季度增长走势

资料来源：Wind。

2. 中美贸易摩擦引起市场情绪的变化

自 2018 年 3 月 23 日，美国宣布对中国 500 亿商品征加关税标志着中美贸易摩擦实质性升级以来，中美贸易摩擦的进展情况一直在情绪面上影响着短期人民币汇率走势。2019 年，中美贸易摩擦一波三折，进而影响到人民币汇率的波动加大。2018 年底至 2019 年 4 月，中美贸易摩擦呈明显缓和态势，市场情绪表现乐观、稳定，对应人民币汇率走势也保持小幅升值态势。

但 2019 年 5 月以来，中美经贸摩擦出现波折和反复。美国不顾国内和国际社会的反对，于美国时间 5 月 10 日凌晨将 2000 亿美元中国输美商品加征的关税从 10% 上调至 25% 。6 月底至 7 月，两国元首会晤，双方重启经贸磋商。7 月底，中美双方在上海举行第十二轮中美经贸高级别磋商。但进入 8 月后，双方经贸摩擦再次升级。北京时间 8 月 2

日，特朗普在推特上表示将自 9 月 1 日起对我国输美的另外 3000 亿美元商品加征 10% 关税。8 月 6 日，中国商务部发布消息称，中国相关企业暂停新的美国农产品采购。此外，5 月中旬以来，美国商务部将华为、海康威视、大华、科大讯飞等中国高科技公司列入管制“实体清单”。8 月 7 日，美国财政部宣布将中国认定为“汇率操纵国”，争端有从贸易领域向科技领域、金融领域蔓延态势。8 月 28 日，美国进一步宣布对价值 3000 亿美元中国商品加征关税税率由原定的 10% 提高至 15%，并分 9 月 1 日和 12 月 15 日两批实施。在这一阶段，中美贸易摩擦超预期升级，导致国内外市场信心受挫，人民币汇率加速贬值，人民币兑美元中间价由 5 月初的 6.7286 降至 9 月底的 7.0729，贬值幅度达 4.87%。其中，8 月 5 日，人民币离岸和在岸汇率双双跌破“7”关口；9 月 3 日，创下 7.17 的近十年历史性低点。

此后，中美贸易摩擦有所缓和，双方谈判取得积极进展，人民币汇率企稳回升，保持在“7”附近小幅震荡。

表 15－1　中美贸易摩擦主要事件梳理

时间	事件
2018.3.23	美国宣布对中国 500 亿美元商品加征关税
2018.5—6 月初	谈判无实质性进展
2018.6.15	特朗普宣布继续对中国 500 亿美元商品加征 25% 关税。中国决定对原产于美国的约 500 亿美元进口商品加征 25% 的关税
2018.6.18	特朗普拟加征关税的 2000 亿美元的中国商品清单，称如果中国采取报复性措施并拒绝改变贸易“不公平”做法，将额外征收 10% 的关税
2018.7.6	美国对 340 亿美元的中国商品加征 25% 进口关税的措施落地，中国于同日对同等规模的美国产品加征 25% 的进口关税
2018.8.1	特朗普威胁将对华 2000 亿美元商品加征关税税率从 10% 上调至 25%
2018.8.3	中方回应将对美 600 亿美元商品分别加征 5%、10%、20% 和 25% 的关税

续表

时间	事件
2018. 8. 8	美国宣布将于 8 月 23 日对华进口 500 亿美元商品中剩余的 160 亿美元商品加征关税
2018. 8. 23	中国对美 160 亿美元商品加征关税
2018. 9. 18	美国政府宣布对约 2000 亿美元进口自中国的产品加征 10% 的关税，并将于 2019 年 1 月 1 日起将关税税率提高至 25%。美国还称如果中国针对美国农民或其他行业采取报复措施，将对约 2670 亿美元的中国产品加征关税。中国商务部当日回应称将同步反制
2018. 12. 1	G20 布宜诺斯艾利斯峰会中美两国元首达成暂时休战的框架性协议并开启 90 天的结构性谈判
2019. 1. 30—31	中美经贸磋商取得阶段性进展，双方同意采取有效措施推动中美贸易平衡化发展，中方将有力度地扩大自美农产品、能源、工业制成品和服务产品进口，但双方在协议执行、知识产权保护和技术转让等结构性问题方面仍未达成一致
2019. 3—5. 1	中美贸易多轮磋商均有进展
2019. 5. 6	特朗普突然表示将从 5 月 10 日起对中国原征收 10% 关税的 2000 亿美元的进口商品加征关税至 25%，且短期内将对另外 3250 亿美元商品征收 25% 的关税
2019. 6. 29	G20 大阪峰会中美元首宣布重启磋商
2019. 8. 2	美国总统特朗普表示，美国将从 9 月 1 日起对价值 3000 亿美元的中国商品加征 10% 的关税
2019. 8. 6	美国宣布中国为“汇率操纵国”
2019. 8. 15	美国宣布对价值 3000 亿美元中国商品加征 10% 关税分两批实施，实施日期分别为 9 月 1 日和 12 月 15 日
2019. 8. 23	中国宣布对价值 750 亿美元美国商品加征 5%、10% 的关税
2019. 8. 28	美国宣布对价值 3000 亿美元中国商品加征关税税率由原定的 10% 提高至 15%，并分两批实施，实施日期分别为 9 月 1 日和 12 月 15 日；同时对 2500 亿美元关税税率从 25% 提高到 30% 征求公众意见，并于 2019 年 10 月 1 日生效
2019. 9. 12	特朗普宣布将 2500 亿美元中国输美商品上调关税的时间从 10 月 1 日推迟到 10 月 15 日
2019. 10. 10—11	第十三轮中美经贸高级别磋商初步达成第一阶段协议

资料来源：根据公开新闻整理。

3. 跨境资本流动的变化对人民币汇率波动产生一定影响

从银行跨境收付款和结售汇差额变化来看，2019 年我国跨境资金流动形势基本稳定，总体偏“净流出”。前三季度银行结售汇逆差 482 亿美元，月均逆差 54 亿美元，比上年同期扩大 71.5%；各季度逆差分别为 91 亿美元、241 亿美元和 150 亿美元。前三季度银行代客涉外收付款顺差 26 亿美元，月均顺差 3 亿美元，上年同期为逆差 565 亿美元，月均逆差 63 亿美元；各季度差额分别为顺差 542 亿美元、逆差 230 亿美元和逆差 287 亿美元。

对应不同阶段，从银行代客结售汇差额与银行代客收付款差额看，短期资本从 2019 年一季度的净流入逐渐转为全年的净流出。2019 年 1 月，银行代客结售汇差额和银行代客收付款差额分别为 151.91 亿美元和 413.43 亿美元；之后逐步转为净流出状态，2019 年 8 月，银行代客结售汇差额和银行代客收付款差额分别为 -243.26 亿美元和 -32.76 亿美元；2019 年 10 月，银行代客结售汇差额为 -42.36 亿美元，逆差规模有所收窄，银行代客收付款差额为 109.35 亿美元，由负转正。短期资本跨境流动情况的变化与人民币汇率波动不同阶段的情况基本上吻合。整体来看，2019 年我国跨境资金流动形势基本稳定，表明汇率市场情绪趋于理性化。

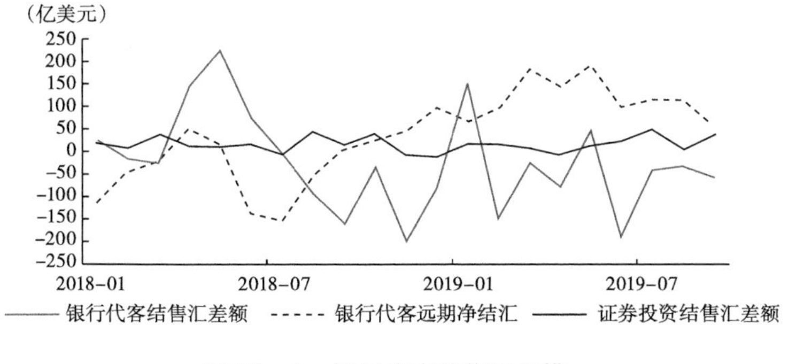

图 15-4　银行代客结售汇规模

资料来源：Wind。

4. 美元指数波动中走强给人民币带来一定贬值压力

作为非美货币，美元指数的走势对人民币汇率往往产生重要影响。在美国经济增长强劲，英镑、欧元等主要非美元货币表现疲弱的影响下，与 2018 年相比，2019 年以来美元整体表现偏强，美元指数基本在 96 以上运行。从 2019 年初的 96.1223 涨至 11 月底的 98.2804，涨幅约为 2.25%。一是对比欧洲、日本等主要经济体，2019 年美国经济表现相对稳定。整体来看，美国就业、消费等数据仍表现稳定，IMF 预测 2019 年美国经济增速为 2.4%，而欧元区、日本经济增速仅为 1.2% 和 0.9%。二是全球局部地区的局势动荡引致避险情绪上升，助推美元指数走强。英国脱欧一波三折仍难见结局，叙利亚遇袭、巴以冲突等让中东紧张局势多次升级，贸易紧张局势此起彼伏导致全球贸易增速明显下滑，等等。三是在全球降息潮下，诸多国家或地区已进入负利率，当前利率仍为正的美元比较优势明显。也就是说，当前美元对投资者的吸引力依然较强。此外，虽然美联储启动了降息进程，但降息后一些表态偏鸽派，例如，2019 年 8 月美联储宣布降息，但由于鲍威尔发言偏鸽派，称降息并不一定就意味着开启宽松周期，美元指数不降反升，一度触及 98.6 的高位。在上述因素的推动下，美元的强势给人民币带来了一定的贬值压力。

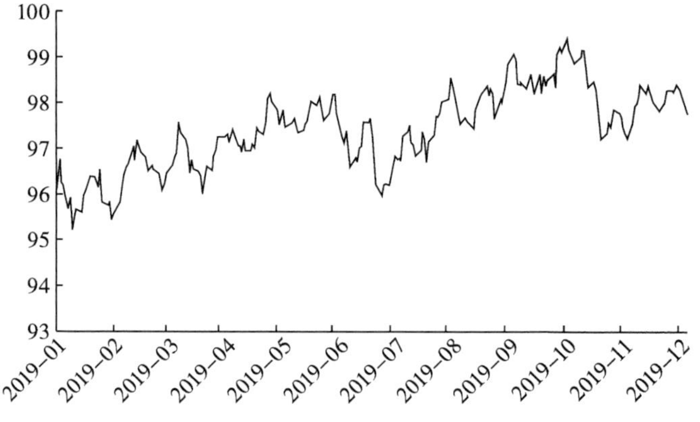

图 15-5 美元指数走势

资料来源：Wind。

（四）理性看待人民币破“7”

1. 破“7”时间轴

2019 年 8 月 1 日，美方宣布自 9 月 1 日起对 3000 亿美元中国输美商品加征 10% 的关税，并表示可能提高到 25% 以上，标志着中美贸易摩擦再度升级，避险情绪升温，引起汇率市场短期波动，导致人民币加速贬值。

2019 年 8 月 5 日，人民币离岸和在岸汇率双双“破 7”。其中离岸人民币兑美元汇率在跌破 7 关口后，再度下跌至破 7.1，最低价报 7.1068，下跌幅度近 1000 点。在岸人民币兑美元跟随下跌，汇率收盘价报 7.0352。

2019 年 8 月 6 日，美方认定中国为“汇率操纵国”，并称“将与国际货币基金组织接洽，消除中国的行动带来的不公平竞争优势”。

2. 破“7”的主要原因分析

其一，中美贸易摩擦超预期恶化。纵观过去几轮中美贸易摩擦的嬗变可以发现，中美贸易摩擦的每一次形势恶化都会对人民币兑美元汇率产生较大的贬值压力。2019 年 8 月人民币大幅贬值的直接原因，是 8 月 2 日特朗普通过推特表示美国将在 9 月 1 日宣布对剩下 3000 亿美元中国商品加征 10% 的关税，以及在 8 月 23 日美国 USTR 宣布对约 5500 亿美元的中国进口商品关税进一步提高 5%。

其二，中美经济基本面的差异表现。从 2019 年二季度后，中国宏观经济下行压力明显增大，市场对于未来经济的走势情况也较为迷茫。实体企业面临较大经营困难，需求和供给均表现疲弱。相对而言，美国经济表现总体强劲，美联储降息、消费韧性、政府基建等仍支持美国经济维持景气度，美国经济下行但尚未进入大的衰退期。

3. 破“7”的影响

“7”历来是外汇市场投资者对人民币兑美元汇率的重要心理关卡。

一直以来，市场上就有人民币汇率保“7”是底线的说法。人民币汇率此次在特朗普突然发出加征关税威胁之后，借助市场的力量和情绪顺势摆脱“7”点位的束缚，至少具备两方面意义：

一方面，这有助于进一步培养市场理解人民币汇率的意识和能力。“7”之所以成为重要的心理关卡，主要是市场担心一旦破“7”之后，人民币会形成持续的贬值预期从而加剧资本外流。但一个成熟的外汇市场不必纠结于具体的汇率点位，也不用设定所谓的心理关口。正如人民银行所描述的那样，“人民币汇率‘破 7’，这个‘7’不是年龄，过去就回不来了，也不是堤坝，一旦被冲破大水就会一泻千里；‘7’更像水库的水位，丰水期的时候高一些，到了枯水期的时候又会降下来，有涨有落，都是正常的”。从国际收支、居民结售汇或外汇储备等方面来看，在人民币汇率破“7”后资本流动基本均衡，并未出现资本的大幅流出现象，且结售汇差额持续收窄，表明市场对人民币汇率的预期表现稳定。

另一方面，人民币破“7”之后，人民币汇率的弹性增强，货币政策宽松的空间也进一步打开，这便于货币政策进一步发挥逆周期调控的作用。中国作为一个大国，当内外部均衡矛盾时，货币政策应该以内为主。在人民币破“7”之后，更多的是需要关注我国国际收支、跨境资本流动等方面的情况。

三、2020 年人民币汇率走势展望

展望 2020 年，虽然新型冠状病毒肺炎疫情短期内将给中国经济运行和汇率市场带来负面冲击，但中长期来看，中国经济发展韧性依然较强，未来人民币汇率利好因素也有所增多。预计全年人民币汇率仍将在宽幅区间内波动，大概率呈稳中有升态势。

（一）在新冠肺炎疫情冲击下，人民币汇率短期承压，但出现大幅贬值的概率不大

2019 年末，武汉出现新型冠状病毒肺炎疫情，并快速席卷我国其他地区，呈现传播速度快、防控难度大等特点。本次疫情对中国经济、社会、民生等方面均产生了较大影响。具体到汇率市场来看，短期内加大了人民币汇率的贬值压力。

其一，疫情造成市场情绪波动，投资者风险偏好下降将导致人民币短期贬值压力加大。本次新型冠状病毒肺炎疫情作为一个突发事件，对汇率市场的影响更多体现为冲击人们的未来预期、影响市场情绪，进而给市场带来扰动。疫情的爆发在一定程度上将引发国际市场对人民币资产的担忧，人民币将在短期承压。春节期间，离岸人民币汇率一度跌破“7”；春节后恢复交易的第一周，人民币汇率贬值约 1.28%。可见，疫情爆发后汇率市场反应较为明显，表现出来的波动也明显加大。

其二，疫情对我国进出口产生负面冲击，贸易顺差或将有所减少。受本次新型冠状病毒肺炎疫情影响，工业企业春节停工延长、交通运输等相关配套行业受限、检验检疫更加严格等因素将在短期内增加出口企业的交易成本和生产时间。尤其是本次疫情被世界卫生组织（WHO）列为“国际关注的突发公共卫生事件（PHEIC）”，中国与世界经济交流的物理联系不可避免地受到阻隔。截至 2 月 6 日，已有 102 个国家针对中国公民采取入境管制措施，部分国家暂时禁止在过去 14 天内去过中国内地的外国公民入境。美国、日本、韩国、英国、俄罗斯、澳大利亚、新西兰、德国、法国等国家安排撤侨。

其三，疫情短期内影响中国经济运行，一定程度上削弱了人民币汇率的基本面支撑。在本次新型冠状病毒肺炎疫情影响下，中国经济增速将有所放缓，尤其是 2020 年一季度经济增速将受到疫情带来的负面影响较为明显。其中，旅游、住宿餐饮、交通运输等服务行业将直接受到疫情的负面影响。根据交通运输部公布的数据，春运前 30 天（1 月 10

日—2 月 8 日），全国铁路、道路、水路、民航累计发送旅客 13.52 亿人次，比上年同期下降 40%。工业、建筑业主要受复工延后、交通管制等防疫措施带来的间接影响，企业经营活动被打乱、工业生产受到抑制。从六大集团发电日均耗煤量来看，往年春节假期过后发电耗煤数据开始呈上升态势并逐渐恢复至正常水平，但截至 2020 年 2 月 14 日，六大集团发电日均耗煤量仅为 38.11 万吨，较上年同期（农历）下降 41.87%。

但需要明确的是，本次疫情的冲击是外来的、一次性的影响，随着疫情蔓延得到控制，其影响也将逐渐消退。此外，市场对人民币走势的认识也愈发理性，例如，WHO 宣布将中国新型冠状病毒疫情列为 PHEIC 之后，离岸人民币汇率并未出现明显贬值迹象，处于窄幅震荡范围内，显示了市场对我国未来疫情防控形势的信心较强。

（二）中长期看，人民币汇率的利好因素增多

第一，中国经济发展的潜力和韧性仍然很强。当前中国经济正处于动力切换、结构转变和阶段更替的关键期，疫情带来的短期冲击确实对我国经济发展带来了更多的不确定性，但这不会阻止中国经济向高质量发展的方向，未来中国经济发展的潜力和韧性仍然很强。一是巨大的市场规模是推动我国经济持续发展与行稳致远的重要条件。二是居民消费的非物质化、个性化、信息化等趋势明显，消费结构升级带来新的增长点。三是科技创新水平持续提升，产业结构转型升级不断推进，创新驱动力越来越强。四是推进区域协调发展，形成拉动经济的新增长极。五是中美贸易摩擦趋于缓和，为 2020 年中国经济发展创造了更稳定的外部环境。2020 年 1 月 15 日，中美两国签署了第一阶段协议，双方在中国扩大自美进口、加强农业合作、进一步开放金融市场等方面达到了一致，为 2020 年全年中美经贸缓和奠定基础，有利于增强市场主体对于未来的信心。

第二，资本跨境流动趋于理性。我国国际收支形势整体稳定，从经

常账户角度看，尽管出口增速放缓，但进口降幅更大，经常项目顺差实际上在扩大。2019 年上半年，我国贸易顺差为 1811.6 亿美元，同比增长 33.9%。展望 2020 年，全球金融资本看好中国，境外投资者增加持有境内金融资产。截至 2019 年 9 月，境外机构合计持有境内金融资产总量为 4.98 万亿元，相比上年同期增加 9443 亿元。其中，持有的债券规模为 1.7 万亿元，为历史最高值。展望 2020 年，在全球负利率资产扩容背景下，中美 10 期国债券收益率的利差持续扩大，中国资产相对收益率上升，加上中国取消 QFII 和 RQFII 投资额度限制等金融开放政策的不断落地，金融资本流入的便利度上升。金融开放背景下，疫情并未对跨境资本流动情况产生明显影响，外资依然看好中国市场前景，2020 年 2 月 3 日开市后股市经历调整，北向资金却保持 181.9 亿元大规模的净流入。2020 年 2 月 3 日至 2 月 19 日，北向资金累计净流入 381.5 亿元。

第三，我国宏观政策工具丰富，有利于稳定汇率。一方面，未来我国宏观逆周期调节力度有望进一步加强，既有利于为经济行稳致远保驾护航，也将有助于人民币汇率未来在合理均衡水平上保持基本稳定。另一方面，央行政策工具箱中稳定汇率的工具较多。除了外汇风险准备金要求、逆周期因子、离岸央行票据以外，央行还有较多稳定汇率的工具，比如远期合约做空掉期点、控制离岸市场的拆借利率、直接投放或收回美元等，都有利于减少汇率市场的“羊群效应”。

第四，美元指数走弱概率上升。受美国国内工业产出、零售销售等多项数据不佳等因素的影响，2020 年美国经济下行压力加大，3 月期和 10 年期美债收益率倒挂的现象不时出现，房地产泡沫、政府债务上限等问题，都成为悬在美国经济头上的利剑。这些都加大未来美元指数走弱的风险。同时，美元指数本身也存在技术性回调可能。从 2018 年中期至 2019 年，美元指数持续走强，基本处于 96 以上的高位。从历史经验来看，5 年平均的美元指数在 90 左右，而现阶段美元指数处于高位，预计未来将有技术性回调。

（三）整体上人民币汇率仍将在宽幅区间内波动，大概率呈稳中有升态势

综合长短期因素来看，2020 年人民币兑美元汇率大概率仍将在宽幅区间内波动。虽然既有促进人民币汇率贬值的因素也有促进其升值的因素，但人民币汇率的预期总体上将保持稳定。

展望 2020 年，我们的基本判断是，疫情对经济运行和金融市场的影响仅是短期的、一次性的，从长期看不会改变中国经济企稳和转型升级的趋势。同时，考虑到中国经济发展的潜力和韧性、资本跨境流动趋于理性、我国宏观政策工具丰富、美元指数走弱概率上升等中长期利好因素，预计 2020 年人民币汇率大概率较 2019 年小幅升值，并仍将在宽幅区间内波动。

但需要警惕新冠肺炎疫情在全球其他地区蔓延、蝗灾等事件推升全球经济金融风险，进而导致美元指数持续攀升的极端情形出现。

四、应对人民币汇率波动的几点建议

展望未来，汇率双向波动特征将更加明显，汇率市场化改革逐步深入。在市场机制发挥决定性作用的基础上，仍需要我国在优化国内经济结构、资本流动管理、金融风险防范等方面做出相应的调整。

第一，保持中国经济的稳定与高质量发展。从长远来看，保持中国经济的高质量发展是维护人民币汇率稳定的根本。在中国经济步入"新常态"的背景下，要深入推进供给侧结构性改革，在进一步改革中实现更高水平的金融开放，化解产能过剩、处置"僵尸企业"、弥补相关领域短板，要进一步提高金融服务实体经济的能力，促进金融机构和实体企业的良好互动，提高企业生产效率和综合竞争力，重塑实体经济竞争优势，提升中国经济发展的韧性。加快培育经济增长新动能，实现新旧动能转换，加快 5G、大数据和人工智能等先进技术与各行业的深

度融合，坚持创新驱动发展。稳定就业，加强民生保障，深入推进精准扶贫，多元化、多渠道增加居民收入。要发展更高层次的开放型经济，进一步优化营商环境，积极参与国际分工，优化贸易结构，推进经济结构转型和产业结构升级，提高企业和产品在国际市场上的地位和竞争力，提升我国在全球价值链中的位置。

第二，对人民币汇率保留足够的调控力，保留稳定汇率的“杀手锏”。汇率稳定至关重要，波动幅度过大既不利于进出口贸易，也不利于经济平稳发展。需要对汇率保持调控力，避免汇率大幅波动。在满足马歇尔—勒纳条件时，由于汇率对进出口数量的影响存在滞后效应，汇率短期内大幅度贬值会首先造成进口商品计价的变化，即造成进口支出相对增大，从而导致短期内贸易差额恶化。而汇率大幅度升值也会在中长期不利于国际收支平衡。央行应继续创新和丰富调控工具箱，针对外汇市场可能出现的正反馈行为，要采取必要的、有针对性的措施，坚决打击短期投机炒作，维护外汇市场平稳运行，稳定市场预期。有关部门要推动汇率形成机制的市场化，让市场在外汇资源配置中发挥决定性的作用，但同时也要保留逆周期因子等“杀手锏”，保持汇率稳定，作为对国际炒家的威慑力量，提升国际社会对中国的信心。

第三，提高汇率预期管理质量，增强政策公信力，避免出现“羊群效应”引发过度波动。在人民币日益市场化背景下，市场自发性等市场弊端也会逐步显现，市场预期对人民币汇率走势越发重要，比如2019年5月6日和8月1日，特朗普在个人推特（Twitter）先后表示，美国拟将2000亿美元中国输美商品的关税从10%上调至25%和自9月1日起对中国输美的另外3000亿美元商品加征10%关税，市场上加剧了恐慌情绪，“羊群效应”严重，人民币汇率在上述事件发生之后均出现大幅跳水。汇率稳定有助于稳定资本市场情绪，避免顺周期“羊群效应”，进而防范各类资本市场波动叠加共振，引发、放大潜在金融风险。如果再遇此类情况，相关部门应及时出手，防患未然，避免汇市出现过度非理性波动。央行在提升汇率灵活性和透明度的同时，也要紧密跟踪市场变化，在必要时采取相应的措施以减少顺周期行为加大汇率的实际情况的背离。提高汇率预期管理质量，释放出足够清晰的信号，及时回应社会关切，通过新闻答问、专家解读、高层发声、媒体评论等多种途径进行预期管理。政策应具有预测性，只有这样政策才会有足够的公信力，才能更好地引导市场预期。建议央行加强与市场沟通，给市场一个清晰的汇率走势预期。打破市场对人民币汇率单边走势的预期，这一点对于中国未来实现跨境资本流动平衡至关重要。

第四，进一步完善跨境资本流动管理，维护金融市场稳定。进一步完善跨境资本流动监测管理，加强金融监管机构与其他涉外经济管理部门之间的政策协调和信息共享，提升管控合力，同相关货币当局执行好现有的双边本币互换协议，进一步便利贸易和投资、维护金融市场稳定。制定有效措施加强对跨市场、跨机构和跨产品资本流动的监管，将货币市场、资本市场、外汇市场和保险市场跨境资本流动和跨境交易纳入统一监管框架，更加强调功能监管和行为监管。综合运用跨境资本流动管理政策工具，充分运用多种政策工具调节跨境资金流动，如银行结售汇综合头寸管理、缴纳远期售汇风险准备金、外债调控、外汇敞口限制等多种政策措施，也可采用多个政策工具组合，多管齐下地缓解某一特定风险，对相关监管参数进行动态监测调整，增强政策实施效果。严厉打击恶意做空套利行为，加强贸易、投资背景审查，市场剧烈波动时酌情限制资本流出渠道，防控短期跨境资本的异常流动，守住底线，避免系统性金融危机的爆发。

第五，商业银行要提高形势前瞻性与业务灵活性。在人民币汇率波动新情况下，商业银行要抓住机遇，加深对汇率未来走势判断的研究工作，对汇率的变化有前瞻性预判，在汇率波动过程中首先需要加强对客户的引导，提升企业对于汇率避险产品的接受度。在此基础上，通过加强市场调研与客户深耕，积极推进产品创新，丰富代客汇率风险管理产品。做好相关金融服务，加大外汇理财产品创新，加强金融衍生品的创新能力，改善金融衍生品的定价机制，满足客户外币资产配置需要。强化海外机构业务能力，积极拓展外汇投资、资产管理等业务空间。在提升外汇业务的交易能力方面，应加强行业自律，培养专业团队，提升交易能力，注重市场研究体系和业务创新能力的建设。设立完备的汇率风险管理系统，商业银行要通过提升限额管理、头寸管理的水平来降低货币错配程度，规避汇率风险。关注相关虚假贸易、违规购汇等行为，加大合规性检查，降低违规风险。密切跟踪内外部形势变化，应对流动性波动加剧的挑战，合理安排到期资金，防范流动性风险。

第六，提高市场对汇率波动的容忍度，增强居民与企业的汇率避险意识和能力。事实上，自“811”汇率后，市场对于汇率波动的容忍度已经有了明显增强，例如在 2019 年汇率破“7”后市场并没有出现情绪恐慌、资产流动失衡等现象。未来仍要进一步培养市场主体的理性认识，使企业、居民等市场主体认识到人民币汇率波动是可控的，并在国家政策目标的调整范围内，逐步疏导市场单边贬值或升值的预期。要尽快提高居民与企业的汇率避险意识和能力，更积极主动地运用远期、掉期等产品进行资产保值。

第十六章　政府债务情况分析及预测

根据财政部网站公布，2019 年 10 月末，国债余额约 16.01 万亿元，全国地方债券余额 21.16 万亿元，控制在全国人大批准的限额 24.08 万亿元之内。2018 年末我国地方政府性债务余额约 18 万亿元，中央政府债务约 15 万亿元，按照政府债务负债率（债务余额/GDP）的指标计算，2018 年政府债务负债率约为 37%，低于欧盟警戒线 60% 的标准，表面上看政府债务整体可控。如果按照政府债务率（债务余额/综合财力）的指标计算，2018 年地方政府性债务率约为 109%，略高于国际通行的警戒标准（一般 100%）。据联讯证券研究报告，2018 年地方政府隐性债务（主要为政府平台债务）余额估算约为 37 万亿元（根据中银国际预估 2017 年末地方政府隐性债务余额估算约为 29 万亿元，浙商证券预估 2018 年 11 月地方政府隐性债务余额估算约为 32.6 万亿元至 57.2 万亿元），按联讯证券估算的隐性债务加上中央以及地方政府债务性总额合计约为 70 万亿元，负债率约 78%。如果把地方政府隐性债务都考虑进来，政府债务的负债率将超过 60% 的警戒线。在政府债务结构中，约 60% 归属于地方，如果考虑上隐性债务，约 80% 归属于地方。由于地方政府债务存在形式多样，金额巨大，就我国目前来讲，地方政府债务相比较于中央政府债务形势严峻得多，或者说中央政府的资金状况远好于地方政府，中央国库现金还存在可以更有效利用的空间，所以我们重点讨论地方政府债务的情况。

一、地方政府债务发展历程及规模变化

1994 年分税制改革以来，地方政府融资模式也跟随发生了一系列的变化，对各级地方政府的财权进行了重新分配，中央政府占的比重不断上移，但地方政府在提供当地公共服务方面的责任没有降低，反而有逐步增加的趋势，各级地方政府为满足地方经济发展的需要，不得不自筹大量资金。我国长期以来坚持以经济建设为中心，对地方政府官员的考核过分强调经济建设成果指标，突出表现为地方政府官员之间的 GDP 增长竞赛，比如万亿城市俱乐部、千亿强县。为了政绩的考虑，地方政府有很强的债务扩张动力，通过大量举债扩大投资规模，甚至为了增加 GDP 而大搞形象工程和进行一些重复性投资建设。2008 年金融危机爆发后，为了保增长推出了 4 万亿元的经济刺激计划。这其中很大一部分是地方政府配套投资，经济刺激计划使地方政府性债务余额增长巨大。2008 年以来，地方政府性债务规模加速扩大，在 2008—2015 年，这 8 年增长了约 3 倍；进一步地，2002—2007 年，地方政府性债务年平均增速为 6.40%，低于实际 GDP 的年平均增速 11.22%；2008—2015 年，地方政府性债务年平均增速为 20.42%，是实际 GDP 年平均增速 9.25% 的 2.2 倍，地方政府性债务增速非常明显。除了政府性债务外，由于基础设施建设资金的需要，融资平台增加融资，隐性债务也在迅猛增长。

（一）第一阶段：1994 年财政分权改革后，融资手段异军突起

以 1994 年财政分权作为分水岭，在此之前我国基础设施建设投资基本由中央政府承担，地方政府的投资主要在地方国有企业等工业改造领域。财政分权改革后，存在“财权向上集中，事权向下转移”的现象，中央政府大幅度减少了对地方基础设施建设投资，地方政府财政收入比重逐年下降，但同时地方政府的支出责任却越来越重，地方政府财政赤字规模逐年增加。中央把地方 GDP 增长作为主要考核指标，迎合

了中央政府对于经济增长的需要，激励了地方政府为追求“政绩”扩大财政投入。在地方政府举债的过程中，由于中央政府、地方政府、融资平台、商业银行等参与机构的预算软约束机制，所以地方政府一定会扩大来自银行等金融机构的融资以解决资金不足的问题，从而扩大了地方政府的债务规模。

在这个阶段，地方政府债务的管控体系的特征如下：1998 年，在亚洲金融危机的背景下，为扩内需、增财力、促发展，国务院决定发行一定数量的国债，然后再转贷给各省级政府，用于地方经济建设及地区基础设施完善。1998 年 8 月财政部财预字〔1998〕267 号约定国债转贷地方的规则，在国债转贷审批程序、偿债方式及资金来源、偿债机制管理等方面做出了规定。在该阶段，国债转贷需要国务院、中央财政部、发展改革委及地方财政部门联合完成，转贷资金数额、利率水平及债务期限等详细内容都在确定转贷项目的时候制定确认，在该模式下地方政府是偿债责任人，而中央财政部门是偿债负责人。该模式具有浓厚的行政色彩，一方面，其没有明确地方政府偿债的主体地位，并明确指出中央会为地方兜底，模糊了地方政府的偿债责任，容易造成债务资金使用效率低下；另一方面，采取主观监管模式对地方财政对项目建设单位的监管，缺乏量化指标。

（二）第二阶段：2008 年“四万亿”的刺激，地方政府负债突飞猛进

2008 年“四万亿”经济刺激计划之后，地方政府根据中央政府的配套投资政策要求，投资冲动被释放出来，地方政府债务规模的扩大有了正当理由。2009 年人民银行联合银监会发布〔2009〕92 号文，该办法做出了对“地方政府设立合规的政府融资平台等多种方式，并通过增加地方财政贴息，发行企业债、中期票据等融资工具，拓宽中央政府投资项目的配套资金融资渠道”的鼓励。由此地方政府债务在 2009 年之后开始出现急剧膨胀甚至一度失控的局面。融资平台的数量也在此时

急速增加，单2009年一年全国新增的地方政府的融资平台公司就达到2000多家。根据2013年审计署对全国地方政府债务的审计数据，2013年6月底，地方政府负有偿还责任的债务约11万亿元人民币，承担担保责任的债务约为3万亿元人民币，可能承担救助责任的债务约为4万亿元人民币，而同期的中央政府对应的债务规模依次约为10万亿元人民币、0.3万亿元人民币、2万亿元人民币，由此可见，地方政府的或有债务的规模远高于中央政府。

在该阶段，发行方式出现了改变，从“国债转贷”变为“代发”，这主要是由于中央考虑到了地方举债的时机并不成熟，因此地方债券的发行暂时采取了“中央代发”的模式。在该模式下，中央财政部代各地方政府办理发行、代办还本付息的“可流通记账式债券”，并按照期限分为三年期和五年期债券，采取了市场化的发行方式，引入了第三方机构并可在交易市场流通。2012—2013年期间，财政部颁布《2011年地方政府自行发债试点办法》（财库〔2011〕141号）、《2012年地方政府自行发债试点办法》（财库〔2012〕47号），该办法做出了“允许地方政府在国务院批准的发债规模限额内，自行组织发行本省（市）政府债券”的规定，发行方式包括承销和招标，债券期限包括3年、5年、7年，地方政府债券收入全额纳入省级财政预算管理，地方政府为偿债主体，财政部在其难以偿还到期债务之际有代为垫付的责任，但是如果地方政府未能及时缴纳还本付息额则在办理年度结算时如数扣缴，并向财政部缴纳罚息。

在前两个阶段，随着地方政府对基础建设资金的需求，城投债也逐步走入大家的视野，城投债表面上为政府融资平台的企业债，其发行及审批方式涉及多个部门，主要由国家发展改革委进行核准和中国人民银行进行注册。由于城投债举债主体的特殊性，又有政府财政为之隐性兜底，带着一部分政府信用，市场认为其发生违约的风险较低，最终偿债资金来源主要是土地一级开发收益以及地方政府财政收入。

（三）第三阶段：2014 年新预算法的实施，地方政府负债逐步控制

在 2014 年国发办〔2014〕43 号文，特别强调了必须剥离融资平台的政府融资功能以及融资平台公司不得再新增政府债务，由此对政府债务融资主体进行规范和管理，同时也对地方政府债务的融资渠道进行了约束，鼓励地方政府推广 PPP 模式，以撬动社会资本来参与基础设施和公共服务的提供。面对 2015 年初的经济下行压力下，国发办〔2015〕42 号文对地方政府融资平台政策进行了松绑，继续按照合同约定发放贷款，通过地方政府融资平台公司扩大地方政府债务情况在调控中仍然不断扩大。

面对地方政府迅猛扩张的势头，财政〔2017〕50 号文对地方政府举债融资行为进行了规范，并组织对地方政府及其部门融资担保行为进行摸底排查，规定地方政府不得将公益性资产、储备土地注入融资平台公司，金融机构不得要求或接受地方政府及其所属部门以担保函等任何形式担保等，同时对政府投资基金、政府和社会资本合作（PPP）等方式违法违规变相举债也进行了规定。

在新《预算法》实行后，地方政府债务的管控体系也得到了进一步的规范，根据项目是否将会产生收益将地方政府债务分为一般债券和专项债券，其中没有收益的公益性事业通过一般债券进行融资，而有一定收益的公益性事业则通过专项债券进行融资。在发行方式及流程上有了更为细致的规定，增多了审批层级，各地区的债务发行限额由国务院批准等。在资金预算管理上，将一般债务收支纳入一般公共预算管理，将专项债务收支纳入政府性基金预算管理，并完善地方性债务统计报告制度，规定地方政府举借的债务不能用于经常性支出，加强了偿债机制管理，新《预算法》以及 2016〔88〕号文中也规定了“构建债务风险约束指标以及建立债务风险应急处置机制”的必要性，明确地方债务风险“中央不救助”原则，当出现债务偿还风险时，则地方政府需要通过压缩项目规模、控制项目经费或者是盘活政府的资产等方式来偿还

到期债务，另外还需建立责任追究机制。由于各区域资源禀赋的原因以及区域经济发展的不同阶段，可以看到各地区发展差异极大，产业结构也各有不同，应赋予地方政府根据当地的经济状况发行债务的自主权。虽然新《预算法》中赋予地方政府以发行债券的权利，但是地方政府发债仍需遵循中央政府下发的预算限额，而限额的设定多是参考了历史债务负担等情况，与其现实情况可能并不相符。地方政府借债行为的市场化程度较低，通过市场化手段确定发债规模及债务利率还需要一些时间。

综上所述，为应对金融危机的影响，2008 年的“四万亿”计划使得地方政府在 2015 年和 2016 年扩大债务发行额，在 2017 年及 2018 年地方政府出现了转变，将去杠杆作为首要任务，有意控制发行额度，使得地方政府债务发行额度呈现递减的趋势，同时将地方政府债务余额占 GDP 的比例维持在 20% 左右，地方政府债务进了预算管理，具体数据如表 16－1、表 16－2 所示。

表 16－1　2015—2018 年地方政府一般债务以及专项债务发行情况

单位：亿元

	2015 年	2016 年	2017 年	2018 年	合计
地方政府一般债务发行金额	28607	35495	23619	22192	109913
地方政府专项债务发行金额	9744	25119	19962	19962	74786
合计	38351	60614	43581	42154	184699

资料来源：财政部网站。

表 16－2　2015—2018 年地方政府性债务限额、余额及其占 GDP 比重情况

单位：亿元

	2015 年	2016 年	2017 年	2018 年	合计
地方政府性债务限额	160074	171874	188174	209974	730097
地方政府性债务余额	147568	153558	165100	183862	650088
GDP	685993	740061	820754	900310	3147118
地方政府性债务余额占 GDP 比例/%	22	21	20	20	21

资料来源：财政部网站。

从以上两表可以看出 2015—2018 年地方政府专项债务和一般债务的发行金额呈现先递增后递减的态势，其中 2016 年度为发行额最高的一年，金额为人民币 60614 亿元，较 2015 年地方政府债务的总发行额增加了人民币 22263 亿元，增幅为 58.05%；2017 年地方政府债务的总发行额比 2016 年度减少了人民币 17033 亿元，降幅 28.10%，2018 年度较 2017 年度发行额又略有下降；而地方政府债务限额及债务余额在 2015—2018 年呈现递增的态势，2018 年地方政府性债务限额较 2015 年增加了人民币 49900 亿元，增幅 31.17%，2018 年地方政府性债务余额较 2015 年增加了人民币 36294 亿元，增幅 19.74%，2015—2018 年地方政府性债务的余额占 GDP 比例较为稳定，在 20% 左右浮动。

二、地方政府债务发展面临的主要问题

根据目前的研究，地方政府债务通常有两种不同的分类口径。一种是依据 2013 年审计署《审计通报》中地方政府债务的分类，其分为两类：一是政府直接负有偿还义务的债务，一是将来可能负有偿还义务的或有债务（包括担保债务以及或有救助债务两种）。另一种是 2017 年后在政府报告上被提及的隐性债务与显性债务的分类：显性债务可以简单理解为包括在财政部门预算司每月统计报表中会直接作为负债项目体现的债务，显性债务主要指地方政府在下发的限额计划内发行的地方债。在《中共中央国务院关于防范化解地方政府隐性债务风险的意见》（中发〔2018〕27 号）中对隐性债务做出了界定，但由于文件未公开，也只能从各种媒体渠道的报道进行理解。从逻辑的角度来看，隐性债务区别于显性债务，隐性债务不在上级政府下达的债务限额和预算计划内，但根据实质重于形式的原则最终还是需要地方政府通过各种方式来承担或偿还责任的债务。

（一）财权划分的情况影响地方政府债务

1994 年的分税制改革在某种程度上可以视为中国地方政府债务规

模扩大的收入分配体制根源。从财政政策的角度看，政府支出、税收收入和政府债务之间存在财政的三角平衡问题，也就是说：（1）要同时减少税收和增加政府支出（包括民生工程、基本设施建设和市政工程等），就无法控制政府债务；（2）要想控制政府债务，同时要减少税收，就必然要减少支出；（3）要同时控制政府债务并增加政府支出，就必然要增加税收。

分税制改革后地方政府财政支出占总财政支出比重在1993年至2017年期间，从72%上升到85%，上升幅度达到18%，地方政府在本辖区内所需承担本辖区经济社会发展支出上升明显，但与此同时，地方政府财政收入占总财政收入比重在1993年至2017年期间，比重由78%下降至53%，下降幅度达到32%，财政收入比重下降明显。地方一般性财政收入往往很难满足当地经济发展资金的需求，地方政府必须依靠土地财政或融资举借债务来弥补发展带来的资金缺口。

目前，我国对税制进行了“营改增”改革，由于增值税是中央（75%）与地方（25%）共享税，改革后在某种程度上存在财权分配向上集中的趋势。“营改增”改革后在某种程度上会引起地方财政收入与中央财政收入的重新分配，地方财政收入的减少会导致地方政府的财政收支不平衡。研究表明“营改增”后地方财政收入减少在一定程度上与地方政府债务增加存在较强的相关性。在当前经济趋缓、减税降负及去杠杆背景下，地方政府债务性融资还是地方政府弥补财政缺口的重要途径。

（二）中央和各级地方政府对房地产市场的宏观调控对地方政府债务产生影响

在地方政府的财政收入中，土地使用权出让收入是政府基金性收入的重要来源，一般占30%～40%。2017—2018年上半年来房地产市场发展迅速，房价上涨较快，地价也随之上升，有些区域土地市场火爆，甚至地王频出。土地出让收入的增加导致地方政府的财政收入增加较快，其贡献度也再创历史新高，地方政府对土地财政的依赖性也进一步强化。地价的迅猛上涨，导致对旧城改造以及土地收储的力度增加，又进一步助长了地方举债的冲动，土地财政从某种程度上加速推动了地方政府性债务的急剧扩张。随着国家对房地产政策调控周期的来临，从限购、限贷等方面进行控制，2019 年上半年开始土地市场明显回调，地方政府的土地财政难以为继，土地交易规模大幅萎缩，土地使用权出让收入大幅下降。土地出让收入的减少，一方面，由于地方政府债务每年利息的刚性支出，加大了地方政府债务偿还的压力；另一方面，以土地抵押以及以卖地收入作为还款来源的融资方式也受到抑制，地方政府以国有土地一级开发为主要业务的地方融资平台的经营压力愈发明显，经营性现金流将难以为继，地方政府债务规模以及融资结构也随之发生相应的调整。

（三）地方政府债务规模巨大，隐性债务问题显著

财政部于 2014 年 9 月起在全国范围内推广 PPP 模式，随后又连续发文倡导社会资本进入市政、水利、公路建设等领域。截至 2017 年 12 月 31 日，全国 PPP 综合信息平台记录项目 13925 个，总规模达 18.19 万亿元，覆盖全国几乎所有地级行政单位。2015 年 4 月财政部发布的《政府和社会资本合作项目财政承受能力论证指引》（财金〔2015〕21 号）划定了政府 PPP 支出责任不得超过一般公共预算支出 10% 的红线，但实际监管流程仍然模糊，对地方政府约束力较弱。弱监管环境下，某些地方政府通过规定固定回报、安排回购条款等方式利用 PPP 转移债务存量或变相举债，加剧了政府隐性债务风险。2016 年 6 月，财政部发布《关于进一步共同做好政府和社会资本合作（PPP）有关工作的通知》（财金〔2016〕32 号），首次要求在 PPP 项目中避免固定回报、明股实债等现象，并不断完善 PPP 论证审批流程；2017 年 4 月起，人民银行、财政部等部门相继出台政策严厉管控清理变相融资的“伪 PPP 项目”。

从债务规模上看，如表16－3所示，2018年中央财政债务余额约15万亿元，地方政府性债务余额约18万亿元，隐性债务余额估算约37万亿元，政府债务总额约70万亿元，地方政府债务占比约79%；2012—2018年政府债务总额连年增长，尤其是地方隐性债务余额，自2014年以来增长迅速。

表16－3　2012—2018年政府债务规模情况

年份	中央政府债务		地方政府性债务		地方政府隐性债务		地方政府债务占比/%
	总额/亿元	占比/%	总额/亿元	占比/%	总额/亿元	占比/%	
2012年	77566	33	88379	38	68484	29	67
2013年	86747	31	105990	38	82667	30	69
2014年	95655	31	121554	39	94002	30	69
2015年	106600	29	147568	41	108142	30	71
2016年	120067	26	153558	33	194042	41	74
2017年	134770	25	165100	31	235718	44	75
2018年	149600	21	183862	26	370000	53	79

资料来源：中央政府债务以及地方政府性债务来源于财政部网站，2012—2017年隐性负债来源于张明等（2018）研究报告，2018年隐性负债来源于联讯证券分析报告。

（四）地方政府债务负担巨大，融资成本高企

金融机构对于地方政府融资平台还是比较偏好，业务模式上基本还是打的擦边球，由于评级机构对于政府平台融资的评级基本都在AA之上，又有政府信用隐性担保，在业务压力的驱使下，没有通过市场化的视角进行业务判断，只要是政府平台没有明确的政策不允许或者银监备案的问题就会做，对融资平台的风险判断存在一定的偏差。图16－1简要描述了地方政府融资平台运营模式流程。

近几年人民银行5年以上贷款基准利率在6%左右波动，政策性银行的融资成本一般较低，在4%～5%，而信托等需要募集资金的融资方式成本多在10%左右，发行债券一般也在5%～6%。与之相比，地方债的融资成本总体偏高，即使是百强县排名前列的区域融资成本也在

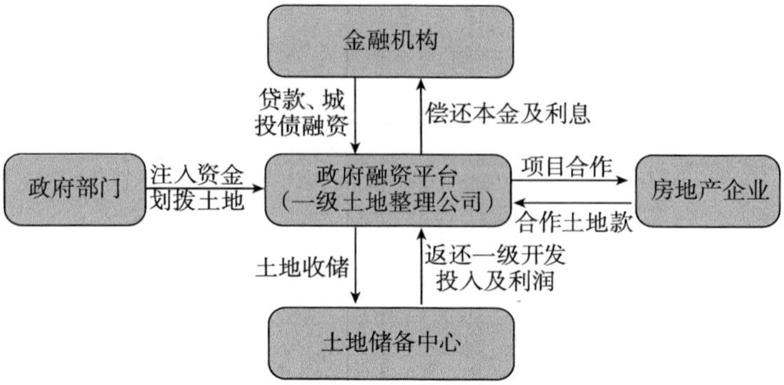

图 16－1　地方政府融资平台运营模式流程图

资料来源：作者整理。

10%左右。

地方政府债务成本较高的原因在于：第一，隐性债务未纳入预算管理，相关的财务信息披露和贷后监管机制不健全，资金的运用及偿付信息不太透明，导致金融机构觉得风险定价较高。第二，由于预算软约束的存在，对风险责任不明晰，地方政府官员确保的是在任期内不出现不能偿还的情况，对融资成本不太敏感。第三，在无有效监管手段下，地方政府对基础设施建设资金的需求很大，借助于政府的信用往往能获得资金，某些地方政府债务的成本都超过了企业的融资成本，变相提升了资金价格，挤压了当地资金市场，提高了利率。第四，尽管银监会对银行资金投入到政府融资平台有明确的限制，但上有政策下有对策，银行则往往采取信托、同业等渠道间接放贷，每一层都会有 1%左右的平台收益，间接推升了融资成本。

（五）地方政府债务平台错综复杂

地方政府融资平台公司最早起源于上海，作为我国经济体制改革过程中地方政府融资的重要方式，在经济体制改革中起了不可估量的作用。沈明高等（2010）预估地方政府融资平台公司举债规模在 2009 年底大约为 7 万亿元。据联讯证券研究报告，2018 年地方政府隐性债务

（主要为政府平台债务）余额估算约为 37 万亿元。根据中银国际的研究报告，2017 年末地方政府隐性债务余额约为 29 万亿元。对此数据都是研究机构从不同的层面进行的预估，准确数据不得而知。

地方政府融资平台公司对经济社会的平稳发展做出了积极贡献，地方融资平台公司能够缓解地方政府的资金压力和减少地方政府的融资困扰，为当地经济社会的发展做出了贡献。但是还有一部分学者认为融资平台公司蕴藏着巨大的偿债风险，其债务负担不对外披露，就像蒙着面纱的人，美丑无法得知。融资平台偿债资金主要依靠地方政府的土地资源或者是财政补助，其偿债能力不足日益彰显。地方政府融资平台公司项目大部分都是公益性，其偿债资金主要靠地方一般财政收入，或者政府基金收入，如果地方财力增长的速度远远低于融资平台公司举债速度，容易引发财政资金缺口增大、偿债能力减弱的风险。

（六）市场化程度过低

尽管政策层面已经在逐步引导，但是当前依然存在政府债中专项债和一般债有所混淆、专项债的具体项目混同等问题。同时由于投资者不够丰富，流动性有所欠缺，也即二级市场尚未真正发展起来，也没有能够充分发挥信用评级、信息披露、市场化定价等市场机制激励约束作用，使得现阶段的地方债专项投资更多依赖所谓政策性价差的支撑。

除以上两个不足外，地方政府专项债券还存在定位不清（如专项债券的发行统一以省级政府作为主体、无法区分省本级和其他市县级的主体信用情况）等不足。考虑到目前投资主体以商业银行为主，意味着相当于是变相通过银行授信方式对地方政府提供了融资，后续的风险如果被释放，将进一步向商业银行进行转移，使商业银行背负一定的压力。

三、地方政府债务风险预测及对策

地方政府债务是我国经济转型期各种矛盾的综合反映，也是一种不易准确估量、预测的债务，控制不好容易引发财政金融风险与经济波动。综合研究，可以发现地方政府债务风险有几个方面的反应：显性债务是可控的，隐性债务存在风险；就政府资产状况而言，风险长期是可以化解的，但短期存在流动性风险。

（一）显性债务可控，市场对地方政府的信心趋强

衡量政府债务风险程度，通常用两个指标。一是负债率，即期末政府债务余额与GDP之比。这一指标一方面衡量经济规模对债务的承担能力，另一方面也可反映每一单位政府债务产生的GDP的多少。就显性债务来说，如前所述，2018年中国地方政府债务加上中央政府债务与当年GDP之比为37%，远小于60%，风险可控。二是债务率，即期末政府债务余额与政府综合财力之比，衡量政府所掌握的财力对债务的承担水平。IMF曾经提出过“90%～150%”的安全参考指标，即要使政府财政可持续，此指标最好控制在90%范围内，最多不能超过150%（也有120%的主张）。2018年末，中国地方政府债务与地方政府可用财力之比为77%，也在可控水平上。总而言之，当前无论是从国际比较还是从实际发行与法定限额的比较来看，就显性债务而言，我国中央和地方政府债务处于可控状态。

除此之外，还有以偿债率和逾期债务率两个指标衡量政府短期内到期债务的清偿水平。前者指当年债务还本付息总额与政府综合财力之比，指标越高则偿债能力越弱；后者指期末逾期债务余额与年末债务余额之比，反映到期必须偿还债务所占比重。鉴于披露水平和统计口径原因，以这两个指标衡量的地方政府债务风险状况尚无统一公布。对地方政府来说，所发债券期限越长、利率越低，则意味着到期清偿压力越小。截至2018年末，地方政府专项债务余额74134.16亿元，按照专项债券剩余平均发行期限4.6年测算，年均到期还本规模16116亿元。根据2018年地方政府性基金收入71372亿元测算，专项债务到期还本保障倍数（即地方政府性基金预算收入/年均到期还本规模）为4.43，偿

债保障能力较好。财政部 2019 年 10 月 24 日发布数据显示，2019 年 1—9 月，全国发行地方政府债券 41822 亿元。其中，发行一般债券 16676 亿元，发行专项债券 25146 亿元；按用途划分，发行新增债券 30367 亿元（包括新增一般债券 9070 亿元、新增专项债券 21297 亿元），发行置换债券和再融资债券（用于偿还部分到期地方政府债券本金）11455 亿元。从当月发行情况看，2019 年 9 月，全国发行地方政府债券 2196 亿元。其中，发行一般债券 566 亿元，发行专项债券 1630 亿元；按用途划分，发行新增债券 1416 亿元（包括新增一般债券 176 亿元、新增专项债券 1240 亿元），发行置换债券和再融资债券 780 亿元。2019 年 1—9 月，地方政府债券平均发行期限 10.0 年，其中一般债券 11.8 年，专项债券 8.8 年；地方政府债券平均发行利率 3.46%，其中一般债券 3.52%，专项债券 3.42%。2019 年 9 月，地方政府债券平均发行期限 14.4 年，其中新增债券 13.5 年，置换债券和再融资债券 16.1 年；地方政府债券平均发行利率 3.52%，其中新增债券 3.49%，置换债券和再融资债券 3.57%。可以发现，地方政府举债的期限在延长，同时债券利率却有所降低。这说明市场对地方政府的信心是趋强的，意味着地方政府债务风险程度在降低。截至 2019 年 9 月末，全国地方政府债务余额 214150 亿元，控制在全国人大批准的限额之内。其中，一般债务 118985 亿元，专项债务 95165 亿元；政府债券 211423 亿元，非政府债券形式存量政府债务 2727 亿元。地方政府债券剩余平均年限 5.1 年，其中一般债券 5.0 年，专项债券 5.2 年；平均利率 3.53%，其中一般债券 3.53%，专项债券 3.53%。

（二）隐性债务有风险，还本付息压力大

中国地方政府的债务风险主要不在于显性债务，而在于隐性债务。因为隐性债务的规模不确定，筹款方式以及期限都不得而知。就隐性债务的规模而言，几年来若干研究机构测算出不同的结果，其中有的从债务端计算地方政府融资平台的融资来源，有的从资产端估计基建规模中

地方政府类项目的融资占比，基本上在 25 万亿 ~ 45 万亿元之间。若按业界人士“隐性债务基本上是显性债务的两倍”的经验观察估计，2018 年末地方政府显性债务余额（18.46 万亿元）的两倍，则地方政府隐性债务约为 37 万亿元。如果照此计算，我国地方政府的债务风险堪忧。按照“政府债券 + 城投债务”（18.46 + 7.78）广口径地计算地方政府显性债务，则 2018 年末地方政府合计存量债务规模为 26.2 万亿元。如此，则地方政府的债务率不再是 77% 而是 144%，几乎翻一番。如果再加上隐性债务，考虑到隐性债务最终对地方政府产生 20% 左右（审计署 2011 年曾披露，2007 年以来政府负有担保责任的债务约有 19% 最终由地方政府承担）的直接负债（即 7.4 万亿元），则全国地方政府债务率达 184%，已远超“90% ~ 150%”这一 IMF 的安全参考指标范围了。

再来看考虑还本付息，即地方政府债务融资每年的压力测算。根据 Wind 数据，2018 年地方债务到期规模为 8389 亿元，2019 年达到 1.31 万亿元，2020—2022 年到期年均超过 2 万亿元。这是还本压力。至于付息情况，2018 年地方政府显性债务 26.2 万亿元，年应付利息超过 1 万亿元（其中包括债券融资 18.46 万亿元，以 3.5% 利率计，年应付利息约 6400 亿元；城投债 7.78 万亿元，以市场平均利率 5.5% 计，年应付利息约 4000 亿元）。地方隐性债务按 37 万亿元计算，则每年应付利息约 3 万亿元（估计隐性债务融资成本在 8% 左右，从相关审计公布披露情况看，其实有的融资平台融资成本更高），即全国地方政府广义债务（显性 + 隐性）每年应付利息近 4 万亿元。考虑还本付息，地方政府显性与隐性债务每年清偿规模在 5 万亿 ~ 6 万亿元，几乎达到每年地方财政支出规模的三分之一。

目前决策层和监管部门对于地方政府债务的政策可以用两句话概括。一是“开正门、堵偏门”，即允许依法发行地方政府债券，严格控制非债券类的各类隐性举债。二是“清存量、禁增量”，即对于地方政府隐性债务存量（2018 年 8 月以前形成的地方债务）进行全面清理，各地必须制定期限明确、责任明确、操作可行的化解存量债务方案，并接受审计部门的审计；今后各级地方政府则不得再以各种方式产生新的隐性债务。为此，有关部门还发布了网上登记工具，以期对各地所有融资平台从事的融资开发项目进行实时监测。但政策实施效果尚待观察。首先，2018 年下半年审计部门继 2011 年、2012 年两次全面审计后，对全国地方政府债务融资情况再次进行全面审计，但至今结论尚未公布。其次，更重要的变化在于，2019 年上半年以来，随着稳增长压力的持续增大，调动地方政府推动增长的“积极性”再度引发关注。2019 年 6 月，中办、国办联合印发《关于做好地方政府专项债券发行及项目配套融资工作的通知》，要求合理明确金融支持标准、突出资金支持重点、提供配套融资支持、拓宽重大项目资本金渠道、保障偿债责任等。其中还提到一些专项债务资金可以当作项目资本金，用于再融资。这被参与地方政府投融资业务的不少金融机构解读为“财政政策加力增效”，似乎新一轮政府投融资盛宴可期，地方政府久违的“举债创新”机遇再现。尽管有关方面反复提醒对于地方政府新增隐性举债将持续从严监管，决不放松，但人们发现，监管部门对地方政府违规举债行为的查处在减少。

（三）政府资产形成长期的偿债能力

如果从资产负债关系来看，由于中国特有的国情，政府拥有的资产规模（包括城市土地、矿产资源以及国有企业等）巨大。而且举债资金建设所形成的基础设施，都是对经济发展起支撑作用的财富，而不是像其他国家那样用于养老和消费。有研究提到中国政府已经资不抵债，实际上相较于数百万亿元的国有资产和大规模的政府投资所形成的公共资产，无论是中央政府还是地方政府的负债，都没有到“资不抵债”的程度。从偿债条件看，除财政收入外，我国地方政府拥有固定资产、土地、自然资源等可变现资产比较多，可通过变现资产增强偿债能力。

此外，我国经济仍处于相对高速增长的阶段，基础设施建设给地方经济和政府收入创造了增长空间，有利于改善其偿债条件。另外从整个国家的区域结构看，一些发达地区的经济和财政能力强，负债水平相对适度。有部分地方政府负债相对其经济和财力偏高，但只要采取措施控制新增债务，规范当地政府债务融资行为，风险也是可控的。

（四）流动风险

考虑资产负债的问题，恰如一个公司一样，即便资产负债结构合理，也会存在风险，其中最重要的风险是流动性风险。对于地方政府债务所形成的流动风险可以从两个层面去理解：一是平台公司资金链断裂风险，二是银行业的风险。其中平台公司的流动性风险是偶然性的，而银行业的风险控制不好，会形成系统性的危险，因为地方政府债券中的86%以上仍由商业银行持有。对于地方政府融资平台的风险而言，因为当前的融资平台和地方政府在为前几年的借款买单，在2014年10月的43号文，即《国务院关于加强地方政府性债务管理的意见》发布之后，地方政府改变了从金融机构直接融资的做法，改为由地方政府提供承诺函、担保函等情况，从2014年开始到2017年左右，非标大量地从金融机构借给融资平台。时间基本是2～3年期，还款到期日集中在2017—2020年。2019年底，不少地方政府和融资平台已经想尽办法掏空财力，把大部分的债务还了，但是有可能要倒在黎明到来之前。地方政府平台公司的很多非标的资金来源是异地的城商行和农商行。现在监管规定，资金不能出省。这部分资金，就必须得兑付。

有理由预测，新一轮稳增长措施过后，地方政府和银行体系的不良债务都会有不同程度的增加。每一轮“增长—调控”周期都留下过这样的印迹。如何克服这一难题，取决于多方面原因，有人寄希望于结构改革，有人寄希望于新旧动能转换，中国经济的现代化超越发展能否成功和十九大政策方向密切相关。

四、当前疫情下关于地方政府债务问题的几点新思考

新冠病毒自爆发以来，疫情以武汉为中心迅速蔓延。当前其传播程度已远超 2003 年 SARS 病毒，对社会经济造成的影响也势必超过前次 SARS 病毒。本次疫情直接影响到国民经济的方方面面，其中对农林渔牧、交通运输、批发零售、住宿餐饮等行业的影响较大。另外，由于疫情防控影响了春节后的返工，对制造业和建筑业的负面影响也将逐步显现。为此地方经济社会发展受到极大的影响和伤害，地方政府运营面临的问题更加复杂和棘手，存量债务项目受到冲击的同时，增量债务项目蕴含更大的财政风险。

面对此次危机，中央强调统筹做好疫情防控和经济社会发展。在央行加大宏观政策调节力度的同时，财政部门收支手段并举，推出了减税降费、财政贴息、财政补助等措施，支持疫情防控，发挥财政职能作用。其中特别值得关注的是，财政部于 2020 年 2 月 11 日提前下达 2020 年新增地方政府债务限额 8480 亿元，其中一般债务限额 5580 亿元、专项债务限额 2900 亿元。加上此前提前下达的专项债务 1 万亿元，共提前下达 2020 年新增地方政府债务限额 18480 亿元，达到了全国人大批准的上限（注：可在当年新增地方政府债务限额的 60% 以内，提前下达下一年度新增限额；2019 年新增地方政府债务限额为 3.08 万亿元）。根据 Wind 地方债务数据统计，截至 2 月 12 日，2020 年累计已发行地方债约 8500 亿元，超过 2019 年前 2 个月的发行额约 7800 亿元。财政部网站公布截至 2020 年 1 月末，全国地方政府债务余额 220923 亿元。其中，一般债务 119397 亿元，专项债务 101526 亿元；政府债券 219034 亿元，非政府债券形式存量政府债务 1889 亿元。截至 2020 年 1 月末，地方政府债券剩余平均年限 5.2 年，其中一般债券 4.9 年，专项债券 5.6 年；平均利率 3.54%，其中一般债券 3.54%，专项债券 3.53%。

关于地方政府债券发行限额的政策处理及其后地方财政经济发展情

况，本文认为有两个问题需要重点关注。

（一）要保证地方政府新增债务项目的质量

财政部提前下达新增债券额度主要是考虑到疫情在很大程度上会影响地方政府的财力。除了疫情防控资金，企业经营中断导致的税基损失、房地产市场降温导致的政府性基金收入减少等一系列问题都会增加地方的财政压力，与此同时，地方也急需资金布局、开展下一步的经济发展建设。通过债券的“早发行、早使用”，地方政府可以在一定程度上缓解财政支出压力，加快形成实物工作量，拉动经济增长，充分发挥财政政策扩内需、稳增长的作用。同时需要特别注意的是，按照财政部提出的“资金跟着项目走”的要求，除了在疫情前已经储备的高质量项目，在短期内让地方政府迅速新建一批风险可控、具备一定收益、符合财政可承受能力评估、能够充分有效拉动投资的高质量项目具有较高的挑战性。考虑到这些项目资金用量大，占有地方财政、金融、土地资源多，而且投资回收周期长、大多数是公共项目较难赢利，如果在没有良好立项储备的情况下由地方政府在此疫情之下匆忙立项，则可能会带来一系列经济社会发展失误，造成债务资源的巨大浪费，并进一步加剧地方政府的债务负担。

为此建议在当前因疫情导致经济下行压力进一步增大以及延迟复工、人员隔离等而导致政府部门之间、部门和企业之间协调效率下降的情况下，对于地方项目的财政承受能力评估不能放松，要坚持项目合格合规，重点做好项目的前期准备和评估，保证高质量项目的上马开工。在此过程中，可以提升效率的部分应该放在后面审批程序的加速上。

（二）在疫情冲击下要持续地方债务风险的管控

过去几年我国地方政府债务增长迅速，风险已经累积到了一定的程度，2020 年可能存在债务集中兑付的现象。大部分地方政府还本付息压力山大，疫情的冲击将“雪上加霜”，给地方偿还债务增加了挑战。

正是看到了这种局面，此次中央政府提高对地方政府债务支持力度并提前下达发行的目的，有一项就是充实地方还债能力。一直以来，以风险防控为前提，中央政府从 2015 年开始通过政府债券、专项债等“开前门”的方式给予了地方较大的财力支持，并且债券规模不断上升，此次提前下达限额也是达到了上限。

疫情终将过去，本次中央的各项财政政策也将逐渐显现成效，特别是对地方债务的支持。但我们认为增加债务是短期调控，在长期应该有更长效的机制。防范政府债务风险的总基调不会因为疫情过后需要刺激经济而改变，单纯依靠扩大财政支出规模的积极财政政策和过度依赖债务都是不可持续的。

（三）地方政府要配合贯彻财政部相关政策指导文件

财政部 2020 年 2 月 12 日下达《关于加强政府投资基金管理提高财政出资效益的通知》（财预〔2020〕7 号），在第一条强化政府预算对财政出资的约束中，提出对财政出资设立基金或注资须严格审核，纳入年度预算管理，其中年度预算中，未足额保障“三保”、债务付息等必保支出的，不得安排资金新设基金。可以看出中央的指导目标是首先保证地方债务的还本付息，其次才可以视资金情况安排投资性或基金性支出。同时要严格遵守党中央、国务院关于地方政府债务管理的各项规定，不得通过基金以任何方式变相举债。地方政府债券资金不得用于基金设立或注资。地方财政部门要会同相关部门对违反上述规定的基金严肃整改。财政部各地监管局按照有关职责和工作部署，加强对涉嫌变相举债基金的监管，协助地方防范隐性债务风险。

五、结语

地方政府债务增长迅速，中央政府也关注到相关风险，多次强调风险管理的重要性。自 2018 年以来，我国已经发生多起债券违约事件，合计债券余额接近 200 亿元，引发了市场的担忧。在当前基本明确地方政府是化解地方债务责任主体的前提下，中央政府应当立足于预警防范财政风险和合理落实地方政府的一级财权、逐步培育一级债权，从督促、引导地方政府化解债务入手，深化相关改革，逐步形成有利于地方债务管理的规范性、根本性机制。财政部把“两个遵循”“一个敬畏”，即遵循经济规律、遵循市场规律、敬畏法治精神作为制度设计的原则，加快构建并不断完善地方政府专项债券管理机制，确保实现法定限额内政府债务不出现任何风险的目标，其中对于偿债责任、偿债资金来源及偿还方式等都做出了明确规定，努力实现制度设计的科学性和债务管理的可持续性。2014 年以来随着供给侧结构性改革的推进，2015 年底首次提出去杠杆，2018 年第一次中央财经委员会会议明确以结构性去杠杆为基本思路，政府部门多次出台政策以督促地方强化限额管理和预算管理，加快存量政府债务置换步伐，从某种层面上来说地方政府显性债务风险得到了初步化解，但隐性债务风险仍在积累。

目前存量债券大多只能通过借新还旧或置换的形式来偿债。虽然很多地区的财政收入能够覆盖掉未来三年的债券资金支出，但如果从存量债券余额占其财政收入的比例来看，则压力体现得非常明显。由于仅省、省会、计划单列市具备发行地方政府债的资格，因此其余地区的融资多数仅能通过城投平台发债，也导致现阶段很多地区的债券余额占财政收入的比例较高，多数只能通过借新还旧或置换的形式来偿债。因此，从这个角度来看，保持融资成本在低位对于解决地方政府债务问题是非常有必要的。截至目前，共有 117 个省市地区的存量债券余额超过其财政收入，14 个地区的存量债券余额超过其财政收入的 10 倍以上。

当前的主要目标是增强政府各项信息数据的透明度，并将其与政府债务信息系统对接。目前我国或有债务转化为政府直接债务的比例逐年升高，且由于历史原因，地方政府债务统计口径并不统一，财政部的 PPP 数据库可以提供合规的政府融资项目数据，但并不全面。中央政府并不能全面掌握地方政府债务的真实规模，这就意味着无法对地方政府的债务率、负债率等进行有效和正确的估计，地方政府债务风险预警体系优化的首要任务便是要夯实数据基础，统一口径，使各项数据能够与政府债务系统进行有效对接，在“前门”越开越大的情况下，完善专项债券偿债机制，有效防范风险。

第十七章　2020 年银行业风险展望

中共中央提出的三大攻坚战中，“确保不出现系统性金融风险”是其中极其重要的工作，也是关乎金融安全以及经济安全的最紧迫任务之一。银行业作为金融业最重要的组成部分，对于防范和化解金融风险至关重要。截至 2019 年 11 月底，当年全国银行业共处置不良资产 1.4 万亿元，银行高风险资产减少 2.5 万亿元，资管和同业整顿持续发力，化解金融风险取得了积极进展，银行系统性风险隐患进一步缓解。

2020 年是三大攻坚战收官之年，确保从基本完成金融风险治标逐步向治本过渡，是完成攻坚战的既定任务。作为金融风险的重要策源地，银行业在 2020 年风险状况和趋势如何，将对金融安全产生极其重要的影响，并进一步影响经济安全和国家宏观经济及社会的稳定。

一、金融业经营总体基本稳定，短期疫情影响有限，发生系统性金融风险的概率较低

（一）国有银行资产占比高，韧性强，作为银行业的稳定器作用大

根据银保监会 2019 年 10 月末的数据，国有商业银行总资产占比达到 39.3%，仍然占据主导地位，而股份制银行占比也高达 17.8%，两者合计达到 57.1%，经营稳健、风险质量较高、股东实力强的国有银行和股份制银行资产居于绝对控制地位，对于银行业资产质量起到了定海神针的作用。

风险较大的农商行和城商行在银行业资产中占比低，合计在商业银行总资产占比仅 26.5%。见表 17－1、图 17－1。

表 17－1　2019 年 10 月底各类银行总资产和占比

	总资产/万亿元	比例/%
国有商业银行	108.92	39.3
股份制商业银行	49.38	17.8
城市商业银行	36.19	13.1
农村金融机构	37.19	13.4
其他类金融机构	45.38	16.4
合计	277.06	100.0

资料来源：中国银保监会。

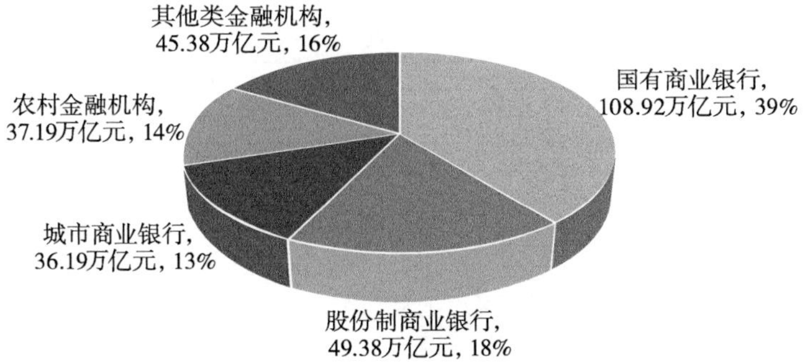

图 17－1　各类银行总资产数和占比

资料来源：Wind。

（二）近年来银行业资本补充机制日趋完善，商业银行业资本充足率持续稳步提升，抗风险能力不断加强

银保监会的数据显示，国有商业银行和股份制商业银行自 2015 年以来稳步提升，处于较高水平；外资银行资本充足率最高，达到了 18.28%，2015 年以来始终保持在高位；城市商业银行最低，但始终稳定在 12% 以上，农村商业银行降幅大，但达到 14.87% 的水平。仍高于监管当局对农商行资本充足率 10.5% 低限 4.37 个百分点，实际水平仍在安全边界以内。

总体看，我国商业银行总体资本充足率稳步提升，截至 2019 年四季度末，银行业总体资本充足率为 14. 64%，银行业具备充足的风险抵御能力，疫情带来的阶段性影响不会产生大的冲击。

表 17－2　2015—2019Q3 各类银行资本充足率　（%）

	2015 年	2016 年	2017 年	2018 年	2019Q3
国有商业银行	14. 50	14. 23	14. 65	15. 70	16. 18
股份制商业银行	11. 60	11. 62	12. 26	12. 76	13. 40
城市商业银行	12. 59	12. 42	12. 75	12. 80	12. 51
农村商业银行			24. 25	16. 55	14. 87
民营银行	13. 34	13. 48	13. 30	13. 20	13. 05
外资银行	18. 48	18. 58	17. 83	18. 40	18. 28

资料来源：中国银保监会。

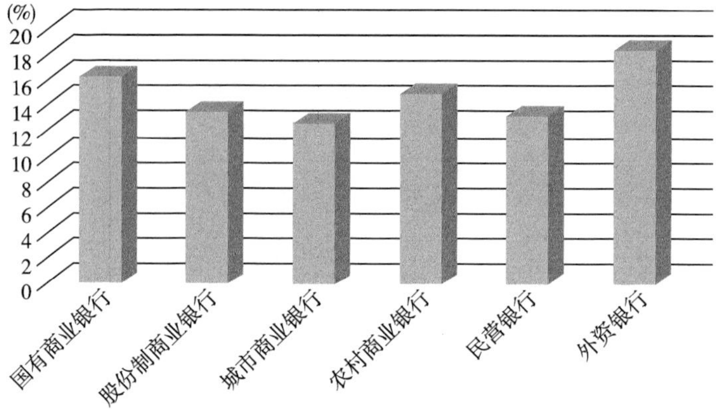

图 17－2　2019 年三季度末各类银行资本充足率

资料来源：Wind。

同时，2019 年末银保监会方面表示，目前银行资本补充的渠道是畅通的，银保监会与央行、证监会有统一安排，对银行发行资本补充工具进行综合性审批，让银行自己决定选择何时、在何种市场发行资本补充工具，并加快银行资本补充工具发行的审批速度；金融委 2019 年以来也多次强调要重点支持风险较大的中小银行多渠道补充资本，中国银保监会印发的《关于商业银行资本工具创新的指导意见（修订）》则为我国商业银行发行资本工具奠定了制度基础。疫情发生以来，有关方面就银行资本补充的推动工作进一步加快，特别是对中小银行和普惠金融机构加快了资本补充工具发行审批速度，一方面将进一步增强中小银行抗风险能力，另一方面与央行定向低息贷款以及财政减税降费政策相配套，支持疫情相关生产企业和中小微企业及个体工商户的复工复产和经营，从而从根源上缓解疫情对实体经济的影响，也进一步缓解了疫情可能引发的信用风险发酵。

（三）不良贷款率处于较低水平，不良及关注率保持稳定

根据银保监会官方数据，2015 年以来，我国银行业不良率虽有小幅增长，但目前仍处于较低水平；银行业关注率持续下降，未来风险预期良性；而银行不良和关注率合计呈现了持续向好的态势。从结构来看，按照监管要求，农村商业银行不良贷款率不应高于 5%，目前也处可控水平。

表 17－3　2015—2019Q3 银行业不良和关注率　（%）

	2015 年	2016 年	2017 年	2018 年	2019Q3
银行关注率	3. 79	3. 87	3. 49	3. 13	3. 00
银行不良率	1. 67	1. 74	1. 74	1. 83	1. 86
银行不良和关注率合计	4. 71	4. 77	4. 28	3. 83	3. 67

资料来源：中国银保监会。

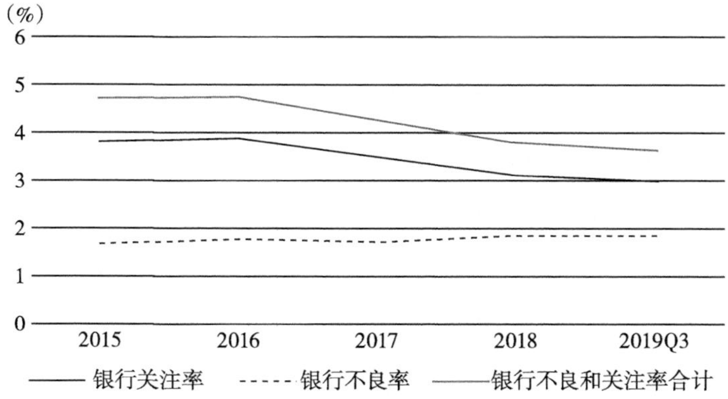

图 17－3　2015—2019Q3 银行不良和关注率

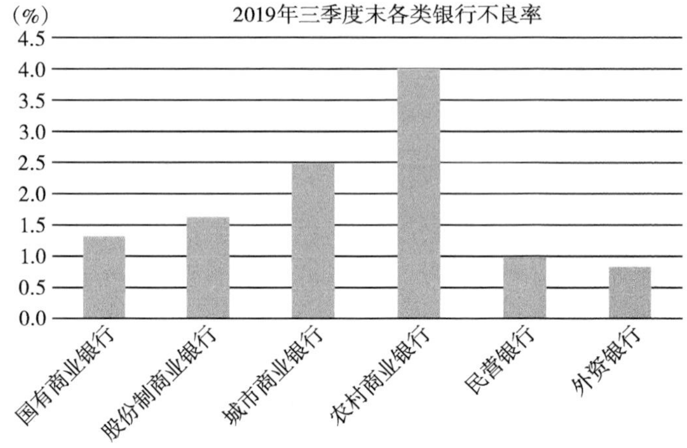

图 17－4　2019 年三季度末各类银行不良率

资料来源：中国银保监会。

虽然由于疫情的阶段性影响带来了企业经营压力进一步加大，但持续性不会太久，银保监会近期发布消息鼓励银行对疫情受困企业的贷款进行阶段性的延期还本付息，帮助企业渡过难关，称企业遇到暂时性的经营困难，需要银行给予灵活适当的贷款安排。因为绝大部分暂时不能还款是外部因素影响，而非经营失败，只要疫情不出现大的反复造成长期持续的不可控影响，银行阶段性提高容忍度在未来对商业银行的流动性影响不会太大，而银行不良贷款率短期内的小幅上升，不会有明显影响，在企业恢复正常经营后，会回落到正常水平。

（四）银行资产整体拨备率处于较好水平

拨备率方面，2019 年中大型银行拨备计提较为充足，农商行虽然分化较大，但总体尚好。2019 年一季度大型银行拨备覆盖率达到 240.20%，连续多个季度上升；股份制银行上升至 198.77% 左右；民营银行高达 384.64%；农商行在一季度下降至 128.50% 之后，三季度回升到 130.81%，但连续六个季度低于 150%。

2019 年 2 月，银监会下发了《关于调整商业银行贷款损失准备监管要求的通知》，将拨备覆盖率监管要求由 150% 调整为 120% ~150%，即最低要求为 120%。目前农商行拨备覆盖率最低，但仍高出监管要求 10.8 个百分点，在各银行子客群中处于低位。

表 17－4　2015—2019Q3 各类银行拨备率　（%）

	2015 年	2016 年	2017 年	2018 年	2019Q3
国有商业银行	171.72	162.61	180.45	220.08	240.20
股份制商业银行	180.99	170.40	179.98	187.41	198.77
城市商业银行	221.27	219.89	214.48	187.16	147.99
农村商业银行	189.63	199.10	164.31	132.54	130.81
民营银行			697.58	671.84	384.64
外资银行	196.08	250.24	296.88	311.49	270.63

资料来源：中国银保监会。

银保监会最新数据显示，目前我国银行业有接近 6 万亿元拨备，不良贷款余额约为 3 万亿元，拨备覆盖率 186.1%。在目前疫情控制逐步向好的场景下，银行业有足够厚的安全垫应对短期疫情带来的冲击，具备充足的风险抵御能力。

总体来看，我国银行业风险在 2020 年是可控的，出现系统性风险的概率极低。

二、可能存在的爆发系统性风险的极端场景及诱因分析

居安思危，未雨绸缪，防患于未然，才能立于不败之地。虽然我国的银行业整体风险状况可控，但仍然存在隐忧，必须对极端化情景进行充分评估，加强预期管理，制定风险防范预案，确保在内外部环境错综复杂的百年变局中从容面对。

极端情形一：房地产价格失控，政府无力托底极端情境下的金融崩溃

1. 房住不炒政策保持定力不动摇，没有因为疫情而改变

在经济下滑加剧情境下期待再一次押注房地产政策放水的投机者们，再次遭遇了中央近期召开的中央经济工作会议给予的最坚决回击，“要坚持房子是用来住的，不是用来炒的定位，全面落实因城施策、稳地价、稳房价、稳预期的长效管理调控机制”，应该说“稳地价”“强调长效管理”进一步抓住了房地产虚高问题的根本，彰显了中央住房不炒、加快高质量发展模式转型的坚定决心。

疫情当前，最近发布的央行 2019 年四季度货币政策报告和财政部部长刘昆最新发表的《求是》杂志文章再一次明确了“房住不炒”的政策定位；同时，阶段性来看，疫情带来的经济下行压力明显加大以及房地产业在国民经济中存量比重大、影响行业多的共同结果，使国家当前也不允许房地产短时间内出现大幅度断崖下滑，存在托的意愿。

2. 银行业资产目前显著的亲房地产属性可能导致银行系统性崩溃

实际上，现在银行业面临的最大的风险就是房地产下滑失控带来的银行不良资产爆表的风险。对于高度依赖房地产资产的银行资产端来讲，房地产价格一旦失控，房地产相关的贷款等资产和以房地产资产为抵押保障的贷款等资产将大幅出现毒资产和不良资产，资产端的资产质量将急速变差，抵押物价值严重缩水，处置难度极大，导致银行体系崩盘。

根据人民银行的数据，我国近 10 年房地产贷款占比持续上升，截至 2019 年三季度，各类房地产贷款余额已经达到 91.92 万亿元，占比达到创纪录的 61.31%，较 2018 年底再次增加 1.13 个百分点。见表17 –5。

实际上，近几年同业业务在表外野蛮增长的原因，很大一部分来自房地产相关融资在表内无法获得的同业外溢，虽然去杠杆起到了一定的效果，但通过通道类银信业务形成的庞大的信托资产很大比例与房地产相关。如果算入这一部分，银行的房地产实际亲近率还会更高。

疫情对房地产的短期冲击已经显现，法院信息显示，2020 年初至今短短不到两个月内，全国破产房地产企业已超百家，有数日甚至平均每天 2～3 家房企被清算，以二、三线城市的中小开发企业为主。同时大量售楼部关闭、房地产项目停工，房地产公司销售停滞，资金回流受阻，房价下滑压力显现。疫情使银行出现系统风险的不确定性有所增加。而克而瑞研究中心新鲜出炉的百强房企 2 月销售情况显示，百强房企 2 月全口径销售额为 3243.3 亿元，环比下降 43.8%，同比下降 37.9%，创几年来单月销售最低纪录。

表 17－5　近 10 年银行贷款中房地产贷款占比情况

年份	银行贷款各项贷款余额/万亿元	房地产贷款合计/万亿元	房地产贷款占比/%
2010	47.92	18.68	38.99
2011	54.79	21.36	38.98
2012	62.99	23.46	37.25
2013	71.90	28.20	39.22
2014	81.68	36.93	45.21
2015	93.95	44.56	47.43
2016	106.60	56.21	52.73
2017	120.13	68.00	56.60
2018	136.30	82.02	60.18
2019Q3	149.92	91.92	61.31

资料来源：人民银行。

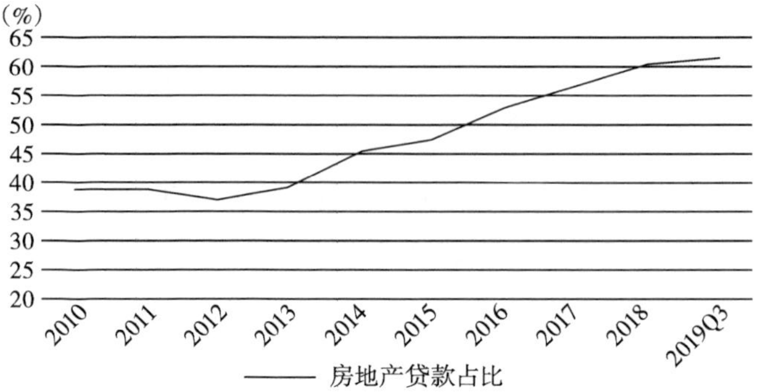

图 17－5　近 10 年银行贷款中房地产贷款占比趋势图

资料来源：Wind。

极端情形二：中美博弈升级背景下资金外逃和资产价格崩盘加剧债务危机爆发

1. 中国持续推进资本项目开放和境外投资者便利化，人民币资产吸引力增加

2019 年末，境外机构在中央结算公司托管债券规模 18769.73 亿，再创历史新高；同期境外机构在上清所托管债券余额 3106.71 亿元，两项合计，境外机构持有中国债券总量连续 6 个月突破 2 万亿元大关。继中国债市被花旗指数和彭博巴克莱全球综合债券指数纳入之后，摩根大通将从 2020 年 2 月起分阶段将中国债券纳入基准指数，预计将带来约 210 亿～250 亿美元的境外被动资金流入，约 100 亿美元的主动资金可能也会有所跟随，而外资机构在中国国债的持有占比已近 10%。股市方面，北上资金净流入 2019 年以来创历史纪录，包括规模 6000 亿美元的美国联邦退休金也不顾政府反对，2019 年 11 月 13 日开始追踪含中国上市公司的基准指数，增加中国股市投资。这一方面得益于中国政府持续推动国外投资者投资国内债券的便利化，包括 2020 年签署的中美贸易第一阶段协议中的“金融服务”以及“汇率和透明度”等相关内容：推动评级、主承、投资渠道扩展；取消合格境外投资者限制和区域试点范

围（QFII、RQFII）；放开外资经营机构股比限制等。另一方面源于全球负利率环境的形成提高了人民币资产的整体吸引力：当前全球负利率债券规模达到有记录以来新高，相比 2016 年最高值还高出 40%，如 2019 年 8 月避险情绪达到极端水平时彭博巴克莱全球综合指数负收益率债券规模达 16 万亿美元。

金融业开放举措还在持续推进：债券和股票市场在进一步开放，外资金融机构将可以到中国开展包括人民币业务的一切金融业务，可以独资设立、参股、控股中国一切类型金融业务公司。近一年多来，随着资本项目的开放步伐明显加快，全球负利率率先从日本开始，已经蔓延至欧盟和北欧，在中国成为唯一一个维持利率常态正常化的大国的背景下，出现前所未有的国外资金持续涌入中国进行股票债券投资的情况，一种乐观的声音在国内迅速弥漫起来，认为中国资本项目全面开放的时间窗口到了。

2. 亚洲金融危机场景可能在中国重现，风险不容忽视

近年来，随着中国综合国力的持续提升，中国融入世界经济的信心增强，主动参与世界经济的意愿和能力提升，改革开放的力度进一步加大；这些都是以国力增强为基础构建的自信心，确实值得我们欣慰，我们比任何时候都接近世界舞台的中央。但同时我们还需客观评价自己的真实实力，正视我们与美国等发达国家的差距，谨慎评估资本项目开放和汇率自由化可能的严重风险后果。债市股市等外币资金和外国投资的强势持续流入，虽然短时间里缓解了我国 FDI 流入减弱的压力，但也意味着资本项目全面开放情境下外国资本和热钱的快速外逃的力度和速度会倍增；而中国极大的房地产资产泡沫将大大放大资本外逃的灾难效应。

疫情可能加剧这种风险，虽然目前外资流出尚未形成趋势，但已经出现苗头：虽然 2 月北向资金累计仍录 115.84 亿元的净流入，在疫情全球发酵引发全球资本市场暴跌的情景下，2 月 28 日单日北向资金继续净

流出 51.37 亿元，连续 6 日净流出，2 月最后一周累计净流出 293.41 亿元，创历史次高。如果疫情进一步恶化，可能形成趋势。因此加大资本项目管控、把握好资本项目开放节奏是当务之急，不可放松。

极端情形三：经济失速极端情形下银行不良资产显著增加

1. 房屋消费挤出和持续透支可能导致内需断崖式下滑，提高银行不良率

第一，靠增加贷款刺激内需已经走到尽头，而房屋消费对内需的挤出效应大。

从表 17－6、表 17－7 和图 17－6 可以看出，近 10 年居民部门杠杆率增长了整整一倍，达到了创纪录的 56.31%；房贷在居民可支配收入中的占比已经接近 1/3，房贷在个人贷款中的占比居高不下，目前达到了 54.05% 的水平。这些数据表明，靠居民增加贷款提升内需已经不可持续，贷款还贷压力将导致不良率提升。最新的调查数据显示，受疫情影响，居民购房意愿明显下降；同时，由于就业形势进一步严峻，房贷还贷的压力也进一步加大，违约概率增加，对内需在短时间内产生进一步的负面影响。

表 17－6　近 10 年房贷收入比及居民部门杠杆率

	个人贷款余额/万亿元	可支配收入/万亿元	房贷收入比/%	居民部门杠杆率/%
2010 年	6.20	41.31	15.01	27.26
2011 年	7.14	48.50	14.72	27.81
2012 年	7.50	53.75	13.95	29.87
2013 年	9.00	58.76	15.32	33.36
2014 年	10.60	64.22	16.51	35.95
2015 年	13.10	68.26	19.19	39.23
2016 年	18.00	73.64	24.44	44.96
2017 年	21.90	81.93	26.73	49.36
2018 年	25.80	89.68	28.77	53.20
2019Q3	29.05			56.31

资料来源：Wind。

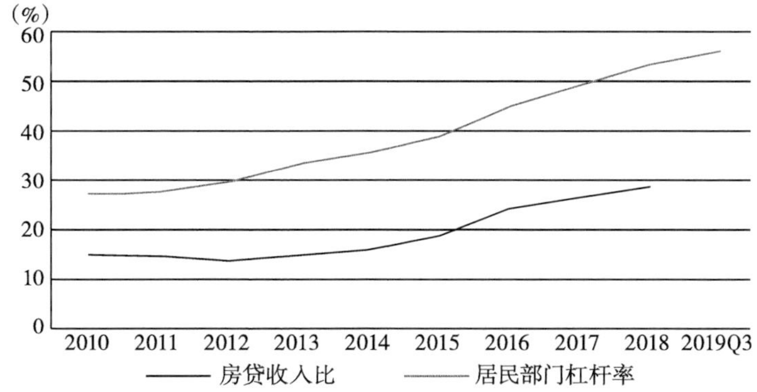

图 17－6　近 10 年房贷收入比及居民杠杆率走势

资料来源：Wind。

表 17－7　近年个人贷款中个人住房贷款占比数据

	个人贷款余额/万亿元	个人住房贷款余额/万亿元	个人住房贷款占个人贷款余额比重/%
2010 年	11.17	6.20	55.49
2011 年	13.48	7.14	52.99
2012 年	15.96	7.50	47.00
2013 年	19.69	9.00	45.72
2014 年	22.92	10.60	46.24
2015 年	27.03	13.10	48.46
2016 年	33.38	18.00	53.93
2017 年	40.52	21.90	54.05

资料来源：人民银行。

从大宗消费来看，数据显示，2018 年 7 月以来，当月汽车销量同比一直负增长；而根据中汽协预测，2020 年中国汽车销量仍将下滑 2%；从新能源汽车角度，由于大幅度退坡政策的影响，销售变现在 2020 年也难言乐观。2020 年以来，受年初突发的疫情影响，更是雪上加霜，根据 2 月 26 日中汽协发布的最新数据，1 月汽车销量为 192.7 万辆，同比大幅下滑 18.7%，产量 176.7 万辆，同比下滑 25.4%。见表 17－8。

表 17－8 当月汽车销量及同比

时间	汽车销量/万辆	同比/%
2018－07	188.91	－4.02
2018－08	210.34	－3.75
2018－09	239.41	－11.55
2018－10	238.01	－11.70
2018－11	254.78	－13.86
2018－12	266.15	－13.03
2019－01	236.73	－15.76
2019－02	148.16	－13.77
2019－03	252.00	－5.18
2019－04	198.05	－14.61
2019－05	191.26	－16.40
2019－06	205.64	－9.55
2019－07	180.85	－4.27
2019－08	195.76	－6.94
2019－09	227.07	－5.15
2019－10	228.42	－4.03
2019－11	245.70	－3.60

资料来源：Wind。

第二，2019 年的 P2P 集中清理，共债风险集中传导到银行消费金融领域，可能导致多年的持续消费透支总坍塌。

2018 年 P2P 集中暴雷后，因依托信用循环支撑的个人消费信贷还款闭环断裂，共债风险迅速传导到银行消费金融领域，近年来信用卡不良余额持续高位，目前尚未出现见顶回落信号。

表 17－9 部分银行近年信用卡不良率 （%）

	2017 年	2018 年	2019 年上半年
建设银行	0.89	0.98	1.21
中国银行	2.54	2.34	2.24
交通银行	1.84	1.52	2.49
招商银行	1.11	1.11	1.30

续表

	2017 年	2018 年	2019 年上半年
中信银行	1.24	1.85	1.74
浦发银行	1.32	1.81	2.38
平安银行	1.18	1.32	1.37

资料来源：Wind。

2019 年 P2P 信用风险环境持续恶化和加速出清可能进一步提高信用卡违约率，严重破坏内需增长的金融生态环境：

2019 年网贷整治工作确定的以“退出”为主的总基调，推动 P2P 进入清场时刻。银保监会副主席祝树民在 10 月 21 日的新闻发布会上披露，目前全国实际运营的 P2P 网贷机构 462 家，其中正常运营的有 262 家。巅峰时期有网贷平台逾 6000 家，也就是说，现在留下的仅剩 7%。继湖南、山东、重庆、四川后，近期河北宣布将全部取缔 P2P 网贷业务，这种趋势还在向全国扩展。而 P2P 风险的加速暴露在 2020 年将可能进一步使银行信用卡整体不良率加速攀升，使近年来以年轻人为主的依靠信贷透支超前消费带来的内需透支性增长坍塌，对内需形成实质性影响。疫情带来的收入不稳定和失业可能强化这种影响。

2. 居民杠杆率持续增长和就业不及预期共振将导致居民部门坏账率升高

居民杠杆率从 2008 年的 17.9% 持续增长到 2019 年三季度的 56.31%，呈加速增长态势；而这个数值新兴经济体平均为 38.7%。我国近几年增速很快，大量的杠杆是近 3 ~ 5 年加上的。贷款是需要还的，3 ~ 5 年集中贷这么多款，集中还款的压力巨大，尤其是增速最快的个人短期消费贷款，马上就将面临还款压力。见表 17 - 10。

表 17 - 10　近 10 年居民部门杠杆率　　（%）

	居民部门杠杆率
2010 年	27.26
2011 年	27.81

续表

	居民部门杠杆率
2012 年	29.87
2013 年	33.36
2014 年	35.95
2015 年	39.23
2016 年	44.96
2017 年	49.36
2018 年	53.20
2019Q3	56.31

资料来源：国家资产负债表研究中心。

2018 年我国政府首次把保就业纳入宏观指标，和货币政策与财政政策并列，这是很不寻常的；2019 年 11 月末调查失业率为 5.1%，仍高于 5% 的水平。虽然 2019 年前 10 个月全国城镇新增就业 1193 万人，提前超额完成全年目标，但转型期我国始终面临着就业总量和结构的压力，需要高度重视，特别是在新动能尚需时间培育、传统动能已现疲态的转型过渡期，经济出现下探和失速可能性上升，随时可能出现就业的大滑坡，而 2020 年突如其来的新冠肺炎疫情冲击，使就业形势进一步严峻。一旦失业率高企，加之我国短期内迅速累积起来的高企的居民杠杆，可能带来居民大面积的无力还贷违约，进而冲击银行，带来银行不良贷款的超常增长。

3. 猪价持续处于高位与新冠肺炎疫情突发，抑制经济增长，与世界政治经济不确定性增大共振，银行贷款违约概率加大

2019 年经济持续下滑，同时猪肉价格飙升带来的 CPI 持续走高给宏观调控带来掣肘，国内实体经济不确定性进一步增加。新冠肺炎疫情加大了经济失速风险，国家统计局发布的 2 月中国制造业 PMI 为 35.7%，前值 50.0%，非制造业商务活动指数 29.6%，前值 44.1%，控制疫情采取的隔离阻断等极端措施使生产与经济活动在短时间内大幅萎缩。国际方面除了中美经济关系扰动持续加大之外，还存在诸多地缘

政治风险事件：2020 年美国、波兰、新西兰、韩国、新加坡、中国台湾等经济体将经历重要选举；中东、委内瑞拉等原油产区局势趋于恶化，可能直接影响原油供应和价格；欧洲方面，英国脱欧后的欧英双方的政策协调存在不确定性；意大利、西班牙、希腊等国的债务问题也有潜在风险。而新冠肺炎疫情的全球传播处于关键时刻，随着韩国、日本、意大利等40多国出现疫情，风险等级在进一步提升。这些国内国际因素相互交织，可能使银行贷款违约概率进一步增加。

极端情形四：去杠杆节奏失当可能加剧中小银行同业风险暴露，引发金融冲击

1. 行业指标显示中小银行同业风险仍然较大，可能危及银行业生态体系安全

虽然作为打破资金金融体系自循环的重要举措，适时重磅推出了金融去杠杆工程，先后对安邦集团、恒丰银行、包商银行等金融机构出重拳整治，取得了阶段性成果，但截至 2018 年末，在从高点上回落的情况下，我国金融业增加值占 GDP 比重是 7.68%，仍高于美国的水平，居全球较高水平，去杠杆的任务仍很艰巨，而疫情强化了稳增长压力，进一步加大了金融去杠杆的力度。

根据银保监会数据，比较典型的中小银行如城市商业银行和农村商业银行反映信用风险的不良率和拨备率数据均较大幅度逊于银行同业水平，反映出其相对劣势的信用风险管控能力以及较高信用不良水平和较弱不良抵补能力，特别是农商行尤为明显；而资本充足率的差距则凸显了非预期损失出现时中小商业银行较弱的补偿能力。详见表 17 – 11、图 17 – 7 至图 17 – 10。

表 17 – 11　2015—2019Q3 各类银行不良率　（%）

	2015 年	2016 年	2017 年	2018 年	2019Q3
国有商业银行	1.66	1.68	1.53	1.41	1.32

续表

	2015 年	2016 年	2017 年	2018 年	2019Q3
股份制商业银行	1.53	1.74	1.71	1.71	1.63
城市商业银行	1.40	1.48	1.52	1.79	2.48
农村商业银行	2.48	2.49	3.16	3.96	4.00
民营银行			0.53	0.53	0.99
外资银行	1.15	0.93	0.70	0.69	0.83

资料来源：中国银保监会。

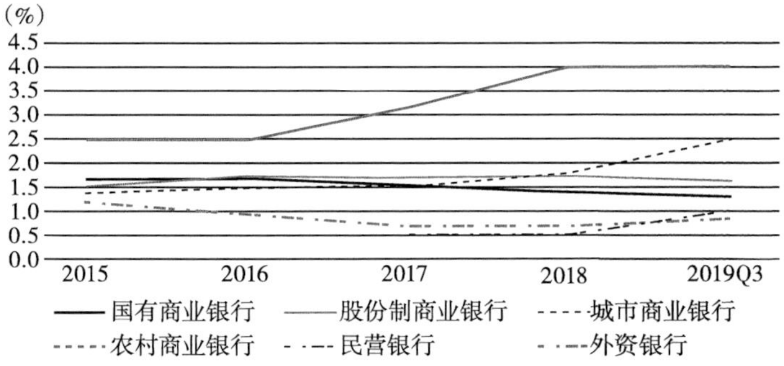

图 17－7　2015—2019Q3 各类银行不良率

资料来源：Wind。

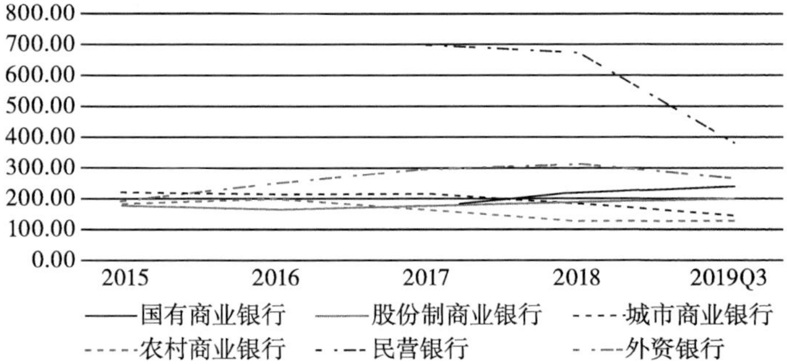

图 17－8　2015—2019Q3 各类银行拨备率

资料来源：Wind。

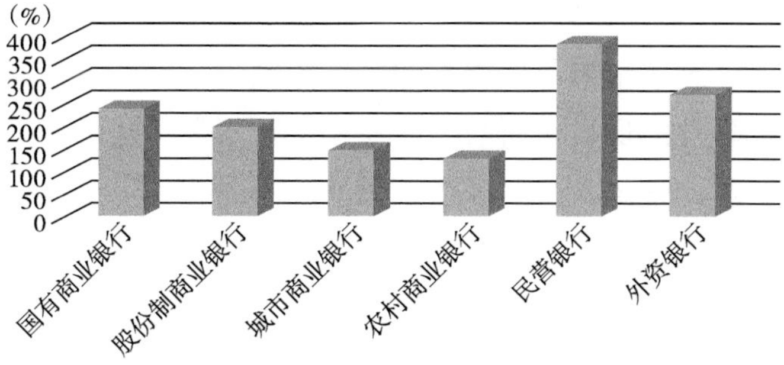

图 17－9　2019 年三季度末各类银行拨备率

资料来源：Wind。

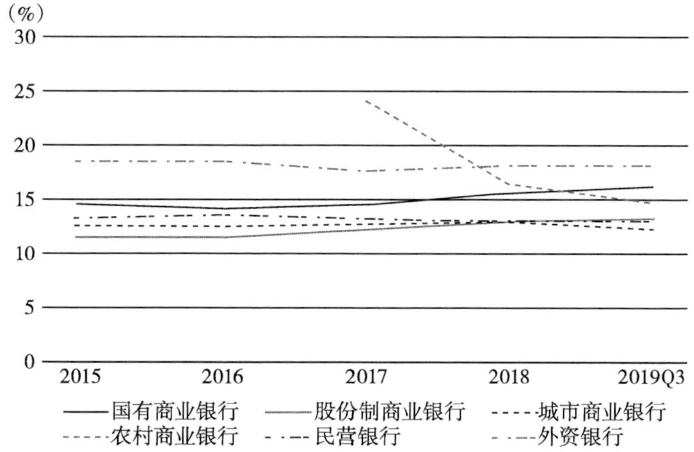

图 17－10　2015—2019Q3 各类银行资本充足率

资料来源：Wind。

2. 同业负债压缩和资产回表加剧中小银行流动性风险，可能是中小银行风险爆破点

按照监管规定，同业负债占总负债的比例不得超过 1/3，但同业存单兴起时并未纳入同业负债口径，导致中小银行大规模发行低成本的同业存单，部分较激进的中小银行同业负债占比甚至高达 40% ~ 50%，发行同业存单既可以通过投资收益率更高的同业理财进行套利，又可以

在短期内迅速扩大资产规模。部分中小银行在整体市场流动性宽松的环境下加速扩张，资金来源高度依赖同业负债资金，资产负债期限错配严重。包商银行事件出现后，新增同业存单认购不足，缺乏多元化的流动性补充能力，流动性风险进一步加大。

本轮金融去杠杆的一个重要监管方向就是压缩同业负债业务、控制同业杠杆和表外业务并表回表、加强对影子银行的监管。监管部门进一步提高了穿透监管、流动性管理、风险资本计提、限额管理、集中度管理和信息披露等核心监管方面的要求。特别是对于中小银行而言，一方面，由于目前异化的资产负债表仍需要加快重新修复，资产负债经营能力建设欠缺，"同业鸦片"的毒还没有清理干净，对高成本稳定性差的同业负债的依赖还没有解除，流动性的达摩克利斯之剑依然高悬；另一方面，游离于表外的资产在新监管要求下需要回表，进一步加大了负债端的压力和资本金的不足和短缺。需要高度关注和持续管控。以同业负债为例，原银监会下发《关于规范金融机构同业业务的通知》，规定同业负债不得超过银行负债总额的 1/3，2018—2019 年城商行部的监管工作要点中都重点强调对 SPV 投资和同业负债规模及增速的控制。而作为典型的中小银行，民营银行资金来源高度依赖同业负债，2017 年末，微众银行同业负债占比达到了 61.62%，浙江网上银行也达到了 51.86%，而天津金城银行则为 33.36%。

3. 资管新规及系列文件出台后，中小银行期限错配风险加大，流动性风险影响大

加强期限错配管理是控制流动性风险的重要环节，特别是对中小银行而言，由于负债端稳定性差，久期较短，而资产端的平均久期长，本身管理难度就大，而资管新规的出台和过渡期的临近，以及标准化资产认定新规（征求意见稿）的推出，进一步放大了中小银行的期限错配风险。表内来看，由于资管新规系列文件的推出，表外非标及非非标资产在转标和资管投资范围进一步受到限制的情况下，有回表的客观要

求，而中小银行表内负债端的结构又不尽合理、稳定性和久期管理弱，进一步加大了期限错配的压力，增加了流动性风险隐患。期限错配要求可能难以满足，考虑到理财投资者的投资习惯，虽然“资管新规”落地后理财期限普遍有所拉长，但6月末平均期限也仅185天，明显短于非标资产的期限，意味着较大比例的新成立理财产品难以投资非标资产。存量资金池虽然还可以投资非标，但非标期限也不能超过2020年年末的过渡期。随着过渡期的临近，未来老资金池可以配置的非标期限也会越来越短。如果要投资非标，银行需要发行长久期理财来满足期限匹配的条件。但理财产品期限拉长，进展速度仍取决于投资者的接受度。因此，在非标整治的过程中，中小银行理财无法接续非标将带来阶段性的期限错配风险，特别是如果存量非标、非非标资产无法被新的资金接走的情况下。流动性管理要求的收紧进一步加大错配消化压力，长久期资产和项目无法收回，短负债难以再以资金池接续，一对一的匹配要求无法融到长期资金。

近期，银行同业业务再次受到监管指导，将同业资产、同业负债与一级资本挂钩，根据评级来确认最低监管标准值。持续的中小银行风险事件引发了监管部门对银行同业资产规模的持续重视，希望通过压降部分银行的同业资产规模，倒逼银行流动性更多地通过表内信贷释放，让更多的资金流入实体经济。在这一监管新规推出后，要特别关注和评估监管部门首次直接限制商业银行同业资产规模对中小银行流动性风险的进一步影响。农商行的同业投资与一级资本净额平均比值为386.09%，多数农商行的评级相对较低，按照300%的监管指标，未来将面临较大的监管压力；对于城商行而言，则主要是同业投资占比过高，包括同业金融资产和特殊目的载体SPV，SPV包括银行理财产品、信托投资计划、证券投资基金、证券公司资产管理计划、基金管理公司及子公司资产管理计划、保险业资产管理机构资产管理产品等，超出监测标准的城商行持有的SPV将面临赎回的压力。

4. 中小银行信用资产质量较差，同业信仰被打破，新规及疫情加剧风险显性化

中小银行业务集中于当地中小企业，直接受到所在区域经济发展情况的影响，特别是农商行经营带有支持区域农业发展的政策性特征。2019 年 4 月银保监会发布《商业银行金融资产风险分类暂行办法》，与 2007 年发布的《贷款风险分类指引》相比，拓展了风险分类的资产范围，明确把逾期天数作为风险分类的客观指标，细化重组资产的风险分类要求，对不良认定的严格标准使城商行和农商行的不良显性化；风险资产的范围从贷款扩大至债券、信托、资管产品和基金等几乎所有类型的金融资产，涉及资产的范畴及额度大幅提高，导致风格激进的中小银行资产质量面临更大的压力。特别是新冠肺炎疫情对民营和中小微企业及个体工商户的冲击最大，而这些客户是中小银行的基础客户，有可能进一步提高信用资产的违约率。

5. 中小银行存在较大的操作风险和合规风险，风险管理隐患大，风险暴露突发性强

中小银行是同业风险的高发区，存在较多的操作风险和合规风险：股东和股权管理存在违规行为，例如存在利用关联交易或内部交易向股东和其他关系人进行利益输送的现象等；表内非标投资占比较高且披露信息不足；信息披露不及时、不充分，掺杂“水分”，如部分中小银行客户未及时披露年报（如锦州银行、攀枝花市商行等），部分暴露出风险迹象的中小银行（特别是农商行）在审计报告中未体现真实不良率、掩盖关联交易或通过会计手段粉饰报表，严重影响对其真实资产质量和风险状况的判断；内控机制薄弱、案件防控能力较弱，有重大案件发生的可能。

极端情形五：新冠肺炎疫情出现完全失控等极端情形时，可能导致银行业乃至金融经济系统性风险

1. 在境内疫情完全失控，甚至在全球广泛传播疫情，同时病死率高治愈难度很大的极端场景下，金融体系将随全球经济崩盘

这种情景下，全国甚至全球经济断崖式下跌，房产等资产价格暴跌，实体经济遭到重创，企业违约成为普遍现象，会出现银行业甚至整个金融界系统性风险和全面崩盘。此种场景目前发生概率低于10%，一方面，根据权威专家钟南山院士的最新预测，2020 年 4 月底国内疫情可以得到基本控制；另一方面，开工率稳步提高，截至 2 月 25 日央企已经达到87%，而清华大学信息技术研究院 DaaS 实时数据库调查显示，截至2 月 27 日，全国商办区人口活跃度为51. 35，全国务工人员返工率为68. 35%，持续提升。

2. 疫情影响下开工缓慢，就业率大幅下滑，带来民生和社会稳定问题，影响经济转型的进程

一方面，失业率大幅跳升，同时生产得不到有效恢复，居民生活出现困难；另一方面，影响居民生活的基本生活资料和日用品供给严重不足，CPI 急剧攀升引发恶性通货膨胀，两者共振产生较大的社会稳定问题。同时，将伴生信用违约大幅上升：一方面，个人房屋贷款因偿付能力大幅下降大面积违约，同时随着房价大幅跳水出现房地产类开发贷款和信托贷款等公司融资大幅度违约；另一方面，大量的中小企业和民营企业出现较大比例的破产潮，同时会出现马太效应进一步强化失业和通货膨胀的状况，并形成最终的相互强化的情况。此种场景下，可能会带来银行不良资产的较大比例上升，特别是如果疫情在当前场景下出现新的反复，不良贷款率可能达到两位数。

工信部公布的数据显示，占比达全部规模企业法人单位约 99. 8% 的中小企业法人单位开工率刚刚超过 30%，还是比较严峻的。当然，

情况在缓慢改善中。

三、银行风险爆发对经济金融安全的影响及预防对策

总的来讲，中国银行业经过几十年的改革发展，抗风险的能力不断增强，目前各项指标平稳正常，银行业风险总体可控，同时，突如其来的新冠肺炎疫情虽然在初期来势汹汹、影响较大，但经过举国体制的合力围歼，已基本得到控制，对银行业风险的影响是短暂的、可控的；当然，也不排除在某些局部、某些细分领域出现较大风险的可能性，发生系统性金融风险的概率极低。在触发商业银行风险发生的极端情景出现时，如在疫情完全失控的极端情景下，将会给金融安全以至整个宏观经济带来较大的消极影响。

极端情形一：房地产出现硬着陆情形下引发的银行业系统性风险及其风险扩散

1. 对经济金融安全的影响评估

在极端情况下，如果房地产价格拐点出现后，在短期出现断崖式持续下跌，将对目前高度亲房地产的中国商业银行体系产生强烈冲击。据某一股份制银行的内部压力测试，如果一年内出现 30% 以上的房地产价格平均跌幅，中国银行业房地产相关的资产将出现大幅减值，银行业不良资产将大面积爆发，不良率将可能大幅跳升至两位数。

银行危机一旦爆发，一方面，将阻断银行体系正常的货币政策传导机制，形成银行同业流动性危机对整个金融体系流动性阻断，进一步破坏整个经济正常运行的基本信用体系和资金供给，最终导致通货紧缩和经济衰退；另一方面，目前房地产的巨大资产泡沫将被快速刺破，资产价格大幅跳水，从而导致个人破产、企业破产和中小银行破产共振，导致出现全国性金融危机。日本房地产泡沫破裂和美国两房破产引发金融危机场景可能在中国再现，将极大冲击国家经济金融安全，导致系统性

金融危机和国家经济瘫痪。

2. 预防措施与风险发生概率

近几年，三、四、五线城市棚户区改造和货币化分房政策组合成功去除了房地产库存，房地产库存总量回到合理区间，库存结构得到优化，为房地产泡沫控制和化解赢得时间和空间；同时加大供地制度改革使土地财政下的土地狂热得到很好的降温和冷却。2019 年底召开的中央经济工作会议进一步提出了“控地价控房价”双控组合，为政府短期和中期加大房地产价格稳定性的把控、防范房价急剧下跌提供可操作思路；避免了经济失速情况下可能出现的房地产泡沫破裂的风险，为经济转型赢得了平稳环境和时间空间。

由于疫情可能引发银行大幅出现毒资产和不良资产，防止房价过度下滑已成为目前政府政策的关注重点，在“房住不炒”的政策前提下，监管机构和地方政府都推出了相关措施。金融方面，适度放松了房地产债券发行提供适度流动性支持。根据中国指数院的统计，2020 年 1 月以来房企发行了 43 笔美元债，Wind 统计显示，2020 年以来，房企境内外发债规模达到 1849 亿元（其中海外 1435 亿元），超过 2019 年同期规模，同时央行一系列流动性释放措施降低了房地产发债利率水平；近期央行引导 5 年期 LPR 利率下降，使房贷利率适度降低，减少了房贷还贷压力；多地地方政府推出了呵护市场的举措。国泰君安通过货币资金/（刚性费用 + 短期有息负债）这一指标，在房企销售停滞的情境下开展的样本极限压力测试显示，大多数房企在疫情冲击下有惊无险，而尾部 7.7% 的房企样本支撑时长在一个季度以内，尾部 20.2% 的房企样本支撑时长在半年以内，总体风险可控。

总体判断，即使是在疫情影响下，只要不出现疫情大的反复和完全失控的情形，房地产硬着陆导致银行体系发生系统性金融风险的概率极低。

极端情形二：资本项目全面开放和汇率完全自由化叠加挟房地产泡沫破裂导致的银行体系崩溃及其外溢性影响

1. 对经济金融安全的影响评估

如果出现这一极端情形，伴随房地产崩盘和中国经济崩溃，中国亲房地产的银行体系将彻底崩塌，加之汇率的急剧贬值将使我们金融危机和经济危机叠加共振！在房地产泡沫的基础条件没有改变之前，资本流动的自由化和汇率的完全市场化、透明化将加剧银行资产的减值和不良资产的倍增，从而使金融体系整体崩溃，并进而进一步放大资本外逃带来的经济崩溃和资产跳水，将强化负面马太效应。

2. 预防措施评价与风险发生概率

乐观的数据和声音自有其道理，但我们还是要保持警惕，防止在国力还不稳固的情况下，由于过快开放资本项目和超前推进汇率自由化带来快钱的便利出逃而导致的经济金融危机。

回看往事，在 1997 年亚洲金融危机爆发时中国为什么能够独善其身？资本项目未开放是中国能够安身立命免于灾难的法宝和最核心栅栏；当然还包括汇率的管制和金融体系的相对封闭等。也是因为当时中国内地本身的安全无虞，才得以有精力有能力克服自身巨大困难，并以巨额外汇资金倾囊驰援香港特区。中国在自身发展中根据自身能力确定开放进程的策略被实践证明是正确的，之后的次贷危机等世界级的金融灾难都得以安然躲过。

当前外资银行资产在中国银行体系的占比仍然很小，在股市和债市中的占比仍然很低。截至 2020 年 1 月末中国外汇储备规模 31155 亿美元，创下 2019 年 7 月以来最高的水平，较 2019 年 12 月末上升约 76 亿美元，升幅 0.2%，处于稳定状态。只要继续坚持资本项目开放节奏稳健有序，坚持汇率自由化透明化保持合理节奏，就能守住系统性金融风险底线，保证金融和经济安全。疫情对资本流动的影响有限，钟南山院士最近关于2020年4月末疫情基本控制的讲话表态提振信心，使受冲击的可能性进一步降低，在前两天大幅流出后，2月27日北向资金净流出大幅减少为10亿元，尾盘开始加速流入。如果4月实现疫情的基本控制，那将是国际资本加速回流中国之时。当然，我们要未雨绸缪，加大研究和控制力度，探讨和制定预案，把资本项目全面开放和汇率完全自由化叠加挟房地产泡沫破裂导致的银行体系崩溃的风险降到最低。

鉴于中国综合国力的持续增强，目前中国金融进一步开放尚处于起始阶段，风险可控，只要在资本项目开放和汇率自由化方面保持合理节奏，加强资金流出的真实性、合理性管控，完善资金监控体系，中国银行体系因金融开放可能发生系统性金融风险的概率较低。

极端情形三：经济失速极端情形下银行风险可能向经济和社会领域扩散

1. 对经济金融安全的影响评估

第一，信用卡等消费金融生态遭破坏，内需动力减弱，透支内需坍塌，影响经济健康发展，带来社会问题。

银行信用卡是目前消费的主要传统渠道，虽然网上第三方支付增长迅速，信用卡目前仍是主渠道之一，而P2P风险在2020年短期集中加速暴露将可能进一步使银行信用卡整体不良率加速攀升，将严重破坏内需增长依托的消费金融生态环境，将使近年来以年轻人为主的依靠信贷透支超前消费的模式彻底完结，可能导致多年的持续消费透支总坍塌，最终对内需增长形成实质性影响。而P2P本身的暴雷瓦解也会对内需增长产生持续的负面影响。近期的疫情对就业形成的压力可能首先波及年轻人，并对信用卡整体的信用产生影响，加重对内需增长的负面影响。

而信用卡风险、P2P破灭打破闭环，风险直线上升，以信用为依托的透支和超前消费就此完结，带来特定年轻群体的不稳定预期和悲观厌世情绪，可能影响社会稳定，影响代表未来消费能力的年轻人的消费欲望和消费能力。零售部门的总体负债中供房资金过快膨胀，在收入中占比过高，养老、医疗、教育基础保证不足将形成对消费的挤出效应，可能造成未来内需下滑。

第二，高企的居民杠杆和失业率叠加带来的银行违约，将对消费和民间投资带来双重打击，影响社会安定，影响转型升级的顺利实现。

一旦失业率高企，加之我国短期内迅速累积起来的高企的居民杠杆，可能带来居民大面积的无力还贷违约，进而冲击社会整体消费能力，同时将形成社会稳定问题和实业的可持续发展，进一步还会造成经济下滑，转型失败。疫情的封闭措施和复工复产控制已经对居民房贷的还贷能力和部分行业特别是餐饮住宿旅游以及小微企业和个体工商户等的就业带来短期的冲击，使出现上述负面影响的可能性加大。

2. 预防措施评价与风险发生概率

第一，消费金融环境在整顿中得到改善，出现局部风险概率低。

根据监管部门数据，2019 年以来，P2P 网络借贷风险发生了根本性转变。一方面，存量风险得到大量压降，截至 2019 年 10 月末，全国纳入实时监测的在运营机构数量已降至 427 家，比 2018 年末下降 59%；借贷余额比 2018 年末下降 49%，出借人次比 2018 年末下降 55%；行业机构数量、借贷规模及参与人数已连续 16 个月下降。另一方面，现在运营的机构已经全部纳入监管控制之内，大部分机构选择退出，投资者风险意识增强，地方政府主体责任压实。

目前监管部门和各级政府高度重视 P2P 风险化解工作，已经在加快推进相关措施的落实：对停业和立案机构，加快资产处置力度，建立依法、公开、公正办案机制，让公众了解办案的情况；对退出的机构，要明确按照退出时间表，确实兑付投资者的投资；对没有实时接入监测系统的机构，限期停止发新标，限期退出市场；对目前 427 家在运营的机构，在 2019 年底之前每家都完成分类处置的路径。

总的来讲，P2P 总体风险已经大幅度缓释，信用卡风险暴露的外部风险环境改善，同时信用卡不良总额在银行不良中占比低，不会产生大的负面影响，出现局部风险概率低。

第二，失业与居民高杠杆共振造成银行业风险的可能性小。

2019 年就业政策强度和力度进一步加强，成为三大宏观政策之一，效果明显，2019 年 10 月就已经超额完成全年就业总体任务；2020 年初中央即把就业作为政策的首要关注点，随着疫情影响的加大，就业政策强度进一步加大，成为重中之重的工作，专门推出了一系列稳企业、稳岗位的政策，如减企业负担扩就业岗位、失业保险稳岗返还，社保减免、疫区及中小企业税收专项扶持、减缓缴社会保险费政策、人行低息专项资金配套、引导降息、扩大专升本、研究生招生规模等一系列组合拳；在就业结构方面，2019 年以来加大了对教育体制改革的力度，结构上增强了职业教育体系的建设，效果正在显现。同时 2018 年、2019 年连续两年全国减税降费突破 2 万亿元，2019 年达到近 2. 3 万亿元，大幅度减税降费让实体经济休养生息，加大了实体经济吸引力和融资力，转型节奏在加快，有利于从根本上改变就业局面。

积极财政政策进一步发力。2020 年以来，随着疫情的发展，财政部提出了牢牢把握“三个确保”要求，即确保制造业等主要行业税负明显降低、确保建筑业和交通运输业等行业税负有所降低、确保其他行业税负只减不增，及时研究解决企业反映的突出问题，持续发挥减税降费政策效应。为防止重要民生商品价格出现波动，全国各地采取“保价格、保质量、保供应”等系列举措。健全鼓励支持基础研究、原始创新的体制机制，鼓励企业牵头承担国家科技重大项目，进一步扩大高校和科研院所自主权。创新财政资金支持制造业发展方式，引导资本、资源向战略关键领域聚焦，集中支持重点产业创新服务平台建设等方面，促进产业链向中高端迈进。加大重点项目开工力度，截至 2020 年 2 月 27 日，中央及地方积极出台政策推动企业复工复产，推动重大项目开工建设。据不完全统计，近日北京市、福建省、河南省、云南省、江苏省等地发布的 2020 重大项目投资计划清单的总投资额合计逾 11 万亿元。按照一般性转移支付增幅明显高于中央本级支出增幅来安排，并重点向革命老区、民族地区、边疆地区、贫困地区倾斜，给地方更大财力使用自主权，缓解地方收入增长放缓带来的财政支出压力，相应地压减对地方专项转移支付。同时，更积极的财政政策进一步发力，阶段性缓解了地方政府债务的压力，也使地方平台债券的信用风险在一定时期内有所缓解。保障信贷资源供给。全力满足卫生防疫、医药用品制造及采购、公共卫生基础设施建设、科研攻关、技术改造等方面的合理融资需求。政府赤字率可能调增至 3%，地方债发行提前与加速；疫情的冲击可能使专项债增发幅度超出市场年前的预期，可能达到 3.35 万亿元左右。继续推动将专项债券作为重大项目资本金的政策。充分发挥《关于加强固定资产投资项目资本金管理的通知》社会资金投资鼓励政策的作用。

疫情推动宏观金融政策进一步加码。疫情发生以来，首先，央行持续开展了逆回购、MLF 操作，市场流动性充裕；2020 年 1 月新增社融 5.07 万亿元，同比大增 10.7%，新增人民币贷款 3.34 万亿元，比预期多增 3300 亿元，从一个侧面印证了目前资金面的宽裕；短期流动性充裕对信用风险会有一定的缓释作用，增加了风险安全垫。其次，央行引导一年期和五年期 LPR 利率同时下降，同时表态会持续推进，与财政减税持续加强共同推动实体经济总体财务成本进一步下降。再次，推动减免手续费、完善续贷政策安排、增加信用贷款和中长期贷款等方式；对疫情防控相关医疗设备的金融租赁业务，鼓励缓收或减收相关租金和利息；积极支持防疫用品小微企业生产。最后，保持贷款增速，对因疫情影响正常经营、遇到暂时困难的，稳贷、增贷，不盲目抽贷、断贷、压贷。

一方面由于疫情影响带来了明确的可预见的短时间内的一定程度经济下滑，另一方面国家对全面建成小康社会、全面脱贫和“十三五”

规划收官对2020年的经济增长目标有一定的刚性要求，两者的叠加意味着稳增长取向会进一步增强；稳就业和社会稳定的底线要求也约束了信用违约的概率。

综上，在当前疫情和经济金融边界条件下，失业与居民高杠杆出现共振可能性不大，形成银行风险的概率很低。

经济失速极端情形出现概率小，银行出现风险及向经济和社会领域扩散的情况是小概率事件。

极端情形四：同业风险爆发会阻断正常的货币流通格局，金融体系信用破坏

1. 对经济金融安全的影响评估

2019年的“包商银行”事件具有标志性意义，在打破银行刚兑信仰的同时，打碎了同业信仰和对直连银行的同业存单的信仰，对于在过去几年野蛮生长的中小银行来说，是沉重打击，特别是城商行和农商行更是重灾区。

包商银行被接管后3个月同业存单平均发行利差大幅走阔，大型国有商业银行较基点不超过35BP，股份制银行不超过70BP，城商行最高达到155BP，农商行最高冲到了175BP。应该讲，金融同业短时间内出现了信用阻断和失灵的情况。在央行及银保监会的窗口指导和流动性呵护之下，才有所恢复，但再也回不到从前。各家银行重新评估同业信用风险，中小银行被压缩甚至取消信用敞口。而随着宏观经济增速放缓和金融市场供求结构性矛盾日益凸显，城商行、农商行盈利增速放缓，风险贷款规模持续攀升，特别是表外资产可以重回表内，导致风险加权资产增幅远超资本净额增幅，风险拨备消耗越来越多，资本充足率等核心监管指标有逐渐下滑的趋势。

银行同业信用信仰的打破，也扩展到非银金融机构，2019年以来，整个银行体系的信用传导整体出现了不畅的情况，结构上来讲，中小金融机构出现了信用供给困难、融资困难，融资成本跳升，同业信用风险和交易对手风险明显加大。银行传导的不畅进一步影响了实体经济资金的供给数量，加大了中小企业的违约概率，抬升了中小金融机构服务的中小企业的融资成本。实体经济在融资整体环境恶化情况下将出现下滑、衰退和转型困难的风险，最终将影响经济安全。

2. 预防措施与风险发生概率评估

2019 年以来，针对同业风险隐患加大、中小银行风险暴露显性化的情况，国家层面顶层设计加强，人民银行和银保监会高度协同，推出了一系列的政策措施，确保了金融同业的基本稳定，平滑了处置包商银行、恒丰银行、锦州银行风险的负面影响，化解金融风险纳入了可控的轨道。

第一，金融稳定委员会引领方向，确保化解金融风险在既定的方针下可控进行。

2019 年下半年以来金融稳定委员会多次强调深化金融供给侧结构性改革，指出要进一步深化政策性金融机构改革，完善治理体系和激励机制，遵循金融机构经营规律，发挥好政策性金融机构在经济转型升级和高质量发展中的逆周期调节作用；要加快构建商业银行资本补充长效机制，丰富银行补充资本的资金来源渠道，进一步疏通金融体系流动性向实体经济的传导渠道；“金稳委”召开 2019 年第九次会议更是专门研究深化中小银行改革、防范化解金融风险等问题。

金稳委着重研究了“深化中小银行改革”这一问题，明确了中小银行扎根基层，服务民营小微企业和个体工商户定位，是弥补服务实体经济“短板”的先锋力量；针对随着金融监管的不断强化，影子银行“回表”必然增加资本损耗，加之中小银行贷款的不良率较高，其公司治理结构和风险内控体系与大型银行差距大，风险隐患较大的问题，提出要深化中小银行改革，从根源上解决中小银行发展的体制机制问题。目前最迫切的是通过补充资本金降低中小银行杠杆水平，消灭隐藏的风险点。疫情发生以来，这项工作的推进速度进一步加快，措施更加到位务实。

第二，人民银行和监管机构协同推进，同业风险化解取得积极进展。

中国银保监会通过印发《关于商业银行资本工具创新的指导意见（修订）》，放宽了对中小银行通过发行优先股补充其他一级资本的限制，明确商业银行资本工具发行的相关要求。修订稿提出的商业银行发行资本工具的三大基本原则包括：多措并举、夯实资本；科学发展、统筹规划；坚持市场化、法制化原则。还指出商业银行应根据本指导意见的要求，结合本行资本充足水平和资本补充需求，制定资本工具的发行方案，确保资本工具发行和赎回有序衔接，保持充足的资本充足率水平。修订意见的出台为问题银行资本工具的处置提供了法规依据。随着资本工具发行资格的放松，未来更多未上市银行、区域银行将发行多种类型的资本工具。在出现包商银行、锦州银行等问题银行事件后，问题银行资本工具的处置更显迫切，本次修订意见的出台提供了可操作法规文件作为依据。预计后续将会有更多的鼓励政策出台，中小银行资本补充的空间将随之打开。目前银行资本补充的渠道是畅通的，银保监会与央行、证监会会有统一安排，对银行发行资本补充工具进行综合性审批，让银行自己决定选择何时、在何种市场发行资本补充工具，并加快银行资本补充工具发行的审批速度。目前数据已经表明，商业银行的资本补充机制2018年以来得到明显加强。

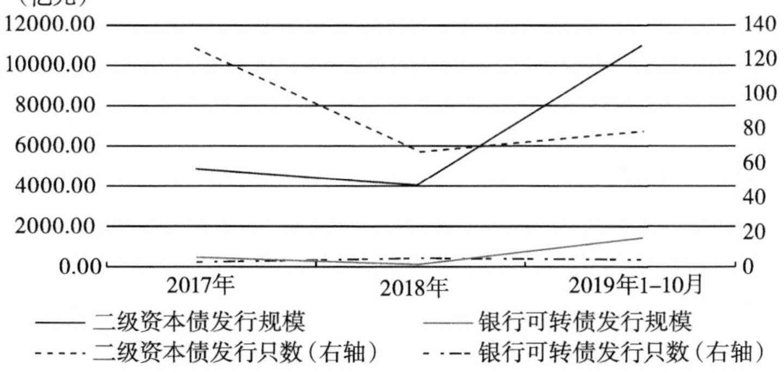

图17－11　银行可转债与二级资本债发行情况

资料来源：Wind。

进一步重点加强了对农商行的管理。2019 年 1 月 14 日，银保监会发布《关于推进农村商业银行坚守定位、强化治理、提升金融服务能力的意见》（银保监办发〔2019〕5 号文），要求县域及城区农商行“原则上机构不出县（区）、业务不跨县（区）”。意见强调农商行支农支小定位，引导其加强对于涉农贷款和小微企业贷款融资供给，重申可贷资金投向当地比例指标要求。

在对银行风险的具体处置方法和措施方面，银行监管机构也正在探讨合适的路径，明确银行化解风险的方式是多层次的：一是银行调整自己，自我消化，通过补充资本，提高自身抵御风险的能力；二是重组；三是收购兼并；四是借助外部力量接管，如包商银行；五是破产。因为银行的牌照还是有价值的，破产处置会是小众事件，大部分都将是通过收购兼并的方式。

包商事件虽对同业业务造成较大冲击，但经过政府和监管部门的共同努力，目前风险外溢完全在可控范围之内，无系统性风险之虞，局部性和独狼型的风险事件也在可控边界内。近期传出安邦顺利结束接管的好消息，也从一个侧面说明了银行风险防范在扎实推进，成果显著。

对于资管业务的压力，结合疫情的影响，近期监管部门表示，将按照资管新规要求，稳妥有序完成存量资管业务规范整改工作，对到 2020 年底确实难以完成处置的，允许适当延长过渡期。这对于防范同业风险集中爆发有积极意义。

通过以上评估，经济失速极端情形下银行风险可能向经济和社会领域扩散的场景出现的概率在 10% 以内。

极端情形五：出现新冠肺炎疫情完全失控等极端情形时，银行业乃至金融业将出现系统性风险，并造成经济崩盘和社会动荡

1. 对经济金融安全的影响评估

新冠肺炎疫情在极端情况下将摧毁全球的经济体系、造成社会动荡

和民生涂炭，金融资产崩盘。

2. 预防措施与风险发生概率评估

随着疫情影响的加大，就业政策强度进一步加大，成为重中之重的工作，国家专门推出了一系列稳企业、稳岗位的政策，如减企业负担扩就业岗位、失业保险稳岗返还，社保减免、疫区及中小企业税收专项扶持、减缓缴社会保险费政策、人行低息专项资金配套、引导降息以及扩大专升本、研究生招生规模等。

随着疫情的发展，财政部提出了牢牢把握“三个确保”要求，即确保制造业等主要行业税负明显降低、确保建筑业和交通运输业等行业税负有所降低、确保其他行业税负只减不增，及时研究解决企业反映的突出问题，持续发挥减税降费政策效应。为防止重要民生商品价格出现波动，全国各地采取“保价格、保质量、保供应”等系列举措。健全鼓励支持基础研究、原始创新的体制机制，鼓励企业牵头承担国家科技重大项目，进一步扩大高校和科研院所自主权。创新财政资金支持制造业发展方式，引导资本、资源向战略关键领域聚焦，集中支持重点产业创新服务平台建设等方面，促进产业链向中高端迈进，加快提高新动能的 GDP 增速和在 GDP 中的贡献。加大重点项目开工力度，截至 2020 年 2 月 27 日，中央及地方积极出台政策推动企业复工复产，推动重大项目开工建设。据不完全统计，近日北京市、福建省、河南省、云南省、江苏省等地发布的 2020 重大项目投资计划清单的总投资额合计逾 11 万亿元。对实体经济特别是制造业的复工推动以及对中小企业和餐饮住宿行业等影响就业的关键环节减免税政策和支持力度空前。

央行持续开展了逆回购、MLF 操作，市场流动性充裕；2020 年 1 月新增社融 5. 07 万亿元，同比大增 10. 7%，新增人民币贷款 3. 34 万亿元，比预期多增 3300 亿元，从一个侧面了印证了目前资金面的宽裕；短期流动性充裕对信用风险会有一定的缓释作用，增加了风险安全垫。央行引导一年期和五年期 LPR 利率同时下降，同时表态会持续推进，与财政减税持续加强共同推动实体经济总体财务成本进一步下降。

危机中并不都是负面，疫情也带来了新的经济拉动力量，国家加大了以硬科技、制造业和新型基础设施为主线的新动能投资，如 5G、集成电路、国家级经济技术开发区等，加快了科创板项目选择和上市推动。疫情也触发了新行业发展机会，如医药医疗、在线游戏、在线教育、视频办公、人工智能、物联网等；又如公共卫生及应急体系、储备体系基础设施建设等。这些都给经济带来新的动能和天地。

国家最高层亲自指挥疫情防控，国家体系强力推动，问责执行力度持续加大，防疫措施得当严格，疫情出现反复的可能性不大，得到快速控制的可能性极高。经过艰苦努力，目前国内疫情得到有效控制，2020 年 2 月 27 日全国疫情持续向好，24 个省份和兵团均无新增确诊病例，湖北除武汉以外的地市局部爆发态势得到遏制。同时，一手抓防疫，一手抓经济，就业、财政和货币政策反应迅速坚强有力，由于措施及时精准，实体经济已经在加速恢复。科技与制造业方面，倒逼机制将加快国内自主研发的提升速度，更强力地推动经济转型和产业升级。国际方面，新冠肺炎疫情仍在发展，即使发酵，对中国目前的对外依存度来说，影响不是根本性的；域外疫情发酵带来的资本市场外汇及大宗波动以及进出口影响，在我国当前资本项目尚未开放以及内需投资主导的情况下，不会带来过大的冲击。当然，在当前情况还未完全明朗的关键时刻，要密切关注疫情变化，特别是及时评估预防疫情出现大的反复及未预见的国内大面积扩散，或者持续时间过长，疫情在极端情境下在境外大面积扩散等带来的极端信用风险冲击。

经过上述评估，新冠肺炎疫情出现完全失控等极端情形风险发生概率低于 10%。

总之，通过以上的分析我们可以看到，银行业经营目前总体稳健，各项风险指标处于安全区间并呈现出良好发展趋势，金融稳定委及银保监会推出的风险治理长效机制和预防措施得当，提高了银行业风险状况向好的预期；突发的新冠肺炎疫情基本可控，对金融的影响是短期的、有限的，可以预见的是，2020 年银行业不发生系统性金融风险的预期目标是基本能够得到保证的。

第十八章　粮食安全分析与中长期发展建议

一、新时期中国粮食安全取得的主要成就

仓廪实，天下安。粮食是关系国运民生的重要战略物资，粮食安全关系到经济发展、社会稳定及国家独立，是国家发展的稳定器，也是世界各国都高度关注的重要问题。长期以来，中国始终把粮食安全作为国家安全的重要基础问题，并始终把解决人民吃饭问题作为治国安邦的首要任务。中国用占世界不足10%的耕地、6%的淡水资源，养活了占世界近20%的人口，破解了国际上“谁来养活中国”的难题，在消除饥饿、实现粮食安全、改善营养和促进可持续农业等方面取得了举世瞩目的巨大成就。

（一）粮食总产量及人均产量稳步增长

70年来，中国粮食产量基本上呈稳步上涨态势，粮食总产量连上新台阶，若以千亿斤作为一个台阶计算，已登上11个新台阶，粮食供给由短缺转变为供求基本平衡。2019年中国夏粮总产量1417亿千克，比2018年夏粮总产量增加29亿千克，增长率为2.1%。2018年中国的全年粮食总产量达到6579亿千克，比1996年的5045亿千克增产30%以上，比1949年新中国成立时的1132亿千克增长近4.8倍，年均增长2.6%。2018年的人均粮食占有量达到472千克，比1996年的414千克增长了14%，比1949年的209千克增长了126%，并高于同期世界平

均水平。

（二）粮食仓储、物流体系更加完善

近年来我国在提升仓储现代化水平、提高物流效率、健全粮食储备和应急体系方面均有显著成效。2018 年仓容规模进一步增加，安全储粮能力持续增强，全国标准粮食仓房仓容达到 6.7 亿吨，简易仓容 2.4 亿吨，有效仓容总量比 1996 年增长 31.9%。粮食物流骨干通道全部打通，多式联运格局基本形成，物流效率进一步提升，2017 年，全国粮食物流总量达到 4.8 亿吨，其中跨省物流量 2.3 亿吨。此外，粮食应急储备、加工和配送体系基本形成，应急供应网点遍布城乡街道社区，并在大中城市和价格易波动地区，建立了 10～15 天的应急成品粮储备供应点。

（三）居民膳食营养水平明显改善

居民膳食消费由以植物性食物为主体的单一模式向植物性与动物性食物并重的多元模式转变，饮食更加综合健康营养。2018 年，油料、猪牛羊肉、水产品、牛奶、蔬菜和水果的人均占有量分别为 24.7 千克、46.8 千克、46.4 千克、22.1 千克、505.1 千克和 184.4 千克，对比 1996 年数据分别增加 6.5 千克、16.6 千克、19.5 千克、17 千克、257.7 千克和 117.7 千克，增长率分别为 35.7%、55%、72.5%、333.3%、104.2%和 176.5%。同时，中国居民膳食营养水平不断改善，蛋白质、脂肪、碳水化合物三大营养素供能充足，目前平均每标准人每日能量摄入量 2172 千卡，蛋白质 65 克，脂肪 80 克，碳水化合物 301 克。

（四）科技创新能力显著提高

我国农业科技进步贡献率大幅提升，由 1996 年的 15.5% 提高到 2018 年的 58.3%，提高 42.8 个百分点，粮食大国成为世界农业科技大国。农业机械化水平迅速发展，2018 年我国农业机械总动力达到 10 亿千瓦，全国农作物耕种收综合机械化率超过 67%，其中主要粮食作物耕种收综合机械化率超过 80%。粮食单产能力显著提高，相比 1996 年的每公顷 4483 千克，2018 年达到每公顷 5621 千克，增加了 1138 千克，增长 25% 以上。科学施肥、节水灌溉等技术大面积推广，水稻、小麦、玉米三大主要粮食作物农药、化肥利用率分别达到 38.8%、37.8%，病虫草害损失率大幅降低。

二、供求紧平衡态势仍将持续

（一）刚性需求持续增长

从粮食需求形势来看，我国目前仍处于工业化和城镇化快速发展期，未来 5～10 年更将进入发展关键时期，而经济高速发展、城镇化率不断提高以及人口增长通常伴随着粮食消费需求的同步增长，因此，我国粮食安全仍会面临刚性需求的持续增长。首先，人口的增长及收入增加的双重作用，将直接导致粮食需求刚性增长。经国家人口计生委预测，中国人口预计在 2020 年达到 14.2 亿，而人口总量高峰 15 亿将出现在 2030 年[①]，此时的粮食需求量预计将达到 7000 亿千克。同时，居民收入的持续增长将引起消费结构升级，饮食偏好发生改变，对动物性食物的消费量增长，进而引起间接用粮的需求大幅增长。相关研究表明，2030 年中国间接用粮需求将突破 5000 亿千克。其次，工业化的快速发展将消耗更多的粮食资源。粮食的工业用途在医药、化工、生物能源等产业不断拓展，各相关产业的发展都将增加对粮食的需求量。根据中国 1995—2008 年工业用粮常态增长速度测算，预计未来工业用粮的年平均增长量为 15 亿千克，2025 年和 2030 年分别达到 915 亿千克和 990 亿千克。最后，根据中央农村政策研究室测算，城镇化率每提高 1

---

① 按照易富贤的测算，中国人口峰值出现于 2017 年，人口总数为 12.813 亿人，参见本书第 17 页。

个百分点，将导致粮食需求量增加约 50 亿千克。2018 年末，我国常住人口城镇化率达到 59.58%，预计在 2030 年达到 70%，再提高近 10% 的幅度意味着还将有 1 亿多人口从农村转移到城镇。农民由生产者转换为纯粹的消费者将带来粮食消费的增量约为 40～50 千克/人，刚性需求增长不可避免。

（二）供给约束日益凸显

从粮食供给形势来看，我国粮食供给能力主要受资源环境及生产硬性条件约束，国内粮食耕地面积数量缩减与耕地质量下降并存，粮食的供求紧平衡态势在未来仍将持续。一方面，2018 年我国常住人口城镇化率达到 59.58%，比上年末提高了 1.06 个百分点。土地是城市的依托，工业化、城镇化的进程加快，往往伴随着大量耕地转变为工业用地、住宅用地及基础设施用地，直接导致大量优质耕地的减少。据国土资源部统计，2010—2017 年，土地城镇化的速度比人口城镇化的速度快 1.5 倍以上。相关统计数据也表明，城镇化率每增长 1 个百分点，将会引起城市建成区面积平均扩大 153 万亩，耕地面积减少 615 万亩。[①] 另据《全国土地整治规划（2016—2020 年）》指出，“十三五”期间因生态退耕、农业结构调整、建设占用等预计耕地面积将减少约 7000 万公顷。另一方面，国内经济的快速发展主要依赖于粗放型而非集约化利用土地模式，近年来重金属及水污染问题凸显，耕地质量下降趋势短期内难以根本解决。原国土资源部 2018 年 1 月 7 日发布的全国耕地质量等别显示，我国中、低等耕地面积比例分别为 52.72% 和 17.79%，实际面积达 14.23 亿公顷，有灌溉条件的耕地只占 51.5%。中低产田数量过多是造成粮食平均单产水平较低的主要因素，而土壤重污染又将直接导致粮食减产。据相关统计，重金属污染每年导致我国粮食减产 100 亿

① 赵健．新常态下城镇化与耕地保护协调发展的思考[N]．驻马店日报，2019－03－13(3)．

千克，近 1200 万吨粮食受到重金属污染，造成经济损失高达 200 亿元。①

（三）跨区域流通量持续增加

从流通形势来看，近年来粮食生产向主产区及核心区集中的趋势更加明显，粮食的跨区域流通量进一步增加，市场供给大幅波动的风险依然存在。由于近年来资源的变化和政策的调整，我国粮食主产区的规模和结构不断发生着改变。自 2004 年以后，我国的粮食生产区分布确定为 13 个粮食主产区、7 个粮食主销区及 11 个粮食平衡区。从近年全国各省的粮食产量数据来分析，随着粮食生产技术的进步，农业政策的不断优化完善，粮食主产区的优势日益明显，主产区的粮食产量逐年递增。2004—2018 年中国粮食总产量由 4695 亿千克增长到 6579 亿千克，增幅为 1884 亿千克；13 个粮食主产区的总产量由 3412 亿千克增长到 5177 亿千克，增幅为 1765 亿千克；13 个主产区总产量在当年全国总产量的占比由 72. 7% 增加到 78. 7% ，提高了 6 个百分点。2009 年，我国实行粮食战略工程核心区建设，并确立了河南省、黑龙江省、吉林省为三大粮食生产核心区。自 2009 年确立核心区之后，全国粮食总产量由 2009 年的 5394 亿千克上涨到 2018 年的 6579 亿千克，增长了 1185 亿千克；三大粮食核心区的总产量由 1278 亿千克增长到 1779 亿千克，增幅为 501 亿千克；三大核心区总产量在当年全国总产量的占比由 23. 7% 增加到 27. 0% ，提高了 3 个百分点。以上数据表明，全国粮食的主要产量是由主产区负责的，并且粮食主产区及核心区的贡献率都有显著增加，粮食生产不断向粮食主产区集聚，将不可避免地引起粮食跨区域流通量进一步增加，对粮食流通体系提出新的挑战。

① 刘兴舟，张建，庄晓林，陈瑞佶，付华，马桂美，李猛．中国粮食安全现状与应对策略[J]．农业工程，2019，9（7）：61－64.

三、国际形势影响分析

（一）粮食消费对国际市场依赖性加强

随着“入世”以来中国对外开放程度的不断加深，国际因素对我国粮食市场的影响越来越大，近年来粮食进口量仍居高位。有利的方面是可以利用外国资源弥补国内粮食供给不足，而不利的方面在于利用国际市场风险较大，并对国家粮食宏观调控形成一定约束。2018 年中国粮食全年进口量为 1156 亿千克，其中谷物进口总量为 205 亿千克，大豆进口总量为 880 亿千克。以美国为代表的发达国家由于对粮食生产及出口实行补贴形成优势，向中国大量出口农产品，特别是大豆的出口量占比最大，对中国的粮食生产形成冲击，近年来我国以大豆为主的粮食对外依存度和进口量均呈上升态势。据中商产业研究院数据库显示，2013—2017 年中国大豆进口量逐渐增长，2017 年大豆进口量占消费量比例达 86%，进口量为 955 亿千克，相比 2013 年累计增长 322 亿千克，增长率为 50.7%。尽管相比 2017 年，2018 年中国大豆进口量由 955 亿千克下降为 880 亿千克，同比下降 7.9%，且 2018 年大豆产量达到自 2006 年以来的最高值 160 亿千克，但仅能满足国内需求量的 15%。

（二）中美贸易摩擦对我国粮食安全的影响

中美贸易摩擦给中美贸易关系蒙上了浓重的阴影，使全球粮食贸易存在高度的不确定性，进一步加剧了我国粮食安全的压力。作为全球最大粮食出口国的美国与作为全球最大粮食进口国的中国贸易往来非常频繁。自 2018 年贸易摩擦升级后，中国从美国进口的大豆、小麦等粮食作物的进口量均有所减少。2017 年，中国从美国进口大豆 329 亿千克，占当年大豆总进口量比例为 34.4%，进口量占生产量的比例为 178.4%，而 2018 年进口量为 166 亿千克，相应比例为 18.9% 与 86.7%。相比 2017 年，2018 年中国从美国进口大豆量减少了近一半。

2017 年，中国从美国进口小麦 15.6 亿千克，占当年小麦总进口量比例为 36.2%，而 2018 年进口量仅为 3.6 亿千克，占比 12.5%。相比 2017 年，2018 年中国从美国进口小麦量减少了近 2/3。数据绝对量与相对量都显示出，中美贸易双方的贸易依存度之高。中美贸易中的博弈使国内粮食安全保障能力将面临更严峻考验。

（三）国际能源化、金融化趋势显著

随着全球金融产业的发展和全球能源产业技术的进步，粮食逐渐由单一商品属性演变为商品、金融、能源三者结合的混合属性①。粮食能源化、金融化趋势使国际粮食的价格形成机制更为复杂，加剧了粮食价格的波动，并增加了保障国内粮食安全的外部不确定性。其一，在能源化、金融化趋势日益增强的背景下，国际粮食价格的波动脱离了传统供求关系，波动越来越多地受到期货价格、投资资本、货币供应、能源价格等诸多因素的影响，不确定性及人为操纵影响加剧。其二，以美国为首的发达国家是粮食能源化领域最重要的推力，也是粮食能源化体系的设计者，以及其在国际货币体系的重要影响力决定了其在粮食金融化、能源化进程中的先驱优势，全球粮食安全必然受到发达国家粮食战略的制约与影响。其三，资本的逐利性与粮食的金融化、能源化叠加在一起，通过干预粮食金融市场与粮食能源市场谋取暴利，粮价波动会进一步放大。

四、新时期中国粮食安全战略中长期发展建议

（一）严格保护和适度开发耕地，稳定粮食生产能力

耕地是粮食生产最重要的生产资料，是农民增收、农业增效、农村发展的重要载体。我国的耕地资源十分紧缺，保护有限的耕地，提升耕

① 毕艳峰．金融化能源化背景下中国粮食安全的战略选择[J]．现代商贸工业，2014，26(8)：3－4.

地质量对稳定提高粮食综合生产能力具有决定性作用。一方面，要强化耕地用途管制，严格坚守耕地保护红线。国家在 2019 年中央 1 号文件中，再次强调严守 1.2 亿公顷耕地红线，确保粮食播种面积稳定在 1.1 亿公顷。地方政府要维持基本农田保护和耕地总量动态平衡，严格审批农地转用，推进土地开发复垦，确保 1.2 亿公顷耕地红线不动摇，不断提高耕地质量。到 2020 年落实 12436 万公顷耕地保有量、10307 万公顷永久基本农田、4072 万公顷建设用地总规模约束性指标。另一方面，耕地数量不足的情况下，提升耕地质量尤为重要。实施“藏粮于地”战略，应不断提高耕地质量，完善农田水利设施，提升土地的肥力，严格控制污染，促进传统耕地向标准农田转变，落实高标准农田建设。2019 年《中共中央国务院关于坚持农业农村优先发展做好“三农”工作的若干意见》中提出，要在 2020 年建成 8 亿亩高标准农田。地方政府应深入实地开展调研，统筹安排，合理规划，确保高标准农田建设的实施效果，到 2020 年确保建成 8 亿亩高标准农田，粮食综合生产能力稳定在 6 亿吨以上。到 2022 年，确保建成 10 亿亩高标准农田。到 2035 年，粮食种植面积保持总体稳定。

（二）推动粮食科技创新发展，促进农业可持续发展

从世界农业发展历程来看，科技创新在提高粮食生产能力、确保粮食安全、促进农业可持续发展等方面的作用非常显著。在我国水土资源约束更为严格的条件下，确保粮食安全，促进农业可持续发展的根本出路在于科技创新。与发达国家相比，我国农业科技尚有很大差距，从基础设施、良种培育、水肥农药、病虫害防治、信息机械到产品结构、品质品牌等方面，还存在很多薄弱环节。差距是潜力，亦是动力，科技之力非一日可成，增强科技创新能力，其一，应从产业发展需求考虑，大力发展农业教育事业，加快推进产学研、农教科深度结合，打破部门、区域、学科界限，建立合理分工而又紧密结合的协同创新机制。其二，应持续增加农业科研投入，培育一批农业战略科技创新力量，强化节水

灌溉、农机装备等农业基础研究，并实施农业核心技术攻关行动，推动粮食良种良法等核心关键技术的研发与推广。其三，推进农业机械化和农机装备转型升级，重点突破工艺材料、关键作业装置等技术瓶颈，开发智能化、精准化装备设施，以提高机械化作业效率，增加粮食供给，提升粮食品质。

（三）建设现代粮食仓储物流体系，提高流通质量与效率

在市场经济体制下，以提升流通质量和效率为中心，建设现代粮食仓储物流体系对提升市场资源配置效率的作用是至关重要的。一方面，提高粮食仓储保障能力。其一，仓储基础设施的完善直接关系到应急时刻调配粮食的效率，围绕优化布局、调整结构、提升功能三个重点，完善粮食仓储基础设施建设。其二，为了保证粮食质量安全，除了改善仓储设施条件外，还应鼓励应用环流熏蒸、氮气储粮等绿色技术来保障储粮品质。另一方面，加强粮食流通环节建设。流通环节是粮食从生产到消费的中间环节的传导和枢纽。其一，应加强粮食物流与信息化融合深度。针对粮源收购、粮食库存和运输优化等环节进行分散管理，最后再将各管理系统集成，以提高管理效率。其二，针对以往区域限制，可借助互联网、大数据技术将粮食主产区、主销区及平衡区各个平台连接。根据区域市场的不同需求，通过物流调度来平衡粮食供给。其三，整合全国粮食物流资源。优化粮食供应、配送、加工网点的布局，打造一个全国性的粮食产业物流链和多个区域性的粮食物流平台，形成布局合理、运转高效的现代粮食物流体系。其四，为有效提升粮食物流重点线路流通效率，应合理规划大型粮食物流园区布局，并建设一批粮食进出口物流通道和重要节点。

（四）深化粮农领域国际合作，维护粮食安全

近年来，随着中国对粮食及其他农产品需求的增加，通过利用国际资源和市场弥补国内粮食大量缺口已经成为重要途径，对国际资源和市

场的依赖性增强。国际贸易是一把“双刃剑”，需要采取积极有效措施来化解利用国际市场带来的风险。第一，深化国际合作，针对不同国家采取灵活的合作方式，合理利用国际国内两个市场、两种资源。可通过与主要粮食出口国签订长期粮食进口协议，优化粮食进口渠道，拓展多元化粮食来源市场来稳定粮食供给，并促进全球范围内粮食资源合理高效配置。第二，尽可能利用好现有的成熟市场，应继续深入推进南南合作。利用多边贸易体制，加强与南美国家的全方位合作，争取得到南美的大豆供给，同时鼓励更多中国企业“走出去”，到南美屯田生产大豆。第三，培育新兴市场，构建全球粮食产业链布局。通过深化与共建“一带一路”粮食经贸合作关系，与沿线国家共同打造国际粮食合作新平台，促进农业资源要素有序自由流动、市场深度融合。第四，采取多种防控措施，应对国际化风险。通过参与国际规则制定，限制跨国粮商垄断，加强期货市场建设等措施，积极应对国际化风险，更好地维护国际粮食安全。

（五）完善粮食储备机制，增强粮食市场平衡能力

粮食储备是保证国家粮食安全的稳定器，是特定时期解决粮食供应的应急措施，也是国家调控粮食市场的重要手段之一。目前，我国粮食储备规模比例较高，过高的储备产生相应过高的成本，增加政府财政负担，应通过政府宏观调控和市场的作用，使粮食储备达到合理的区间。第一，确定科学的储备规模。粮食的科学储备规模和功能应基于安全性、经济性、灵活性三个基本原则，并以服务宏观调控、调节稳定市场、应对突发事件和提升国家安全能力为目标。第二，科学合理布局粮储区。考虑我国粮食流通“南进北出”的特点，结合主要粮食品种的生产种植带、加工基地、市场需求及主要运输条件等因素，兼顾主产区和主销区分布，充分运用现代化信息系统为宏观调控提供依据，推进储备智能化升级，科学合理布局粮储区，优化各储区粮食品种结构。第三，完善粮食储备体制机制，健全粮食储备运行机制。加强中央储备粮

宏观管理，以维护市场平衡运行能力，同时推动地方储备粮体系改革，强化内控管理和外部监督，进一步落实粮食安全责任制。第四，健全粮食市场预警监测和突发状况反应机制。完善国家级、省级、地市级以及县级的四级分层预警体系，通过健全全国市场监控网络，提升信息资源开发和利用水平，配合现有的全国粮食监测系统及时准确发现突发状况，并迅速制定处理预案采取处置措施。

第十九章　2020年我国电力供需形势展望

一、2019年我国电力供需现状

（一）电力消费

2019年，全国全社会用电量7.2万亿千瓦时，同比增长4.5%，增速较上年同期下降4.0个百分点。用电量增速同比明显回落，一方面是由于我国经济下行压力较大，经济增速放缓。2019年，我国国内生产总值同比增长6.1%，增速同比回落0.6个百分点，其中第一季度增长6.4%，第二季度增长6.2%，第三季度增长6.0%，第四季度增长6.0%，增速逐季下降；另一方面是由于一季度气温同比偏高、夏季气温同比偏低，导致采暖电量和降温电量未能充分释放，其中1月、2月全国平均气温较上年同期分别偏高1.2℃、0.6℃；夏季（6—8月）全国平均气温较上年同期偏低0.5℃。详见图19－1。

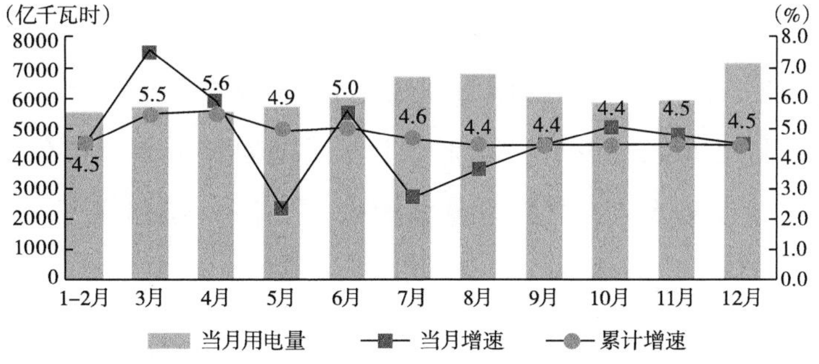

图19－1　2019年全国全社会用电量及增速

资料来源：Wind。

分产业来看，第三产业用电量保持较快增长，对全社会用电量增长的贡献明显增强。2019 年，第一、二、三产业及居民生活用电量同比分别增长4.5%、3.1%、9.5%、5.7%，用电量增速较上年同期分别下降4.5、4.0、3.4、4.6 个百分点。第二产业占全社会用电量的比重为68.3%，较上年同期下降0.9 个百分点，第三产业和居民生活用电量占全社会用电量的比重分别为16.4%和14.2%，较上年同期分别上升0.7和0.1 个百分点。第一、二、三产业和居民生活用电量贡献率分别为1.1%、47.9%、33.1%和17.9%。其中，第二产业用电量对全社会用电量增长的贡献率较上年同期下降11.0 个百分点；第三产业、居民生活用电量的贡献率较上年同期分别上升10.1、1.0 个百分点。见图19-2。

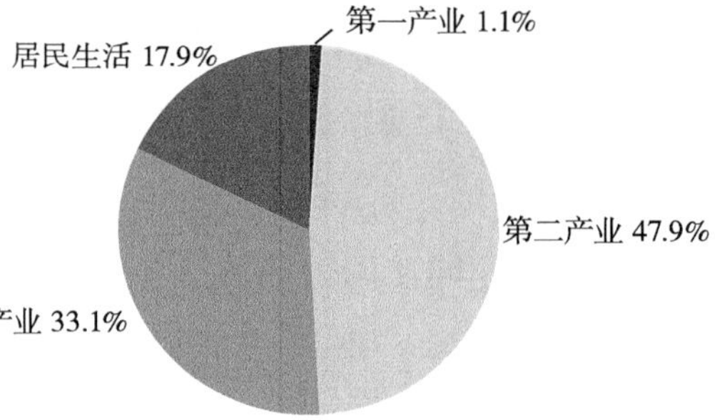

图19-2　2019 年三次产业与居民生活用电增长贡献率

资料来源：Wind。

工业用电量小幅增长，反映工业生产稳定。2019 年，工业用电量同比增长2.9%，增速较上年同期下降4.1 个百分点，占全社会用电量的比重为67.1%，对全社会用电量增长的贡献率为44.4%。其中，制造业用电量同比增长2.9%，增速比上年同期回落4.2 个百分点。

高技术及装备制造业①用电量增速大幅下降，但仍高于工业平均水

① 高技术及装备制造业包括：医药制造业、金属制品业、通用设备制造业、专用设备制造业、汽车制造业、铁路/船舶/航空航天和其他运输设备制造业、电气机械和器材制造业、计算机/通信和其他电子设备制造业、仪器仪表制造业9 个行业。

平。2019 年，高技术及装备制造业用电量同比增长 4.2%，增速较上年同期大幅下降 5.3 个百分点，仍高于工业用电增速 1.3 个百分点。其中，光伏设备及元器件制造用电量同比大幅增长 29.0%，专用设备制造业（10.8%）、电气机械和器材制造业（7.1%）、计算机/通信和其他电子设备制造业（6.6%）、医药制造业（5.6%）用电增长较快。

四大高耗能行业合计用电量增速低于工业用电量增速。其中有色金属行业用电量负增长，黑色金属、有色金属行业用电量增速显著回落。2019 年，化工、建材、黑色金属、有色金属等四大高耗能行业合计用电量同比增长 2.0%，增速较上年同期下降 4.1 个百分点。具体来看，化工行业用电量与上年持平，增速较上年同期下降 3.1 个百分点；建材行业用电量同比增长 5.3%，增速较上年同期下降 0.4 个百分点；黑色金属行业用电量同比增长 4.5%，增速较上年同期下降 5.3 个百分点；有色金属行业用电量同比减少 0.5%，增速较上年同期下降 5.8 个百分点。四大高耗能行业用电量占全社会用量的比重为 27.8%，较上年同期下降 0.7 个百分点。

分地区来看，西南用电量增速下降明显，28 个省级电网用电量正增长。2019 年，华北、华东、华中、东北、西北、西南、南方地区用电量同比分别增长 4.6%、3.4%、3.6%、3.5%、3.6%、6.2%、6.9%，增速较上年同期分别下降 5.0、3.8、5.9、3.0、4.3、5.5、1.4 个百分点（见图 19 - 3）。分省来看，青海（-3.0%）、河南（-1.6%）、甘肃（-0.1%）3 个省级电网用电量负增长，28 个省级电网用电量正增长，其中西藏（12.4%）、广西（12.0%）用电量增速超过 10%。

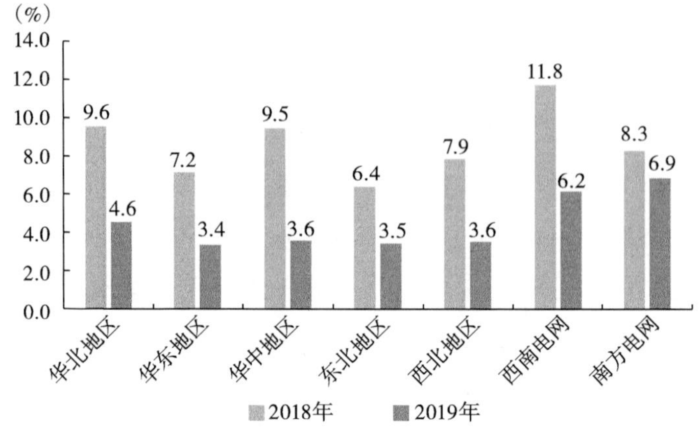

图 19－3　2018 年、2019 年全国分地区用电增速变化

资料来源：Wind。

（二）电力供应

截至 2019 年底，全国全口径发电装机容量 20.1 亿千瓦，同比增长 5.8%。其中，水电、火电、核电、风电、太阳能同比分别增长 1.1%、4.1%、9.1%、14.0%、17.4%，所占比重分别为 17.7%、59.2%、2.4%、10.4%、10.2%。非化石能源装机比重达到 40.8%，同比提高 1.0 个百分点。见图 19－4。

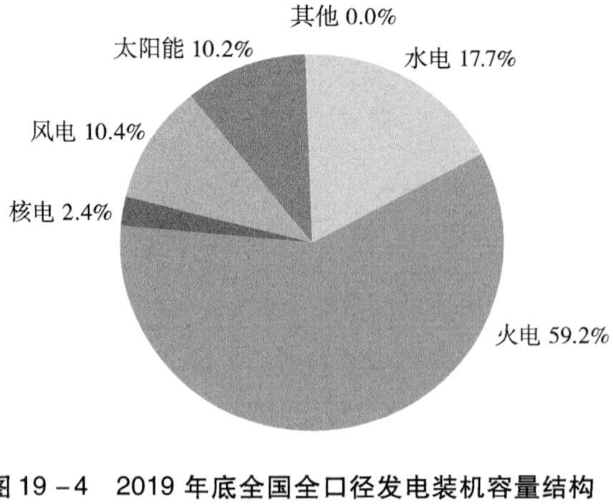

图 19－4　2019 年底全国全口径发电装机容量结构

资料来源：Wind。

2019 年，全国规模以上电厂发电量同比增长 4.7%，增速同比回落 3.7 个百分点。其中，水电、火电、核电、风电、太阳能同比分别增长 5.7%、2.4%、18.2%、10.9%、26.5%，所占比重分别为 17.8%、68.9%、4.8%、5.5%、3.1%，其中火电发电量占比同比下降 1.5 个百分点。见图19－5。

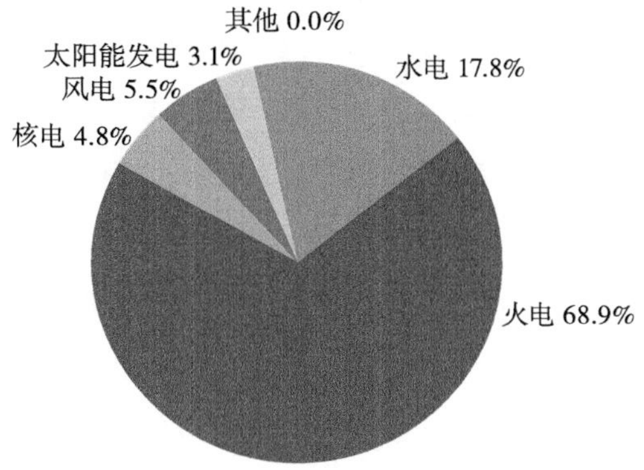

图 19－5　2019 年全国全口径发电量结构

资料来源：Wind。

2019 年，全国发电设备累计平均利用小时为 3825 小时，同比下降 54 小时。其中，水电、太阳能发电利用小时数分别为 3726、1285 小时，同比分别增加 119、55 小时；火电、核电、风电利用小时数分别为 4293、7394、2082 小时，同比分别减少 85、149、21 小时。见图 19－6。

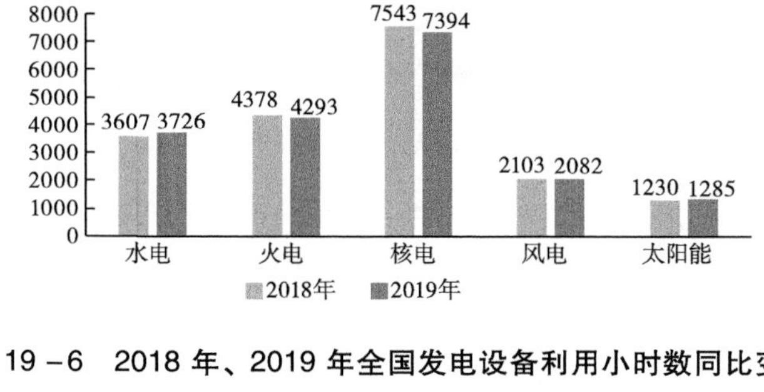

图 19－6　2018 年、2019 年全国发电设备利用小时数同比变化

资料来源：Wind。

（三）电力供需形势

2019 年，国家电网经营区域电力供需总体平衡，江西、浙江、湖北、辽宁、冀北、陕西电网局部地区出现电力缺口。1 月，江西、湖北电网受机组故障、寒潮天气等影响，最大错避峰负荷 107 万千瓦、51 万千瓦。4 月，浙江省武义县受线路施工影响，实施有序用电，最大错避峰负荷 7 万千瓦。5 月，因输变电设备检修，辽宁大连市最大错避峰负荷 3.3 万千瓦。7 月，受高温天气、局部地区供电能力不足影响，辽宁、冀北、陕西、湖北等电网实施有序用电，最大错避峰负荷分别为 10 万千瓦、9.7 万千瓦、2.6 万千瓦、44.2 万千瓦。8 月，受局部供电能力不足影响，湖北电网最大错避峰负荷 53.6 万千瓦。11 月，湖南电网郴州、永州地区因风电出力较小、受电断面已达稳定限额，采取有序用电措施，最大错避峰 2.5 万千瓦。

二、2020 年我国电力需求主要影响因素

（一）国际经济形势

2019 年，受全球贸易紧张局势升级和地缘政治紧张等因素影响，全球经济增长低迷，并且下行风险增加。美国、欧元区、日本等主要发达经济体增长放缓，新兴市场经济体增长分化，部分新兴国家经济金融、地缘政治风险上升。2020 年以来，制造业活动和全球贸易触底反弹，主要经济体货币政策转向宽松态势，中美经贸磋商出现利好消息，英国“无协议脱欧”可能减弱，这些积极现象均提振了市场情绪。然而，受地缘政治紧张局势、社会动荡、经贸摩擦风险影响，全球经济下行风险依然突出。国际货币基金组织（IMF）2020 年 1 月预测 2020 年全球经济增长 3.3%，较 2019 年 10 月预测结果再次下调 0.1 个百分点。

（二）国内经济形势

1. 投资

制造业投资方面，受中美贸易摩擦影响，出口较多的纺织业、通用设备等行业受拖累，制造业投资增速放缓。但高技术产业投资仍保持较快增长。传统重资产类投资被一些新兴产业、高技术产业、转型升级的项目所替代将成为趋势。预计 2020 年制造业投资结构将持续优化。

基础设施投资方面，受“基础设施补短板”政策以及 2020 年专项债限额提前到 2019 年四季度发行等因素影响，预计 2020 年基础设施投资增速有所回升。在国家政策拉动下，交通、信息基础设施等领域投资将有较大增长空间。

房地产投资方面，2019 年以来政策继续趋紧。土地购置面积增速处于低位，新开工面积增速继续随土地购置疲软而放缓，施工面积增速亦上行乏力，房地产开发投资进一步放缓。房地产投资资金来源、新开工面积增速等先行指标在年内持续走低，表明房地产投资增速存在下行风险，预计 2020 年房地产投资增速将稳中趋缓。

2. 消费

2019 年以来，减税政策频出支撑消费稳定增长，但受汽车消费等刺激政策逐步退出以及房地产调控政策的影响，动力略显不足。升级消费和线上消费的特征将更加明显。

一是汽车销售增速持续回落，未来有望反弹。受“国五”清库、新能源抢装的后续冲击影响，汽车零售增速进一步下滑。在快速降价主动去库后，汽车有望开启温和的被动去库和主动补库，汽车行业工业增加值有望反弹，带动社会消费零售总额同比触底回升。

二是房地产调控政策效应持续，下游行业消费增速回落。受房地产调控政策影响，建筑及装潢材料类、家具类产品消费增速同比均下降。2020 年，在房地产调控政策保持连续性和稳定性的条件下，下游行业消费增速仍将有所回落。

三是2020年升级消费和线上消费的特征将更加明显。随着我国实现全面小康的进程加快和居民人均可支配收入的增长，对于升级类产品的需求将继续扩张，网购消费升级的特征进一步深化。随着信息技术的进步和网络覆盖范围的扩大，尤其是国家对农村地区网络建设的支持力度不断加大，网络购物用户规模持续壮大，网络零售额增速远远超过社会商品零售总额的增速。随着物流网络的进一步完善和消费群体年龄结构的变化，线上消费占比将继续扩大。

3. 外贸

2019年，我国进出口金额（人民币计价，下同）比上年增长3.4%，增速比上年下降6.3个百分点，其中出口增速5.0%，下降2.1个百分点；进口增速1.6%，下降11.3个百分点。受中美经贸摩擦影响，我国对美国进出口下降10.7%，增速大幅下降16.4个百分点，其中，对美出口下降8.7%，增速大幅下降17.3个百分点；自美进口下降17.1%，增速下降14.8个百分点。我国对美进出口增速降幅均明显高于全国进出口金额降幅。与此同时，我国贸易方式结构也在进一步优化，一般贸易占进出口总额比重持续上升，对“一带一路”沿线国家进出口保持较快增长。

2020年，世界经济增速或将小幅回暖。在国际货币基金组织（IMF）2020年1月的预测结果中，发达经济体2020年增速稳定在1.6%左右，而新兴市场和发展中经济体2020年增速预计为4.4%。美国东部时间2020年1月15日，中美双方签署第一阶段经贸协议。若按照第一阶段协议分阶段取消关税，预计将拉低2020年我国GDP增速0.5个百分点；若执行中存在反复，则将拉低2020年GDP增速0.8个百分点。受此影响，我国出口增长难有显著改善。

4. 考虑新冠肺炎疫情影响后的经济预测

当前，我国正处在转变发展方式、优化经济结构、转换增长动力的攻关期，结构性、体制性、周期性问题相互交织，“三期叠加”影响持续深化，经济下行压力加大。2020 年初新冠肺炎疫情对我国宏观经济产生了显著的短期冲击，但不会改变中国经济长期向好的基本面。预计疫情结束后，在国家稳增长的各项政策措施下，经济将迅速恢复到潜在增长水平。根据新冠疫情演变趋势、防控力度以及企业复工复产进度等因素，参考“非典”疫情对经济运行的影响，综合考虑国内外主要研究机构对新冠疫情影响的判断，给出新冠疫情影响下的宏观经济运行三个方案如下。

高方案：对应疫情演化的乐观情景，3 月底疫情基本结束后，4 月全面实现复工复产，疫情对经济的影响主要集中在一季度。政府针对受疫情影响较大的地区、行业实施的定向财税、金融支持等帮扶政策，部分对冲了一季度疫情的负向影响；二季度经济增长迅速恢复，下半年经济增速加快。

中方案：对应疫情演化的基准情景，5 月全面实现复工复产，一、二季度经济均受到负面影响，但影响程度边际递减。除了定向帮扶政策，政府还将针对疫情防控中暴露出的社会治理、应急管理、信息公开、医疗科技、储备体系、智能制造等短板，通过更大力度的改革和更加精准的投资，形成新的经济增长点，有力地推动下半年经济增速快速回升。

低方案：对应疫情演化的悲观情景，三季度才全面实现复工复产，对中小微企业的持续经营产生较大冲击，进而影响就业和企业信心，拖累经济恢复较快增长。为提振信心和稳增长，宏观政策逆周期调节力度将进一步加大，货币政策更加宽松，财政政策更加积极，对疫情严重地区、重点行业以及中小微企业均有更大力度政策倾斜。

基于以上三种方案，参考中国科学院等有关研究机构判断，预计 2020 年我国 GDP 增速为 5.2% ~5.8%，中方案，我国 GDP 增速为 5.5%左右，三次产业增速分别约为 2.7%、5.2%、6.2%。2020 年我国经济增长的三个方案如表 19－1 所示。

表 19－1　2020 年我国经济增速预测结果　（%）

	2019 年	2020 年		
		高方案	中方案	低方案
GDP	6.1	5.8	5.5	5.2
第一产业	3.1	2.8	2.7	2.6
第二产业	5.7	5.4	5.2	5.0
第三产业	6.9	6.6	6.2	5.8

（三）重点行业

黑色金属、有色金属、建材和化工行业生产的波动受宏观经济周期的影响较大。2019 年，受供给侧结构性改革去产能、中美贸易摩擦升级、下游需求放缓及环保限产等影响，四大重点行业生产总体低位运行。2020 年，国际经济动能减弱，国内新旧动能增长相对平稳，下游房地产、汽车、基建需求难以支撑行业较快增长，预计行业增长整体仍维持低位，用电增速难有显著回升。

1. 黑色金属行业

2019 年，钢企生产积极性较高，但下游用钢行业需求增长有所放缓，部分行业如汽车、公路、集装箱等行业有负增长趋势，最大的下游房地产行业用钢整体仍保持增长但增量非常有限，钢铁行业市场呈现供大于求的状态，钢材库存大幅上升，后期市场压力增加，钢价难以大幅上涨。

另外，我国钢铁行业将迎来布局优化重组高峰期。钢铁行业兼并重组的发展目标是组建全球范围内有较强竞争力的超级特大型钢铁集团、具有区域市场主导能力的特大型钢铁集团，以及一批专用产品优势明显、自我发展能力强的专业化龙头，实现我国钢铁行业由大变强的转型升级。

总体来看，2020 年我国钢铁行业既面临经济下行压力加大、库存增长等不利因素，也面临优化重组等政策利好因素，预计用电量仍保持增长但增速逐渐回落。

2. 有色金属行业

2019 年国内电解铝投产产能约 163 万吨，其中大部分产能在下半年投产，对产量形成影响的产能较为有限。受去库存等政策影响，电解铝供应增量小于需求增量，呈现一定短缺态势，从而支撑电解铝未来价格走强，使得电解铝产量生产平稳或略有回升。但从有色金属行业整体来看，受宏观预期偏弱影响，有色金属企业盈利能力仍处在低位阶段，且整体有望继续下行。受限于经济低迷、环保政策严格执行影响，有色金属行业生产仍将低位徘徊。

预计 2020 年，受行业周期以及经济有所企稳等影响，有色金属行业整体将呈现稳中有升的态势，从而带动有色行业用电量增速呈现稳步回升态势。

3. 建材行业

2019 年，从生产来看，受建材市场需求持续走弱、环保限产等因素影响，建材行业呈现中低速平稳增长态势，主要产品产量有所下降，但受价格相对高位影响，行业经济效益相对较好。从需求来看，消费转型升级为建材行业提供了新的发展空间并正在逐渐发挥更大支撑作用。但由于我国汽车、高铁、风力及光伏发电、电子等产业规模增长将趋于平稳，与之相关的技术玻璃、复合材料等建材产业增长速度将有所回落。从出口来看，受中美经贸摩擦影响，出口需求略降。除直接贸易影响外，建材行业也将会逐渐感受到光伏等下游产业的间接影响。从结构调整来看，环保监管、供给侧结构性改革仍将是影响建材行业发展的两个关键因素，产业结构调整和动力转换有望持续平稳推进。

总体来看，随着供给侧结构性改革成效显现和新兴建筑材料发展，水泥用电量占建材行业用电量的比重逐年下降，预计建材行业用电量增速将呈现稳步回落态势。

4. 化工行业

2019 年，受到宏观经济形势下行和中美贸易摩擦带来的需求端影响，化工行业景气度逐渐下行，增加值增速呈现波动下降趋势，行业创收及盈利能力大幅下降。作为主要的下游行业，高开低走的房地产投资、持续低迷的汽车市场、受中美贸易摩擦冲击的家电和纺织服装行业以及低迷的农产品市场都导致化工行业的需求疲软。

2020年，中美经贸摩擦仍在需求侧对化工行业形成较大的影响。但同时，供给侧结构性改革和基于安全环保要求的绿色化发展将继续推动行业转型升级，推进行业结构优化和效率提升。化工行业在保持低速增长的同时将伴随着行业的产品结构、技术结构的优化。总体来看，预计化工行业用电增速未来几年将呈现稳中有升态势。

（四）环保措施

2020年是《打赢蓝天保卫战三年行动计划》的最后一年，也是第二轮中央生态环境保护督察开展的第二年。各地区在大气环境综合管理、产业结构调整、能源结构优化、柴油货车污染治理等方面仍将继续加大力度。环保督察和大气污染防治等行动一方面会限制高耗能、高污染企业生产经营活动，导致相关企业用电量减少，同时也会导致企业大量投运环保设备，增大单位产品电耗。从长期来看，随着环保改造效果逐渐显现，企业适应环保约束的能力也会显著增强，环保措施对用电量的影响总体将呈削弱态势。

三、2020年我国供需预测

（一）电力需求预测

运用国家电网公司电力供需研究实验室部门分析模型、重点行业比重模型、多元回归模型、组合预测模型等，并考虑新冠肺炎疫情对宏观经济的影响，预计2020年我国全社会用电量达到7.4万亿～7.6万亿千瓦时，比上年增长2.8%～4.8%。2020年全国电力需求增长三个方案如表19－2所示。

表 19－2　2020 年全社会用电量增速预测　（%）

	2019 年预测	2020 年预测		
		低方案	中方案	高方案
全社会	4.5	4.8	4.0	2.8
第一产业	4.5	5.8	4.3	2.2
第二产业	3.1	3.2	2.5	1.0
第三产业	9.5	8.6	6.7	5.2
居民生活	5.7	8.2	8.3	8.3

综合考虑各方面影响因素，推荐方案为中方案。在该方案下，全国全社会用电量达到 7.5 万亿千瓦时，增长 4.0% 左右。预计四个季度用电量分别增长－4.9%、5.5%、7.6%和 7.0%，疫情的负面影响主要体现在前 4 个月。分产业来看，第一产业用电量增速约为 4.3%；第二产业一季度受新冠疫情影响用电增速出现回落，但二季度及下半年分别受复工产能反弹及国家稳增长政策提振，用电增速持续回升，全年增速约为 2.5%；第三产业受新冠疫情影响时间较长，一季度用电增速大幅放缓，二季度迅速改善，三、四季度维持在较快增长的水平，全年增速约为 6.7%；居民生活用电量增速约为 8.3%，主要受居家隔离等疫情防控措施提振，一季度及 4 月用电增速好于预期，5 月及以后基本不受影响。分地区来看，中方案下，华北、华东、华中、东北、西北、西南和南方地区用电量增速分别为 4.2%、1.9%、3.1%、3.8%、6.2%、6.1%、5.6%，增速比上年分别变化－0.3、－1.5、－0.5、0.3、2.6、－0.1、－1.3 个百分点。

（二）电力供应预测

2020 年初新冠肺炎疫情对电力供应的影响程度有限且短暂。受疫情影响，电力工程的供应链受到一定程度影响，原辅料运输到位时间有所延长，短期内电源、电网工程推进速度将不同程度放缓，但全年向好形势不变，发电装机仍将保持较大规模。

预计 2020 年，全国新增发电装机总规模约 1.3 亿千瓦，同比增长 14.2%。其中，水电新增装机 842 万千瓦，火电新增 0.49 亿千瓦，风电新增 0.44 亿千瓦，太阳能发电装机新增 0.29 亿千瓦。分区域来看，西北、华北地区新增装机最多，分别占全国的 28.7%、26.9%；其次是华中、华东、东北、南方地区，规模约占全国的 12.6%、12.4%、8.2% 和 7.3%；西南新增规模最小，比重为 4.0%。

按以上新增装机规模，考虑退役及关停小火电（2020 年预计全国火电退役机组容量为 647 万千瓦），预计 2020 年底全国装机容量将为 21.3 亿千瓦左右，比上年增长 6.2%，非化石能源装机容量达到 42.2%。其中，水电 3.7 亿千瓦，增长 2.4%，占全国总装机的 17.2%；火电 12.3 亿千瓦，增长 3.6%，占 57.8%；核电 4874 万千瓦，增长 0.0%，占 2.3%；风电 2.5 亿千瓦，增长 20.9%，占 11.9%；太阳能 2.3 亿千瓦，增长 14.6%，占 10.8%。

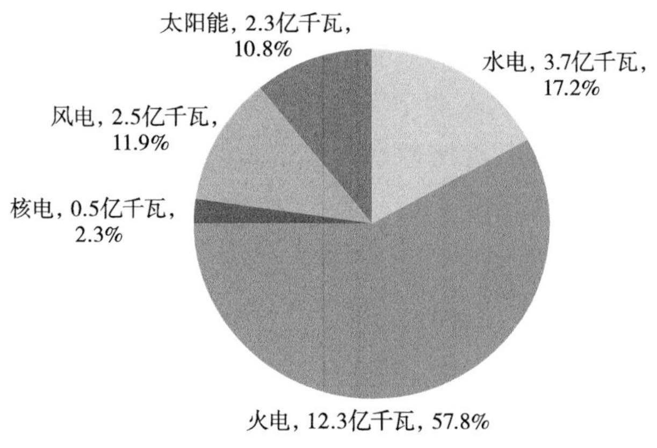

图 19－7　2020 年底全国装机结构

资料来源：Wind。

（三）电力供需形势预测

2020 年，预计全国电力供需形势总体平衡，局部地区高峰时段电力供需紧张。分区域看，迎峰度夏期间，华中电网电力供需紧张，华北电网电力供需偏紧，西南、南方电网电力供需基本平衡，华东电网电力供需平衡有余，东北、西北电网电力供应存在较大富余。各主要电网电力供需形势如下：

华北电网电力供需偏紧。其中，京津唐电网迎峰度夏期间可能存在电力缺口，其他时段电力供应充足；山东电网电力供需基本平衡；山西电网电力供需平衡有余。

华东电网电力供需平衡有余。其中，安徽、浙江电网迎峰度夏期间电力供需平衡偏紧；江苏电网电力供需基本平衡；上海、福建电网供需平衡有余。

华中电网电力供需紧张。考虑最大负荷同时性和省间互济能力，华中电网迎峰度夏期间最大电力缺口约 400 万千瓦。其中，河南电网电力供需基本平衡；湖北、湖南、江西电网夏季电力供需紧张。

东北电网电力供应富余。迎峰度夏期间，辽宁、吉林、黑龙江、蒙东电网均存在富余电力。受冬季供热机组开机方式加大及风电并网容量较大影响，东北电网低谷时段调峰矛盾突出。

西北电网电力供应富余。其中，陕西、宁夏电网电力供需平衡有余，甘肃、青海电网电力供应富余，富余电力分别约 300 万千瓦、240 万千瓦，新疆电网电力供应富余较多，电力盈余 3300 万千瓦以上。

西南电网电力供需基本平衡。其中，四川、重庆电网电力供应基本平衡，高峰时段可能存在缺口，通过跨省区电力支援可实现基本平衡；西藏电网电力供需基本平衡。

南方电网电力供需基本平衡。其中，广东、广西、贵州电网电力供需平衡；海南电网电力供需平衡有余；云南电网丰水期电力盈余较多。

四、结论与建议

2020 年，受全球经济形势复杂多变、国内“三期叠加”影响持续深化等因素影响，我国经济仍面临较大下行压力；新冠肺炎疫情对我国宏观经济运行产生了显著的短期影响，但不改变我国经济长期向好走势。预计 2020 年我国全社会用电量达到 7.4 万亿 ~ 7.6 万亿千瓦时，比上年增长 2.8% ~ 4.8%；全国发电装机容量达到 21.3 亿千瓦，增长 6.2% 左右；全国电力供需形势总体平衡，河北、湖北、湖南、江西等局部地区高峰时段电力供需紧张。

建议：密切关注宏观经济形势，提前研判分析经济走势、国家政策、重点行业、气温等因素对电力需求的影响，准确把握电力需求增长趋势；加强电源与电网统筹规划和建设，加强能源统一规划研究，保障电力供应能力；进一步深化需求侧管理，创新电力需求响应机制，多渠道缓解部分地区电力供需紧张局势。

参考文献

［1］前三季度国民经济运行总体平稳 结构调整稳步推进．国家统计局，2019－10－18.

［2］段金辉，汲国强，谭显东，等．前三季度用电增速放缓 第四季度增速有望回升 经济运行处于合理区间 有望保持稳中有进［N］．国家电网报，2019－10－29(5)．

［3］国际货币基金组织．世界经济展望［EB/OL］．http://www.imf.org.

［4］国务院．国务院关于印发打赢蓝天保卫战三年行动计划的通知［Z］．2018－06.

［5］陈锡康，杨翠红，鲍勤，等．新冠肺炎疫情对中国经济的影响分析与对策建议［J］．中国科学院院刊，2020，35：1－5.

［6］国网能源研究院有限公司．2019 中国电力供需分析报告［M］．北京：中国电力出版社，2019.

［7］韩楠．乡村振兴战略中农村金融发展存在的问题及对策［J］．农业经济，2019（5）：90－92.

［8］张务锋．大力弘扬改革创新精神 扎实推动粮食和物资储备重点工作［J］．中国粮食经济，2018（11）：5.

［9］李可，刘博文，张务锋．着力构建更高质量、更有效率、更可持续的粮食安全保障体系［J］．中国粮食经济，2018（11）：12.

［10］张务锋．大力推动深化改革转型发展 切实增强国家粮食和物资储备安全保障能力［J］．中国粮食经济，2018（12）：5.

[11]刘兴舟，张建，庄晓林，陈瑞佶，付华，马桂美，李猛．中国粮食安全现状与应对策略[J]．农业工程，2019，9(7)：61－64.

[12]王瑜琨．基于三大粮食生产核心区的粮食安全问题研究[J]．粮食科技与经济，2019，44(6)：46－49＋57.

[13]吕捷，王雨濛．当前国际粮食经济形势与中国粮食安全[J]．中共中央党校(国家行政学院)学报，2019，23(4)：131－136.

[14]赵健．新常态下城镇化与耕地保护协调发展的思考[N]．驻马店日报，2019－03－13(3).

[15]毕艳峰．金融化能源化背景下中国粮食安全的战略选择[J]．现代商贸工业，2014，26(8)：3－4.

[16]杨志海，王雨濛，张勇民．粮食价格与石油价格的短期动态关系与长期均衡——基于 ARDL－ECM 模型的实证研究[J]．农业技术经济，2012(10)：31－39.

[17]龚波．中美贸易摩擦对中国粮食安全的影响[J]．求索，2019(4)：107－112.

[18]陈诗波．科技创新保障粮食安全的新思考——中美贸易摩擦背景下中国粮食增产增效的路径选择[J]．中国农学通报，2018，34(27)：1－7.

[19]王文涛．怎样养活中国人——开放经济条件下的粮食供给紧平衡[M]．北京：中国经济出版社，2010.

[20]韩俊．14 亿人的粮食安全战略[M]．北京：学习出版社，2012.

[21]郜亮亮，马翠萍，曾俊霞，王宾，李越．中国农业可持续发展：基于粮食安全、消除饥饿与改善营养[M]．北京：社会科学文献出版社，2017.

[22]本刊编辑部．我国粮食安全工作成效显著[J]．乡村科技，2019(23)：5－6.

[23]国务院新闻办公室．中国的粮食安全(白皮书)．新华社北京，

2019 - 10 - 14 .

[24]彭珂珊. 保障新时期中国粮食安全的对策建议[J]. 粮食问题研究,2019(3):51 - 54.

[25]施荣新. 调动我国农民生产积极性的路径研究[J]. 天津农业科学,2018,24(11):17 - 20.

[26]彭锁. 我国粮食安全中粮食储备体系的问题及对策研究[J]. 粮食与饲料工业,2019(7):5 - 9.

[27]高延雷,张正岩,魏素豪,王志刚. 城镇化对中国粮食安全的影响——基于省区面板数据的实证分析[J]. 资源科学,2019,41(08):1462 - 1474.

[28]杨傲. 我国粮食安全判别指标体系研究[J]. 乡村科技,2019(14):52 - 53.

[29]李腾飞. 一本书明白粮食安全[M]. 郑州:中原农民出版社,2019.

[30]KWAK SANG - SOO. Biotechnology of the sweetpotato:Ensuring global food and nutrition security in the face of climate change[J]. Plant Cell Reports,2019.

[31]LENAERTS BERT,COLLARD BERTRAND C Y,DEMONT MATTY. Review:Improving global food security through accelerated plant breeding[J]. Plant Science:An International Journal of Experimental Plant Biology,2019(287).

[32]KOPITTKE PETER M,MENZIES NEAL W,WANG PENG,MCKENNA BRIGID A,LOMBI ENZO. Soil and the intensification of agriculture for global food security[J]. Environment International,2019(132).